ESCRIBIR *cuento*

MANUAL PARA CUENTISTAS

Primera edición: septiembre de 2020
Quinta edición: septiembre de 2025

ISBN: 978-84-8393-280-3
Depósito legal: M-18694-2020
IBIC: DSK

© De los textos, sus autores, 2020
© Escuela de Escritores, 2020
© De «Cartas de mamá» de Julio Cortázar: Sucesión de Julio Cortázar, 1959
© De esta portada, maqueta y edición: Editorial Páginas de Espuma, S. L., 2020

Editorial Páginas de Espuma
Madera 3, 1.º izquierda
28004 Madrid

Teléfono: 91 522 72 51
Correo electrónico: info@paginasdeespuma.com

Impresión: Cofás

Impreso en España - Printed in Spain

ESCUELA DE ESCRITORES

ESCRIBIR *cuento*

MANUAL PARA CUENTISTAS

Índice

Anexos

UNA CONFEDERACIÓN DE HUMANIDADES

Javier Sagarna

En una calleja del Madrid de los Austrias hay un viejo edificio en cuya fachada se puede leer una placa que dice lo siguiente:

> «Aquí estuvo en el siglo xvi el Estudio Público de Humanidades de la Villa de Madrid, que regentaba el maestro Juan López de Hoyos, y al que asistía como discípulo Miguel de Cervantes Saavedra».

Tengo una foto. Y suelo enviarla como respuesta cuando algún conocido me comenta en las redes sociales que aprender a escribir es imposible.

Escribir es arte y es oficio, es talento y es técnica. Es, sobre todo, trabajo duro y amor por la tarea. Uno se hace escritor cuando entiende que su destino es pasarse la vida escribiendo. El oficio se aprende y se practica hasta alcanzar la maestría, el talento se cultiva y se hace florecer. Guiar este aprendizaje es el trabajo que desarrollamos en Escuela de Escritores y el relato breve es una de las herramientas fundamentales para ello, sí; pero también un objeto artístico de primera magnitud lleno de posibilidades expresivas, una de las estrategias narrativas más adecuadas para narrar el mundo en que vivimos.

En Escuela de Escritores es verdadera devoción lo que hay por el cuento, una pasión que compartimos con Páginas de Espuma y muy en especial con su editor, Juan Casamayor. La editorial del cuento y la Escuela del cuento, así nos llaman. Por eso, apenas acordamos crear juntos una colección de textos sobre el arte de escribir, supimos sin ninguna duda que el primero de todos ellos sería un manual para cuentistas. Hacía falta un manual como este en lengua española y estamos seguros de que no tardará en convertirse en una referencia para todos aquellos que practican la escritura y aman el cuento.

En estas páginas el cuentista en formación encontrará una aproximación inicial, pero rigurosa, a las técnicas y estrategias narrativas del cuento. Basado en el temario de Relato Breve que desde hace años se imparte en los cursos de Escuela de Escritores, este manual está escrito en equipo por nuestros profesores y ha sido puesto en práctica y afinado a lo largo de centenares de horas de trabajo en clase. Profesores y cuentistas, los autores de este manual —a los que no quiero dejar de agradecer su trabajo excelente y minucioso—, nos proponen un recorrido didáctico que abarca todas las cuestiones esenciales de la escritura del relato breve. Una simple ojeada a sus perfiles biográficos dará la medida del descomunal talento pedagógico y literario que se ha reunido para hacer posible este libro.

En un tono cercano y accesible, alejado de la pedantería y el hermetismo que a veces lastran los textos académicos, estas páginas nos llevan desde los capítulos introductorios, que abordan los conceptos de deseo y conflicto en la narración, pasando por bloques dedicados al espacio y a la visibilidad, al tiempo y los problemas estructurales, al punto de vista y la creación de personajes, hasta los capítulos de narratología más complejos, como la metáfora de situación, o cómo manejar la tensión narrativa. Las cuestiones estilísticas, las estrategias para comenzar y terminar nuestros relatos con maestría, la red de indicios que nos atrapa en los mejores cuentos, el arte de hacer buenos diálogos, la verosimilitud y el papel de la memoria en la creatividad, todos los grandes temas tienen su espacio en este libro que, poco a poco, con la precisión que se le exige a un cuentista, va construyendo un discurso que nos ofrece un panorama completo de las complejidades y maravillas que podemos encontrar a la hora de escribir relato breve.

Para rematarlo a lo grande —como se han de rematar las buenas historias—, el libro termina con el análisis magistral del cuento —y el propio cuento— «Cartas de mamá», del gran Julio Cortázar. A través de este análisis vemos cómo toman cuerpo muchas de las técnicas y estrategias que se han ido exponiendo en capítulos anteriores, al tiempo que disfrutamos de leer a uno de los mayores talentos que nos ha dado el relato contemporáneo.

A escribir, eso sí, se aprende escribiendo y por eso este manual no estaría completo si no se abriera al lector para ofrecerle maneras de ponerse a escribir y practicar lo aprendido. Por eso, en la parte final hay una selección de propuestas de escritura. Algunas de ellas se usan en los cursos de relato de Escuela de Escritores, otras se han preparado de forma específica para este libro. Asimismo, este manual dialoga con *El reto Bradbury* de Bárbara Gil, un cuaderno de trabajo también publicado por Páginas de Espuma, que propone muchas más ideas y propuestas de trabajo para crecer como lo hacen los grandes escritores, sin dejar de escribir.

No quiero terminar sin resaltar que, aunque la calidad de cada uno de los capítulos es mérito del profesor que lo escribe —y un poco también de Matías Candeira, que coordinó la escritura del temario de relato del que proceden los textos—, para la construcción de ese discurso didáctico coherente que hace de este libro mucho más que una suma de piezas dispares, ha sido fundamental el excelente trabajo de Pablo Mazo, responsable de la compilación y edición de este manual.

Como Cervantes, si algo es un escritor, y muy particularmente un cuentista, es un estudiante de humanidades. De humanidades pequeñitas, en este caso, con minúscula. De las que se pueden explorar en un cuento. La humanidad que se nos muestra y la humanidad que se nos esconde, las muchas que ni siquiera sabemos que están ahí. Esa confederación de humanidades que se nos superponen y que nos hacen ser quienes somos. Una fuente inagotable, esa alma humana, de historias, tramas y personajes. Hace falta instinto —eso que llaman talento— para aprender a mirar ahí, y hace falta también técnica para saberlo contar.

Arte. Y oficio. López de Hoyos supo educárselos a Cervantes. Este libro te ofrece algunas claves para que tú puedas hacer crecer los tuyos.

Javier Sagarna
Director de Escuela de Escritores

1

DESEO Y NARRACIÓN

Ángel Zapata

El arte de narrar historias es fácil en un sentido, y difícil en otro. Es difícil, puesto que la fuerza y el interés de un texto narrativo dependen en gran medida de la originalidad y la sensibilidad del autor o autora, o —lo que es lo mismo— de su capacidad para iluminar de un modo novedoso y significativo aspectos esenciales de la experiencia humana. Pero narrar historias también es fácil, en cambio, puesto que una larga tradición respalda al escritor o la escritora que empiezan, y les guía casi paso a paso en la tarea de encontrar, desarrollar y llevar a buen término un argumento de ficción.

En este sentido, hay un punto de partida para la invención de una historia que es posible extraer tanto de la teoría como del conjunto de la tradición literaria. Se trata de un dato tan básico que probablemente nos ha pasado inadvertido una vez y otra en nuestra experiencia como lectores. El dato en cuestión podríamos enunciarlo así: «Una historia gira alrededor de un deseo»… O, dicho de otra manera, «toda historia se organiza sobre el hecho de que hay un personaje que quiere algo».

Ulises *quiere* regresar a su patria después de la guerra de Troya. Don Quijote *quiere* resucitar la caballería andante. Madame Bovary *quiere* vivir una vida novelesca. El capitán Ahab *quiere* matar a la ballena blanca… «Los relatos del mundo son innumerables», dijo el crítico Roland Barthes. Pero a pesar de su variedad y su riqueza, todos ellos, todos los relatos del mundo, responden finalmente a una estructura elemental y básica del tipo: «A quiere X».

1.1. El juego del deseo

Alguien quiere algo.
Con solo esta fórmula sencillísima tenemos ya, de hecho, la clave de bóveda y la columna vertebral de cualquier posible narración.
Un sujeto desea un objeto.
Idear una historia es imaginar a un personaje atravesado por un deseo. «Quien desea convoca un destino», escribió inspiradamente el psicoanalista C. G. Jung. Quien desea pone en juego su realidad. Quien desea abre su vida a la posibilidad de una historia. Por obvio que pueda parecer a simple vista, la experiencia enseña, en cambio, que esta dimensión del deseo es el escollo con el que tropiezan la mayor parte de los relatos de los escritores y las escritoras principiantes. Puestos a la tarea de escribir, empezamos normalmente por visualizar un personaje. Imaginamos su

aspecto, su carácter, sus gustos. Hablamos quizá de alguna persona de su entorno, o de varias. Llegamos, incluso, a contar algo que le sucedió un día… Sin embargo, nada de todo ello tiene todavía la naturaleza de una historia. Y —lo que es más importante aún— nada de todo ello lleva camino de interesarle al posible lector de nuestro texto como le interesaría una verdadera historia. ¿Por qué?

Acabamos de verlo: porque aún no hay juego. Porque en esa suma de datos no hay nada en juego. Porque ese personaje que hemos empezado a imaginar todavía no ha puesto en juego su realidad a través del deseo.

En efecto: solo desde que alguien quiere algo, desde que un sujeto desea un objeto, la narración se imanta, y se tensa visiblemente en dirección a un haz de posibilidades. Cuando «A» quiere «X» puede ocurrir:

a) que lo consiga,

b) que no lo consiga,

c) que lo consiga en parte, y en parte no lo consiga, y

d) que suceda algo imprevisto, que haga que deje de importar si lo consigue o no.

¿Qué ocurrirá al final? El juego está servido, qué duda cabe. Se trata, además de un juego atractivo con el que la curiosidad y el interés del lector quedan garantizados desde el principio. Y por eso son muchos los argumentos que se desarrollan sobre el paso y el deslizamiento sucesivos —por parte del protagonista— desde una posibilidad a otra.

1.2. PROTAGONISTA Y SITUACIÓN

Una historia, pues, es la secuencia de acontecimientos que tiene lugar cuando alguien quiere algo. Todo argumento de ficción se organiza sobre lo que llamamos «el eje del deseo», y lo representamos así:

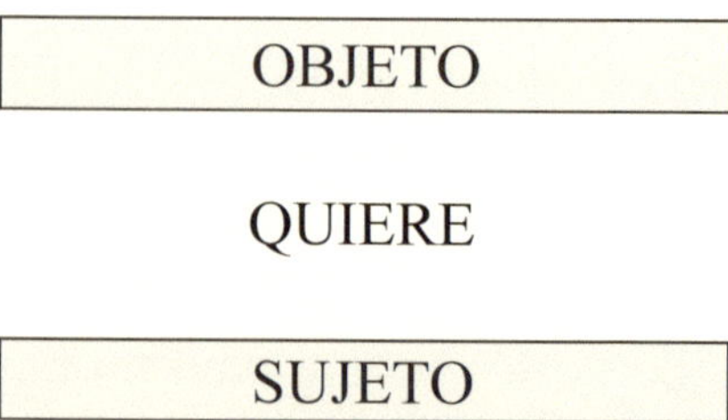

Con todo, como la vida humana no tiene el carácter de un acontecimiento aislado y solipsista, ocurre también que todo personaje que desea se ve envuelto en una mínima estructura significante, vinculada a la aventura que es desear. No se desea en el vacío. No deseamos completamente a solas. Deseamos con otros, e incluso contra el deseo de otros algunas veces; deseamos, en suma, inmersos en una situación… Y en este sentido, todos sabemos por propia experiencia que hay quien apoya y estimula nuestro deseo. Hay también quien nos ayuda en él. Hay, en ocasiones, una persona a quien querríamos dar aquello que deseamos. Y hay además —nunca faltan, de hecho— otras personas, circunstancias, sucesos, que se erigen como un obstáculo más o menos determinante entre nuestro deseo y el objeto al que se dirige.

Corresponde al crítico A. J. Greimas el mérito de haber detectado y formalizado la estructura en que se inserta el deseo del protagonista dentro de las obras de ficción. Este esquema se conoce en la teoría literaria como el «cuadro actancial» de Greimas, pero la jerga teórica no debe intimidarnos demasiado. En realidad se trata de algo sencillo.

Organizado alrededor del eje del deseo, el esquema de Greimas es este:

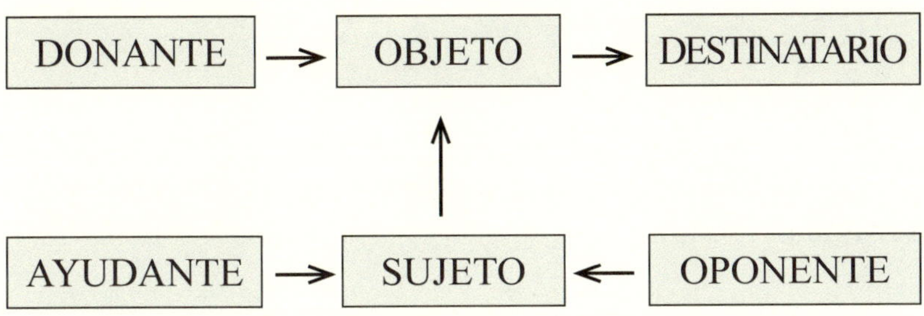

Su explicación —vamos a verlo enseguida— no presenta mayores dificultades. Tal como establece el esquema, alrededor del protagonista de una historia, del sujeto que desea un objeto, se disponen siempre cuatro funciones que son: el *donante*, el *destinatario*, el *ayudante* y el *oponente*.

Si Greimas quiso llamar a estas funciones «actantes» (de ahí el nombre de «cuadro actancial»), fue para que los lugares actanciales no pudieran confundirse, sin más, con personajes. En este sentido, puede suceder que cada función coincida con un personaje —y solo con uno— dentro de una obra literaria. Pero también es posible que haya más de un personaje desempeñando una misma función; o que sea el propio protagonista el que la desempeñe, o incluso que la desempeñe un rasgo de su carácter. Y podemos encontrarnos con que un mismo personaje cambie de función, como en el caso de los aliados que se vuelven enemigos, y pasan de la función *ayudante* a la función *oponente*.

El pequeño enredo, insisto, es solo aparente. Y lo vamos a comprobar enseguida, al detallar a continuación cada una de las funciones.

1.3. LOS ACTANTES DE LA NARRACIÓN

1.3.1. EL DONANTE

El *donante*, como su nombre indica, es ese personaje (o grupo de personajes) que da algo al protagonista. Puede ser que el donante:

- Plantee el objeto como término del deseo del sujeto (es decir: que le dé al protagonista la misión que va a poner en movimiento la historia).
- Y/o que le dé igualmente al protagonista algún elemento (un arma, un talismán, etcétera) que le ayude a llevar a cabo su deseo.

En *El Señor de los Anillos*, por ejemplo, la función del donante la inauguran Bilbo (cuando le deja en herencia su anillo a Frodo) y también Gandalf, al encargarle a Frodo su primera misión: llevar el anillo hasta Rivendel. Pero Bilbo vuelve a ser donante más tarde (cuando le da a Frodo su malla impenetrable), como lo será posteriormente Galadriel (cuando le da el pan élfico que le permitirá alimentarse de camino a Mordor).

En las películas de James Bond hay dos donantes fijos: el director de los servicios secretos (que le confía la misión a 007) y el armero que le abastece de los extravagantes artilugios que Bond irá usando después en el transcurso de su aventura. En *La guerra de las galaxias* el donante por excelencia es Obi Wan, que le propone a Luke un objeto de deseo —convertirse en *jedi*—, y le da la instrucción necesaria para ello, además del sable láser que perteneció a su padre.

1.3.2. El destinatario

El *destinatario*, por su parte, es ese personaje (o grupo de personajes) al que el protagonista quiere dar el objeto de su deseo.

Por ejemplo: en *La isla del tesoro*, Jim quiere conseguir la parte que le corresponde del tesoro del capitán Flint para dársela a su madre, que toma así la función del destinatario.

En la novela de género policial, es frecuente que el detective quiera descubrir al personaje que ha cometido el asesinato para así satisfacer al cliente que ha contratado sus servicios, etcétera.

Esta función del destinatario suele tener un perfil muy definido tanto en la épica como en los cuentos tradicionales. En la narrativa moderna y contemporánea, en cambio, es más común que el destinatario coincida con el propio protagonista; es decir: que el sujeto desee el objeto para «dárselo» a sí mismo.

1.3.3. El ayudante

El *ayudante* es ese personaje (o grupo de personajes) que apoya, protege a y colabora con el protagonista en su empeño por conseguir el objeto.

Por regla general, la función del ayudante la desempeña otro ser humano o un grupo de seres humanos (pensemos en Sancho Panza, en el Watson de Sherlock Holmes o en la Comunidad del Anillo).

Sin embargo, hay otros tipos de ayudantes menos convencionales en la tradición literaria. Esta función también puede ser asumida por un ser extrahumano (Atenea protegiendo a Ulises), un animal (los compañeros de Mowgli en *El libro de la selva*), un objeto (la piel de zapa, que en el principio de la novela de Balzac le proporciona el éxito y la fortuna al protagonista), e incluso una parte o una cualidad del propio personaje, como las «células grises» de su cerebro, a las que constantemente se refiere el detective Hércules Poirot como a un elemento autónomo dentro de él mismo, y que le proporcionan la ayuda más valiosa en el curso de sus investigaciones.

1.3.4. El oponente

El *oponente*, ya por último, es ese personaje (o grupo de personajes) que hace de obstáculo al protagonista en el afán de conseguir el objeto de su deseo.

Sobra señalar que la función del oponente es básica para que la situación inicial («A quiere X») pase a convertirse en una historia. En efecto: en un texto narrativo hay historia, peripecia, recorrido argumental, solo en la medida en que algo, o alguien, obstaculiza el deseo del protagonista, en la medida en que el objeto deseado por él *no es inmediatamente accesible* porque alguna circunstancia, o algún personaje, le impide conseguirlo.

En la conocida tragedia de Sófocles, Antígona desea enterrar a su hermano según los ritos que prescribe la tradición, pero se lo impide el tirano Creonte, que desea castigarle —incluso después de muerto— por haberse alzado contra él.

En *El Señor de los Anillos*, como antes veíamos, Frodo Bolsón quiere destruir el anillo de poder que le ha sido confiado por Bilbo, pero Sauron y todos sus aliados se oponen encarnizadamente a su deseo.

En *Trópico de Capricornio*, de Henry Miller, el protagonista quiere convertirse en escritor, pero este deseo entra en conflicto con lo precario de su situación social, y con el utilitarismo y la grisura de la sociedad en la que vive.

El mismo deseo mueve al protagonista de *En busca del tiempo perdido*, de Marcel Proust, pero, en este caso, lo que le impide a Marcel convertirse en escritor no es algo o alguien externos, sino una parte de sí mismo, un rasgo de su carácter: la invencible falta de voluntad, que no le permite dedicar el tiempo y el esfuerzo necesarios para acercarse a su objetivo.

Sin este obstáculo al cumplimiento del deseo no hay *conflicto* ni, por tanto, historia: a ello dedicaremos el segundo capítulo de este manual.

1.4. EL PLACER DE CONTAR

Con lo que llevamos visto hasta ahora, podríamos tener la impresión de que la tradición literaria ha elaborado una especie de esquema, o incluso un rígido protocolo (deseo del protagonista + esquema actancial), que el escritor o la escritora que empiezan han de seguir a pies juntillas si lo que se proponen es contar una historia. Y la impresión sería falsa, porque las cosas no son así.

No son así, ya que no se trata tanto de fórmulas o de esquemas prefijados como de los modos de representar y dar sentido a la experiencia humana vigentes en cada cultura. En nuestro entorno cultural, comprendemos lo que «nos pasa», y lo que ocurre en nuestras vidas, cuando lo elaboramos como una narración. Y en esas narraciones que hacemos sobre nosotros mismos, o sobre la realidad que nos concierne, siempre hay alguien (o algo) que nos propone un objeto de deseo y/o nos da algo para conseguirlo. Alguien para quien queremos conseguir ese objeto. Alguien (o algo) que nos ayuda. Y alguien (o algo) que se opone a que lo consigamos y que nos convierte, así, en los protagonistas de una secuencia orientada y comprensible de acontecimientos.

Contar, narrar, es para todos nosotros una práctica usual, e incluso placentera la mayor parte de las veces. Es algo que ya hacemos de continuo en la vida común. Y, por eso, en la mayoría de los relatos que elaboramos espontáneamente se puede detectar el eje del deseo, el obstáculo al que nos enfrentamos, y el resto de los *actantes* que intervienen en nuestra aventura. Vamos a estudiarlo, de hecho, tomando como ejemplo una narración extremadamente sencilla, cercana en su textura a la experiencia corriente y al registro de lo coloquial, que extraemos del libro *Crónicas de motel*, de Sam Shepard.

> Recuerdo cuando intentaba imitar la sonrisa de Burt Lancaster después de haberle visto con Gary Cooper en *Veracruz*. Durante muchos días estuve practicando en el patio de atrás. Serpenteando entre las tomateras. Riéndome con todos los dientes al desnudo. Riéndome de esa risa. Alzando el labio superior para descubrir los dientes. Después de practicar esa sonrisa durante unos cuantos días intenté utilizarla ante las chicas de la escuela. Ellas no parecían ni enterarse. Forcé mi imitación hasta que empezaron a producirse extrañas reacciones entre mis compañeros. Miraban fijamente mis dientes, y asomaba a sus ojos una expresión asustada.

Ya no me acordaba de lo feos que eran mis dientes.
De que uno de ellos lo tenía podrido, de color pardo,
y montado encima del diente roto que estaba junto a
él. De hecho, había llegado a estar convencido de que
poseía una hilera de perfectos y perlados dientes, como
los de Burt Lancaster. Como no quería asustar a nadie,
dejé de reírme en cuanto me di cuenta de lo que pasaba.
Solo lo hacía cuando estaba a solas.
   Después dejé de hacerlo incluso a solas.
   Volví a mi cara vacía.

Crónicas de motel
Sam Shepard

En su extrema sencillez, este microrrelato se organiza en sí
mismo como una historia acabada y completa. Vemos en él,
en efecto, un eje del deseo: el muchacho protagonista (sujeto) quiere conseguir la fascinante sonrisa de Burt Lancaster
(objeto). Y alrededor de este eje, se organizan también los
cuatro actantes de los que hemos estado hablando:

- El *donante* es, en esta historia, Burt Lancaster, que
  plantea el objeto como término del deseo del sujeto,
  o lo que es lo mismo: le propone indirectamente una
  «misión»: conseguir una sonrisa como la suya.
- El *destinatario* coincide con el propio protagonista (el
  muchacho desea esa sonrisa para sí mismo); aunque
  en cierta medida también podríamos considerar des-
  tinatarios a los compañeros de su escuela, puesto que
  en último término es para ellos, para conquistar su
  admiración, para lo que el protagonista desea el objeto.
- La *función del ayudante* la desempeñan en este caso
  dos cualidades del personaje que protagoniza la his-

toria: *su audacia*, que le lleva a preparar y ejecutar su pantomima delante de sus compañeros; y también *su inconsciencia*, que previamente le ha hecho olvidar que no tiene las cualidades necesarias para una seducción como la que pretende.

- El *oponente*, ya por último, es también —en el texto que nos ocupa— una parte del sujeto: sus dientes dañados, que hacen imposible esa sonrisa cautivadora a la que el protagonista aspira.

Sencilla y directa, esta pequeña historia de Sam Shepard resume —y nos muestra en acción— el procedimiento de invención argumental que hemos estado exponiendo. Vemos así cómo la narración se estructura sobre un deseo. Y vemos también —y sobre todo— cómo los actantes que orbitan alrededor de este deseo del protagonista no son una sofisticación añadida desde fuera por la teoría literaria, sino los elementos dinámicos que siempre están presentes cuando se trata de convertir un discurso escrito en una narración.

EL CONFLICTO Y EL CAMBIO

Isabel Calvo

Todo relato debe presentar a un personaje que vive un conflicto; un obstáculo que impide la realización de su deseo; que le obliga, además, a actuar y tomar decisiones. Como consecuencia de las acciones y decisiones que tome frente a este problema, el personaje sufrirá un cambio. En todo relato —incluso en los más breves— algo tiene que haber cambiado en el protagonista entre el principio y el final de la historia.

Entendemos por *cambio* que un personaje adquiera un predicado incompatible con los que tenía hasta ese momento, es decir, que lo que se afirmaba de él al inicio del relato sea diferente de lo que somos capaces de afirmar de él al final.

Dentro de un personaje de ficción, como hemos visto en el primer capítulo de este manual, tiene que existir una tensión que le aboque a actuar, a hacer elecciones y, como consecuencia, a cambiar. Por el contrario, si el personaje no tiene nada que perder o que ganar en lo que hace —nada le va en ello—, sus acciones serán un puro ir y venir sin sustancia.

Si un relato cuenta un cambio, un relato cuenta un conflicto. Si no hay conflicto ni cambio no estamos escribiendo un relato; todo lo más, es una simple anécdota, por muy bien escrita que esté.

2.1. ¿Qué es el conflicto?

Tal y como vimos en el capítulo previo, el conflicto se construye a partir de un deseo o una necesidad del personaje a cuya consecución se opone alguna fuerza antagónica. Puede que el personaje quiera algo, que necesite algo o que deba hacer algo, pero esto en sí no basta, porque si quiere algo y no tiene obstáculos para conseguirlo (lo logra y punto), no hay conflicto (y sin él tampoco hay tensión ni interés narrativo).

Si miramos la definición que nos da el diccionario de la Real Academia de la Lengua Española, resulta que es la siguiente:

Conflicto. (Del lat. *conflictus*). 1. m. Combate, lucha, pelea.

En definitiva, que si se habla de combate, lucha y pelea ha de existir, necesariamente, el enfrentamiento de dos fuerzas antagónicas.

La mayoría de los conflictos pueden resumirse en tres:

- Yo quiero, pero no debo.
- Yo debo, pero no quiero.
- Yo debo, pero no puedo.

Así es el conflicto: fuerzas internas o externas impelen al personaje a la acción para lograr sus fines, mientras otras, que también pueden ser de carácter interno o externo, le presionan para que no actúe.

2.2. ¿Contra qué lucha?

En general, los factores antagónicos que se oponen al personaje pueden reducirse a tres.

2.2.1. Contra la fatalidad

La fatalidad (*fatum*) es la incapacidad del personaje por escapar a su propio destino. Algo incontrolable para él. Un ejemplo sería *Crónica de una muerte anunciada*, de Gabriel García Márquez. La novela respira ese aroma de lo inevitable que siempre existe en la tragedia: «Nunca hubo una muerte tan anunciada», dice el narrador. Pero el destino, en forma de casualidades, hace que el crimen suceda como en una tragedia griega. Todo el pueblo sabe que los hermanos Vicario van a matar a Santiago Nasar, pero nadie se lo dice porque parece imposible que, si todo el mundo lo sabe, él no lo sepa. En este caso, se encadenan una tras otra las casualidades que llevan a la muerte de Santiago. La muerte del personaje es tan inevitable que está ya enunciada al inicio de la novela, con una premonición sobre lo que sucederá:

> El día en que lo iban a matar, Santiago Nasar se levantó a las 5.30 de la mañana para esperar el buque en que llegaba el obispo. Había soñado que atravesaba un bosque de higuerones donde caía una llovizna

tierna, y por un instante fue feliz en el sueño, pero al despertar se sintió por completo salpicado de cagada de pájaros. «Siempre soñaba con árboles», me dijo Plácida Linero, su madre, evocando veintisiete años después los pormenores de aquel lunes ingrato. «La semana anterior había soñado que iba solo en un avión de papel de estaño que volaba sin tropezar por entre los almendros», me dijo. Tenía una reputación muy bien ganada de intérprete certera de los sueños ajenos, siempre que se los contaran en ayunas, pero no había advertido ningún augurio aciago en esos dos sueños de su hijo, ni en los otros sueños con árboles que él le había contado en las mañanas que precedieron a su muerte.

Crónica de una muerte anunciada
Gabriel García Márquez

Este tipo de personajes se topan con una cadena de acontecimientos adversos que el destino pone en su camino y que terminarán por derrotarlos. Aun cuando no se advierta explícitamente que nadie escapará a su destino, sabemos que estos personajes tienen todas las de perder, aunque intenten buscar una situación diferente. Otro ejemplo de lucha contra la fatalidad, también de García Márquez, sería el relato «El rastro de tu sangre en la nieve», en *Doce cuentos peregrinos*.

2.2.2. Contra otros personajes

Esto es, los llamados *antagonistas* (o que en términos de Greimas ejercen, como vimos, la función de *oponentes*).

En este caso, el personaje protagonista deberá luchar contra otro u otros personajes que obstaculizan o se oponen activamente al logro de sus metas. A veces son personajes secundarios, de menor importancia que el principal y descritos mediante una o dos simples características; en otros casos, sin embargo, puede tratarse de personajes trabajados y desarrollados en profundidad. El antagonista puede no ser una sola persona, sino un conjunto de personajes: un pueblo entero, un grupo de amigos o la familia.

Un antagonista no tiene por qué ser necesariamente malvado: no es necesario tratarlo de forma maniquea —la clasificación reduccionista entre buenos y malos—. A veces basta con que confronte al personaje protagonista (una amante que ponga en un buen aprieto a un hombre casado, un padre que proyecte su larga sombra sobre un hijo, y así) desde su propia complejidad y contradicciones.

El protagonista, pues, deberá enfrentarse o sobreponerse a esta fuerza opuesta, mientras que la función del elemento antagónico será obstaculizar el deseo o necesidad de aquel. En el siguiente ejemplo vemos el inicio del relato «El ojo del amo», de Italo Calvino, donde un padre quiere que su hijo asuma las funciones de patrón de la hacienda familiar. El hijo, que vive en la ciudad, está completamente desvinculado del ambiente rural y siente un absoluto desinterés por lo que su padre desea de él:

> —El ojo del amo —le dijo su padre, señalándose un ojo, un ojo viejo entre los párpados ajados, sin pestañas, redondo como el ojo de un pájaro—, el ojo del amo engorda el caballo.
> —Sí —dijo el hijo y siguió sentado en el borde de la mesa tosca, a la sombra de la gran higuera.

—Entonces —dijo el padre, siempre con el dedo debajo del ojo—, ve a los trigales y vigila la siega.

El hijo tenía las manos hundidas en los bolsillos, un soplo de viento le agitaba la espalda de la camisa de mangas cortas.

—Voy —decía, y no se movía.

Las gallinas picoteaban los restos de un higo aplastado en el suelo.

Viendo a su hijo abandonado a la indolencia como una caña al viento, el viejo sentía que su furia iba multiplicándose: sacaba a rastras unos sacos del depósito, mezclaba abonos, asestaba órdenes e imprecaciones a los hombres agachados, amenazaba al perro encadenado que gañía bajo una nube de moscas. El hijo del patrón no se movía ni sacaba las manos de los bolsillos, seguía con la mirada clavada en el suelo y los labios como silbando, como desaprobando semejante despilfarro de fuerzas.

—El ojo del amo —dijo el viejo.

—Voy —respondió el hijo y se alejó sin prisa.

«El ojo del amo»
Italo Calvino

2.2.3. Contra sí mismo

En este caso, el conflicto se establece cuando el personaje quiere o debe hacer algo pero no puede, no es capaz, tiene miedo, le falla la convicción o la fuerza necesaria. Así ocurría en el fragmento de Sam Shepard que veíamos en el capítulo anterior,o en aquel cuento de Augusto Monterroso sobre la mosca que soñaba ser un Águila y sobrevolaba los Alpes y los Andes.

[...] En los primeros momentos esto la volvía loca de felicidad; pero pasado un tiempo le causaba una sensación de angustia, pues hallaba las alas demasiado grandes, el cuerpo demasiado pesado, el pico demasiado duro y las garras demasiado fuertes; bueno, que todo ese gran aparato le impedía posarse a gusto sobre los ricos pasteles o sobre las inmundicias humanas, así como sufrir a conciencia dándose topes contra los vidrios de su cuarto.

En realidad no quería andar en las grandes alturas o en los espacios libres, ni mucho menos.

Pero cuando volvía en sí lamentaba con toda el alma no ser un Águila para remontar montañas, y se sentía tristísima de ser una Mosca, y por eso volaba tanto, y estaba tan inquieta, y daba tantas vueltas, hasta que lentamente, por la noche, volvía a poner las sienes en la almohada.

«La mosca que soñaba que era un águila»
Augusto Monterroso

Otro ejemplo magnífico de la lucha contra uno mismo —y que además nos atañe de forma particular como escritores— lo tenemos en aquel relato de Cortázar en el que se habla de un enemigo eterno para todo escritor que se precie: el corrector interior, esa voz que critica todo lo que escribimos, que no nos deja crear en paz y que, sin embargo, es tan necesaria para perfilar y redondear nuestros textos. Haciendo una brillante pirueta narrativa, Julio Cortázar convierte a ese tirano interno, invisible, en un personaje antagonista al que llama con ironía «mi fiel secretaria»:

Mi fiel secretaria es de las que toman su función al-pie-de-la-letra, y ya se sabe que eso significa pasarse al otro lado, invadir territorios, meter los cinco dedos en el vaso de leche para sacar un pobre pelito.

Mi fiel secretaria se ocupa o querría ocuparse de todo en mi oficina. Nos pasamos el día librando una cordial batalla de jurisdicciones, un sonriente intercambio de minas y contraminas, de salidas y retiradas, de prisiones y rescates. Pero ella tiene tiempo para todo, no solo busca adueñarse de la oficina, sino que cumple escrupulosamente sus funciones. Las palabras, por ejemplo, no hay día que no las lustre, las cepille, las ponga en su justo estante, las prepare y acicale para sus obligaciones cotidianas. Si me viene a la boca un adjetivo imprescindible —porque todos ellos nacen fuera de la órbita de mi secretaria, y en cierto modo de mí mismo—, ya está ella lápiz en mano atrapándolo y matándolo sin darle tiempo a soldarse al resto de la frase y sobrevivir por descuido o costumbre.

Si la dejara, si en ese mismo instante la dejara [...]

«Trabajos de oficina»
Julio Cortázar

Si observamos estos relatos, podremos apreciar que, aunque el personaje luche contra la fatalidad o contra un antagonista (es decir, un agente externo), también existe en él una implicación interna con el conflicto; algo que ganar o que perder, algo interior, por pequeño que sea. El buen relato suele combinar las tensiones internas y las externas. Nos dice John Gardner que «las mejores historias suelen ser aquellas en las que la tensión dramática se establece frente al conflicto en el interior del personaje».

2.3. El cambio

Un cuento narra una transformación. Como hemos dicho, en la mayoría de los casos, si no hay cambio no hay relato. Recordemos que se entiende por *cambio* el que se adquiera una nueva percepción del personaje; que aquello que se afirmaba de él en el planteamiento del relato sea diferente de lo que se puede concluir al final.

Ese cambio habrá sido fruto de las decisiones que ha tomado el personaje frente al conflicto; y de las acciones que, como consecuencia de sus decisiones, ha realizado en la parte central del relato, el nudo y el cierre (como consecuencia de todo lo anterior).

En los cuentos clásicos se producía un cambio exterior en el personaje, de forma que el mendigo podía terminar siendo rey, el sapo podía convertirse en príncipe o el niño abandonado en el bosque era el héroe de la escena final, sin que nada en su fuero interno se hubiera modificado. En el relato moderno, en cambio, es más frecuente que se trate de una transformación interna del personaje.

2.4. Acción, éxito, fracaso, inhibición

Aunque hay excepciones, casi ningún pensamiento del personaje —ni el más dramático— nos será útil en el cuento si como consecuencia no da lugar a una acción, por pequeña que esta sea. Es importante que tengamos en cuenta lo siguiente: son las acciones (pequeñas o grandes) del protagonista frente al conflicto las que posibilitan su cambio.

Por supuesto que no es necesario que el personaje siempre triunfe frente al conflicto, desde luego que puede también fracasar, acobardarse, cometer errores o no lograr resolverlo, pero en todo caso deberá tomar una posición frente a él. Incluso algo tan antiheroico como la cobardía, la decisión final de inhibirse frente a esa fuerza, estará marcada por una acción o una decisión de no actuar, un quedarse quieto que tendrá el valor de una acción, y es esa acción la que dará paso al cambio de nuestro personaje respecto al comienzo de la historia.

2.5. EL CONFLICTO EN EL CUENTO

El cuento se ocupa de una historia pequeña narrada en detalle y no suelen caber en el género los grandes conflictos, que precisarían una mayor extensión para su correcto desarrollo. Lo habitual es que no se trabaje con el centro de estos grandes temas (la muerte, el amor, la familia), sino con pequeñas fuerzas que se hallan en la periferia, donde lo que es menos termina siendo más por su importancia para el protagonista. Lo que da valor a la anécdota es su significado para el personaje, su dimensión mayor, su sentido.

En su cuento «Un lugar limpio y bien iluminado», Hemingway nos muestra a un viejo alcohólico que acude todas las noches a un café a emborracharse. El protagonista es uno de los camareros que también siente el peso de la soledad. El viejo que bebe solo tiene significado para el camarero porque, de algún modo, se reconoce en él.

> Era tarde y todos habían salido del café, con excepción
> de un anciano que estaba sentado a la sombra que ha-

cían las hojas del árbol, iluminado por la luz eléctrica. De día la calle estaba polvorienta, pero por la noche el rocío asentaba el polvo y al viejo le gustaba sentarse allí, tarde, porque aunque era sordo y por la noche reinaba la quietud, él notaba la diferencia. Los dos camareros del café notaban que el anciano estaba un poco ebrio; aunque era un buen cliente sabían que si tomaba demasiado se iría sin pagar, de modo que lo vigilaban.

—La semana pasada trató de suicidarse —dijo uno de ellos.

—¿Por qué?

—Estaba desesperado.

—¿Por qué?

—Por nada.

—¿Cómo sabes que era por nada?

—Porque tiene muchísimo dinero.

Estaban sentados uno al lado del otro en una mesa próxima a la pared, cerca de la puerta del café, y miraban hacia la terraza donde las mesas estaban vacías, excepto la del viejo sentado a la sombra de las hojas, que el viento movía ligeramente.

«Un lugar limpio y bien iluminado»
Ernest Hemingway

Mediante la anécdota del viejo, Hemingway trata el tema de la soledad relatándonos un asunto periférico a ella, como puede ser ir solo a un café a emborracharse.

Un buen relato es como una cuidadosa lupa que toma nota del detalle o del pequeño gesto, de tal manera que en esas pequeñas anécdotas y detalles aparezcan reflejos y resonancias de asuntos más grandes.

MUCHO MÁS QUE CARTÓN PIEDRA.
EL ESPACIO

Alejandro Marcos

> *Para conocer a la gente hay que ir a su casa.*
> Johann Wolfgang von Goethe

Todas las historias ocurren en algún lugar concreto. Es un error de principiante dejar de lado por completo la ambientación para centrarse únicamente en la trama o en los personajes. Es cierto que en la mayoría de relatos suelen ser elementos nucleares, pero no se puede subestimar la importancia, incluso el protagonismo, que el espacio narrativo y el ambiente pueden tener para nuestro cuento.

Por supuesto, no toda obra literaria necesita trabajar el espacio de la misma forma, ni siquiera con la misma intensidad; pero una historia sin coordenadas resulta extraña, anómala, y puede arrojarnos fuera del texto al percibir que el autor no está construyendo unos mínimos mimbres, un pacto en la mirada, una forma de hacer confiable el universo ficcional propuesto. No se comportará igual un personaje cuya habitación está llena de pósters de cantantes pop de los noventa a sus cuarenta años, que el que tenga una escopeta colgada sobre la chimenea. No son el mismo personaje, no se comportarán igual, y por tanto no pueden contar la misma historia.

El espacio, como el tiempo, es una dimensión esencial del texto narrativo. Su construcción nos ayudará a dar verosimilitud y credibilidad a nuestras historias, hará que el carácter de los personajes se complete sin resultar explicativos y, en ocasiones, será el que provoque el conflicto.

3.1. ESPACIO NARRATIVO, AMBIENTACIÓN Y ATMÓSFERA

El *espacio narrativo* es el ámbito en el que se desarrolla la acción de una narración; unas coordenadas tanto espaciales como temporales que nos remiten a un lugar concreto (real o imaginario), así como a un tiempo cronológico (época histórica, hora del día, etcétera) y atmosférico (clima y estación).

La *ambientación* es una categoría más subjetiva. Depende de la actitud del personaje o del narrador hacia el espacio narrativo; y, por lo general, de los sentimientos asociados al mismo (ya sea de forma habitual, o solo durante esa narración).

Cuando unimos el espacio narrativo y su ambiente, obtenemos la *atmósfera* del relato.

En «La larga lluvia» de Ray Bradbury, un grupo de militares terrestres se ha perdido en Venus y trata de buscar un refugio. Así se describe la atmósfera en el comienzo del texto:

La lluvia continuaba. Era una lluvia dura, una lluvia constante, una lluvia minuciosa y opresiva. Era un chisporroteo, una catarata, un latigazo en los ojos, una resaca en los tobillos. Era una lluvia que ahogaba todas las lluvias, y hasta el recuerdo de las otras lluvias. Caía a golpes, en toneladas; entraba como hachazos en la selva y seccionaba los árboles y cortaba las hierbas y horadaba los suelos y deshacía las zarzas. Encogía las manos de los hombres hasta convertirlas en arrugadas manos de mono. Era una lluvia sólida y vidriosa, y no dejaba de caer.

«La larga lluvia»
Ray Bradbury

Ciñéndonos a lo que hemos visto en este apartado, el espacio narrativo sería una selva en el planeta Venus, durante un diluvio. La ambientación tiene que ver con ese sentimiento de extrañeza, impotencia y sobrecogimiento de los personajes ante la lluvia que no cesa. Si juntamos las dos cosas obtenemos una atmósfera opresiva por el desconocimiento del terreno y por la imposibilidad de guarecerse.

En ocasiones es complicado separar los tres elementos, ya que habitualmente suelen ir empastados en la atmósfera de la narración de forma indisociable. Pero incluso la descripción más objetiva de un lugar conlleva un acercamiento del narrador, o del personaje a través del narrador —como veremos en capítulos posteriores—, y esta aproximación, en la elección de los detalles y las palabras escogidas para describirlo, será siempre una decantación particular, una mirada subjetiva. En adelante nos referiremos a estos tres elementos relacionados (espacio narrativo, ambientación y atmósfera) como *espacio* para abarcar estos tres aspectos básicos bajo una única categoría y simplificar las explicaciones.

3.2. FUNCIONES DEL ESPACIO EN EL RELATO

Las principales funciones del espacio son: ambientar, caracterizar personajes o generar conflictos. Veamos cada una de ellas por separado.

3.2.1. AMBIENTAR

Ambientar es la función más habitual en la construcción del espacio narrativo. Es, desde luego, la más básica, la que siempre desempeñará la función de otorgarnos un mapa de coordenadas de la historia que queremos contar.

Cuando situamos una historia y unas acciones en un lugar concreto, estamos haciendo esa historia real; le estamos dando al lector la posibilidad de imaginar cómo se está desarrollando el argumento, de *ver* el relato. Ambientar correctamente, insistiremos en los capítulos siguientes, nos servirá para ganar en visibilidad y con ello en verosimilitud (es más probable que nos creamos una historia que estamos viendo); también para sumergir al lector en el sueño de la ficción, provocando, de esta manera, que la trama y el tema le lleguen de un modo más plástico, directo y memorable.

Ambientar, pues, viene a ser la función mínima del espacio en la narración: permanecer como telón de fondo, incluso inadvertido, sobre el que se recrean las historias. No obstante, no hay tantos ejemplos como cabría esperar en los que el espacio cumpla una función meramente ambiental: en general siempre lleva asociadas otras funciones que lo dotan de una importancia y de una profundidad mayor. Sobre todo el género del cuento, en el que cada palabra, cada descripción, puede cumplir una función y apuntar a la trama:

> En la aldea hay un río, junto al río un camino y, en el camino, una choza abandonada que atrae a Aquiles instintivamente. Perteneció a un joven mercader de betunes, dicen los lugareños, que desapareció sin dejar rastro hace ya algún tiempo. Aquiles derriba la puerta y encuentra que dentro todo parece en suspenso —el sayo del mercader colgado de un clavo, los últimos pedidos de betunes empaquetados junto a la puerta—. Solo el mal olor indica que la casa no está habitada. Junto al hogar hay un cuenco con leche que huele agriamente y en el instrumental para destilar betunes aún quedan rastros de nafta. En un rincón está el bacín donde el mercader de betunes orinó por última vez, merodeado de moscas.
>
> «El mercader de betunes»
> Juan Gómez Bárcena

En este fragmento podemos ver cómo se nos describe una choza abandonada en la que se desarrollará gran parte de la acción de este relato. La descripción de la casa es prácticamente ambiental, pues no incide en la trama que el mercader se dejara los pedidos y el sayo o que olvidara vaciar la bacinilla y el cuenco de leche. Solo nos indican que la casa está abandonada y que el propietario tuvo que irse precipitadamente. Tampoco es importante que fuera mercader de betunes, lo importante para la trama es que es una casa apartada, en la que Aquiles puede desarrollar un oficio. Podría haber sido una forja, un horno de pan o una sastrería. Solo está ahí para ambientar y proporcionar al lector un mapa corpóreo en el que situar la acción.

3.2.2. CARACTERIZAR PERSONAJES

Como bien decía Goethe en el epígrafe que hemos elegido para abrir el capítulo, para conocer del todo a una persona es necesario visitar su casa. Con los personajes de los relatos pasa algo parecido. No siempre será necesario que veamos su dormitorio, pero es interesante saber por qué ambientes se mueven.

El espacio nos va a ayudar a definir o concretar el carácter de un personaje sin necesidad de recurrir a la descripción directa, que puede resultar demasiado explicativa. No será igual un personaje que viva solo en un chalet a las afueras de Madrid que el que viva en un sótano de un barrio de Nueva Delhi; ni será lo mismo que su cuarto esté decorado con cuadros o que tenga una cornamenta de ciervo encima de la chimenea. Los ambientes y los espacios suelen hablarnos indirectamente del que los habita: dónde se siente cómodo y dónde no.

Además, los espacios caracterizadores también pueden funcionar a la inversa: un personaje que entre en la casa de su supervisora y vea con horror la cantidad de cuadros religiosos y figuras de la Virgen también quedará definido por su reacción a un espacio (en este caso un espacio ajeno que se ve forzado a transitar). Ese espacio, aunque no encaje con su personalidad, servirá para mostrar un rasgo de carácter.

La caracterización de personajes es pues una función básica del espacio aun cuando no pensemos mucho en ella o surja de manera inconsciente en el proceso de escritura. Cuando esta función se descuida, no obstante, estamos perdiendo una ocasión privilegiada para hacer un uso significativo del espacio en el relato; incluso puede afectar a toda la percepción ficcional de nuestro lector. La ausencia de espacios caracterizadores puede romper o alterar la verosimilitud de la narración, hasta el punto de que el lector sufra una desconexión y no pueda otorgarle credibilidad a la narración.

Veamos ahora un ejemplo de la mano de Jorge Luis Borges. En su cuento «There are more things» el protagonista entra en una casa que había pertenecido en otro tiempo a un familiar y la encuentra totalmente cambiada debido al oscuro y extraño habitante que ocupa el lugar:

> El comedor y la biblioteca de mis recuerdos eran ahora, derribada la pared medianera, una sola gran pieza desmantelada con algún que otro mueble. No trataré de describirlos, porque no estoy seguro de haberlos visto, pese a la despiadada luz blanca. Me explicaré. Para ver una cosa hay que comprenderla. El sillón presupone el cuerpo humano, sus articulaciones y partes; las tijeras, el acto de cortar. ¿Qué decir de una lámpara o de un vehículo? El salvaje no puede percibir la biblia del misionero; el pasajero no ve el mismo cordaje que los hombres de a bordo. Si viéramos realmente el universo, tal vez lo entenderíamos.
>
> [...]
>
> Había muchos objetos o unos pocos objetos entretejidos. Recupero ahora una suerte de larga mesa operatoria, muy alta, en forma de U, con hoyos circulares en los extremos. Pensé que podía ser el lecho del habitante, cuya monstruosa anatomía se revelaba así, oblicuamente, como la de un animal o un dios, por su sombra.
>
> «There are more things»
> Jorge Luis Borges

Borges nos presenta un personaje que no es humano, no tiene forma «concebible» y, aun así, es capaz de habitar entre nosotros. Suponemos que es más grande y que está evolucionado, que es capaz de habitar una casa, por lo que debe de ser capaz de pensar a un nivel avanzado. En este caso, Borges juega con esa descripción a través de la sombra, como dice el narrador, para generar terror y que sea el lector el que se imagine al monstruo a través de los objetos y el lugar que habita.

Otro ejemplo más realista podemos encontrarlo en *La Regenta,* de Leopoldo Alas Clarín. En el siguiente fragmento vemos la descripción de la habitación de Ana. Somos capaces de deducir que se trata de una persona sobria, limpia, de pocos excesos y que no hace alarde de su devoción religiosa. Además, a través de los elementos en los que se fija el personaje de Obdulia entendemos cómo es también este: criticón, clasista, cotilla y metomentodo:

Obdulia, a fuerza de indiscreción, había conseguido varias veces entrar allí.

«¡Qué mujer esta Anita!

»Era limpia, no se podía negar, limpia como el armiño; esto al fin era un mérito... y una pulla para muchas damas vetustenses».

Pero añadía Obdulia:

«Fuera de la limpieza y del orden, nada que revele a la mujer elegante. La piel de tigre, ¿tiene un *cachet*? Pss..., qué sé yo. Me parece un capricho caro y extravagante, poco femenino al cabo. ¡La cama es un horror! Muy buena para la alcaldesa de Palomares. ¡Una cama de matrimonio! ¡Y qué cama! Una grosería. ¿Y lo demás? Nada. Allí no hay sexo. Aparte del orden, parece el cuarto de un estudiante. Ni un objeto de arte. Ni un mal *bibelot*; nada de lo que piden el confort y el buen gusto. La alcoba es la mujer como el estilo es el hombre. Dime cómo duermes y te diré quién eres. ¿Y la devoción? Allí la piedad está representada por un Cristo vulgar colocado de una manera contraria a las conveniencias. ¡Lástima —concluía Obdulia, sin sentir lástima— que un *bijou* tan precioso se guarde en tan miserable joyero!».

La Regenta
Leopoldo Alas Clarín

3.2.3. Generar conflictos

Cuando el personaje, o mejor dicho, el deseo del personaje, choca contra el espacio —sea porque representa una fuerza poderosa de la naturaleza, sea porque es un espacio desconocido, o por ironía dramática— se genera un conflicto narrativo. En estos casos, el espacio funcionaría como antagonista, pues se opone directamente a la consecución del deseo del protagonista.

Cuando una fuerza de la naturaleza (o la naturaleza en sí): un terremoto, una sequía, el viento, la lluvia —como en el relato de Bradbury—, o una atmósfera en general impide que el protagonista consiga su objetivo, estamos creando conflicto y tensión dramática. Esto es lo que sucede en «Luvina», un cuento de Juan Rulfo.

Ya mirará usted ese viento que sopla sobre Luvina. Es pardo. Dicen que porque arrastra arena de volcán; pero lo cierto es que es un aire negro. Ya lo verá usted. Se planta en Luvina prendiéndose de las cosas como si las mordiera. Y sobran días en que se lleva el techo de las casas como si se llevara un sombrero de petate, dejando los paredones lisos, descobijados. Luego rasca como si tuviera uñas: uno lo oye mañana y tarde, hora tras hora, sin descanso, raspando las paredes, arrancando tecatas de tierra, escarbando con su pala picuda por debajo de las puertas, hasta sentirlo bullir dentro de uno como si se pusiera a remover los goznes de nuestros mismos huesos.

[…]

Sí, llueve poco. Tan poco o casi nada, tanto que la tierra, además de estar reseca y achicada como cuero viejo, se ha llenado de rajaduras y de esa cosa que allí llama «pasojos de agua», que no son sino terrones endurecidos como piedras filosas que se clavan en los pies de uno al caminar, como si allí hasta a la tierra le hubieran crecido espinas.

«Luvina»
Juan Rulfo

Ese ambiente opresivo y ese calor y viento constantes hacen que la gente de Luvina se marche o tenga esa vida vacía y pobre. Nada puede crecer allí. Es el clima inhóspito el que hará que el protagonista enloquezca —jamás conseguirá su deseo de establecerse y realizar su trabajo, tener una vida normal— y que en Luvina pasen las cosas que pasan a su llegada.

De modo que podemos generar conflicto y tensión dramática si el personaje se encuentra, como ya hemos visto, en un espacio adverso, desfavorable a su deseo (un ateo criado en un convento, un preso que ansía libertad, etcétera) o, sencillamente, si el personaje se encuentra ante un espacio ajeno y desconocido, donde mantendremos al menos la tensión de descubrirlo con él. En el relato antes mencionado de Bradbury, «La larga lluvia», como en muchos relatos de ciencia ficción, un espacio desconocido —y su adversa climatología— funciona eficazmente de ambas formas. Los soldados no conocen Venus y por ello (y por la lluvia constante) se pierden y enloquecen. Es el espacio, el propio planeta, el que impide que alcancen su deseo de llegar a una cúpula solar para poder descansar y pedir auxilio. La naturaleza es a la vez un espacio por descubrir y un antagonista a batir.

3.3. Correlato y espacio simbólico

Aunque lo trataremos con mayor profundidad —capítulos 6 y 13—, es importante hacer una pequeña introducción respecto a la noción de *espacio simbólico*, relacionada con la de espacio narrativo que hemos venido trabajando en este. El espacio simbólico es el conjunto de elementos que, en una narración, refleja o representa la situación psicológica o emocional de cualquiera de los personajes —principalmente el protagonista—. O, si se prefiere, el *uso significativo* del espacio narrativo para representar el estado mental de un personaje. Un personaje abatido en un entorno otoñal de lluvia y frío, la derrota del villano sucedida por un luminoso amanecer, etcétera, pueden parecernos —con razón— situaciones narrativas manidas y tópicas, pero nos sirven de ejemplo.

El espacio puede servir como *correlato* de esos estados mentales cuando lo que sucede en él es una representación más o menos cifrada de lo que les sucede a los personajes, o de la propia trama del relato. Como ejemplo, veamos «Quemaduras», de Claire Keegan. En esta historia, un hombre vuelve a una casa en la que vivió tiempo atrás con su ex mujer y sus tres hijos, acompañado ahora por su nueva esposa. Han ido allí a enfrentar el pasado. La casa cuenta la historia del antiguo matrimonio (desde las habitaciones al columpio del porche, pasando por el sendero que lleva hasta ella) y qué fue lo que pasó allí. El final interroga si la familia superará ese pasado juntos o no lo hará.

A la mañana, dejan las puertas y ventanas abiertas y un viento fresco recorre la casa. Algunas de las aldabas de las ventanas están duras; hay telarañas en cada rincón. Los niños inspeccionan las polillas muertas y los insectos en las repisas de las ventanas, los dan vuelta con escarbadientes, cuentan las patas, les arrancan las alas.

—¡Qué asco! —dice la niña, al encontrar una cucaracha pequeña debajo de una vieja caja de Cornflakes en la despensa.

Sobre todo hay una gruesa capa de polvo blanco. La niña escribe su nombre sobre la mesada. (Hace poco que ha aprendido a leer y a escribir). La cabeza embalsamada de venado que está encima del hogar da la impresión de que hubiese venido de la nieve. Robin odia sus ojos plásticos y mirones, y hay algo sombrío a propósito de la cocina, con sus paredes naranja, los gansos azules de madera, volando en V, sobre la pileta, la mesa de la cocina que se tambalea.

«Quemaduras»
Claire Keegan

Es innegable que en esa cocina, Robin, la niña, siente la presencia de la antigua mujer (y lo odia). Lo percibimos también en la mirada del venado que hay encima de la chimenea. Es una casa que guarda secretos, secretos que quizás podemos ver representados en forma de animales muertos. Muy importante que sea la niña la que descubre la cucaracha. Y esa capa de polvo que lo cubre todo, pues se parece a los sobrentendidos de la pareja, a ese contar sin contar, al efecto del paso del tiempo. Os recomendamos leer del todo el relato porque las descripciones del resto de la casa (y lo que sucede cuando deciden cambiar la cocina) no tienen desperdicio y ahondan aún más en la potencia del cuento.

3.4. Algunos trucos

En este último apartado daremos algunos consejos prácticos que podéis aplicar en la creación de atmósferas para vuestros cuentos en función del efecto que queráis conseguir.

Las descripciones detalladas no siempre son recomendables. Es cierto que sumergen al lector en la historia, aumentan la verosimilitud y ambientan y sitúan la acción; pero tenemos que sopesar si eso es eficaz en el caso que nos ocupa, y si una descripción demasiado pormenorizada no irá en contra de la esencia misma del cuento —brevedad, condensación—. Quizás estemos desviando la atención del lector de lo importante. Nuestro consejo es centrarse en determinados elementos esenciales para la trama y ambientar a partir de ellos. Por ejemplo: si estamos describiendo la habitación de un personaje y lo importante es destacar que a sus treinta y cinco años no ha madurado, no nos dedicaremos a describir la forma de sus armarios o de la lámpara, puesto que serán detalles anodinos. Probablemente nos interese más describir ese peluche sobre la cama o ese póster en la puerta del armario. Y lo mismo podríamos hacer con ambientes y espacios exteriores.

Además de centrarnos en algunos detalles concretos, también es eficaz describir al hilo de la acción, de una manera dinámica. En el ejemplo anterior, nos interesaba destacar el peluche y el póster, así que quizás podríamos hacerlo insertándolos de algún modo en la trama, como si por ejemplo lanza el peluche o arranca el póster en el transcurso de una bronca. De esa forma estaremos haciendo avanzar el argumento mientras describimos.

Es importante evitar los comienzos que dan el «parte meteorológico». Muchas veces necesitamos un poco de rodaje al comenzar a escribir antes de meternos de lleno en nuestra historia y en nuestros personajes; escribimos hasta que, como se suele decir, entramos de lleno en la acción. Es habitual comenzar describiendo el tiempo que hace o el lugar en el que se encuentra el personaje, pero es un lugar común que debemos evitar. ¿Por qué? Por la misma razón que no son recomendables las descripciones minuciosas. Estamos escribiendo un cuento, todo lo que no sea información relevante para el argumento o la trama debe evitarse en la medida de lo posible. El relato de Ray Bradbury que hemos mencionado comienza con una descripción espacial, climática, que no por ser descriptiva y demorada deja de ser fundamental para la sensación que transmite la historia. Si simplemente vamos a describir el tiempo que hace para ambientar, es mejor eliminar esa imagen —o incluirla posteriormente, cuando sea relevante—.

No hay ninguna diferencia, desde el punto de vista literario, entre describir espacios reales e inventados. Ambos tienen que ser visibles y verosímiles para el lector. Quizás los inventados necesiten una descripción más precisa si se alejan mucho de la realidad, pero para describirlos siempre nos basaremos en referentes visuales trabajados de forma «realista» —reconocibles, exactos, sugestivos—, puesto que de otra manera serían difíciles de imaginar para el lector.

Para crear atmósferas es recomendable hacer uso de palabras que pertenezcan al campo semántico asociado al sentimiento o sensación hacia los que queremos apuntar. Si toda la acción que vamos a desarrollar en nuestro relato sucede en un bosque y queremos transmitir terror, tendremos que emplear términos de la naturaleza que puedan resultar terroríficos: ruidos extraños de animales salvajes, crujidos, humedad, podredumbre, murciélagos, insectos o aves, telarañas, olores raros y agresivos, etcétera. Lo mismo haríamos —pero buscando en el campo semántico opuesto— si quisiéramos transmitir seguridad o calidez.

Por último, no debemos olvidarnos de usar los cinco sentidos en nuestras descripciones espaciales. A veces tendemos a concentrarnos en un sentido determinado cuando describimos —generalmente la vista—, pero en correcciones o revisiones posteriores es recomendable buscar un equilibrio entre los otros sentidos y tratar de incluir el gusto y el olfato, que son los más complicados y, al mismo tiempo, los más potentes. Recordemos la descripción de una calle que decía Umbral que hacía Pío Baroja, escribiendo únicamente que «era larga y olía a pan».

MOSTRAR Y DECIR.
LO ABSTRACTO Y LO CONCRETO

Isabel Calvo

> *No lo digas, muéstralo.*
> Henry James

¿De qué hablamos cuando decimos que algo es abstracto, que algo es concreto? Puesto que se trata de un asunto esencial en literatura, empecemos primero por comprender, en términos muy sencillos, ambos conceptos.

Lo abstracto es la consecuencia que ha extraído la mente de lo vivido y lo sentido, es decir, la síntesis intelectual a la que ha llegado nuestro pensamiento a raíz de lo concreto que hemos vivido o experimentado. Sin embargo, no es la experiencia misma. La abstracción corresponde al pensamiento en frío que nace de la reflexión intelectual que hacemos sobre la experiencia. Palabras como *felicidad, amor* o *miedo* resultan abstractas, porque son el producto de haber reducido la experiencia vital a su esencia intelectual, desdibujada, reducida. Lo abstracto las hace igual a otras experiencias similares, y se trata, por lo tanto, de palabras que atienden a lo general.

Por otro lado, *lo concreto* será lo sólido, lo compacto, lo material, lo preciso, lo determinado sin ningún tipo de vaguedad. Ser concreto consiste en mostrar aquello a lo que nos referimos de manera exacta y dibujar con ello una imagen lo más certera posible, que no dé lugar a ambigüedades o confusión.

Puede suceder que nuestra vivencia sea ir cantando por la calle, sonreír a todo el mundo, ver la ciudad resplandeciente —aunque esté nublado—, sentirse flotar y respirar un aroma como de hierbabuena. Esa sería la experiencia particular y sensible, concreta, mientras que la idea abstracta y general que nos permite nombrarla y compartirla sería la de «ser feliz».

Veamos un poco más en profundidad cada uno de estos dos conceptos.

4.1. Lo abstracto

A veces uno tiende a creer que no ha entendido un texto por su poca capacidad de comprensión; puede ocurrir que hayamos captado algunas cosas, la idea general, pero no hayamos comprendido el sentido del texto al completo. O nos parece que está bien escrito, pero nos aburrimos. En estos casos podemos llegar a sentirnos culpables —o tontos—, porque pensamos que el escritor escribe cosas fuera de nuestro alcance. Pero si tenemos en cuenta que el fin del leguaje es la comunicación, podríamos llegar también a la conclusión, más sencilla, de que —a menudo— es el escritor el que no ha sabido hacer adecuadamente su trabajo, porque no ha sabido transmitir lo que quería contar, y que, por muy extraordinario que sea el tema, no ha encontrado la manera de trasladarlo al lector.

Por supuesto que el lenguaje abstracto tiene su lugar en la escritura. Pero ese lenguaje es más propio del ensayo, de la ciencia o de la filosofía, que de los textos literarios y en especial de la narrativa. El interés por lo general frente a lo particular y la exigencia de objetividad alejan al discurso ensayístico de la experiencia. Veamos un ejemplo:

> A diferencia de otros seres, vivos o inanimados, los hombres podemos inventar y elegir en parte nuestra forma de vida. Podemos optar por lo que nos parece bueno, es decir, conveniente para nosotros, frente a lo que nos parece malo e inconveniente. Y como podemos inventar y elegir, podemos equivocarnos, que es algo que a los castores, las abejas y las termitas no suele pasarles. De modo que parece prudente fijarnos bien en lo que hacemos y procurar adquirir un cierto saber vivir que nos permita acertar. A ese saber vivir, o arte de vivir si se prefiere, es a lo que llamamos ética.
>
> *Ética para Amador*
> Fernando Savater

En este fragmento de divulgación filosófica de Savater vemos con claridad cómo el lenguaje abstracto encuentra su territorio en el ensayo. Dicho esto, sin embargo, si ahora cerráis los ojos y pensáis en el texto que habéis leído, ¿qué veis? Los castores, las abejas, las termitas, ¿verdad? Así es. Lo recordamos porque es lo único concreto que hay en el fragmento y nosotros vivimos lo concreto y por eso se nos ha quedado grabado.

Fijar algunos elementos en la memoria del lector es importante en cualquier narración. Si no hacemos que recuerde ciertas cosas, la trama no tendría sentido ni resonancia interna. Por ejemplo, para que el relato de Borges «Funes el memorioso» tenga sentido en su trama, y para que su final se comprenda perfectamente, no bastará decir que el personaje tenía una memoria prodigiosa. Habrá que grabar una imagen en la mente del lector mediante datos concretos.

> Nosotros, de un vistazo, percibimos tres copas en una mesa; Funes, todos los vástagos y racimos y frutos que comprende una parra. Sabía las formas de las nubes australes del amanecer del 30 de abril de 1882 y podía compararlas en el recuerdo con las vetas de un libro en pasta española que solo había mirado una vez y con las líneas de la espuma que un remo levantó en el Río Negro la víspera de la acción del Quebracho. Esos recuerdos no eran simples; cada imagen visual estaba ligada a sensaciones musculares, térmicas, etcétera.
>
> «Funes el memorioso»
> Jorge Luis Borges

Qué imágenes tan poderosas, ¿no? Seguro que no vamos a olvidar que el personaje era capaz de recordar hasta las líneas de espuma que un remo levantó en el Río Negro la víspera de un día concreto. Así, cuando leamos el final del cuento no nos sería difícil imaginar al personaje presa de la tortura de su propia memoria. Funes está postrado en un catre, ya no puede pensar ni dormir, solo recordar detalle por detalle todo lo vivido y lo visto. No es difícil comprender lo que siente Funes y tenerle piedad cuando se dice que, a veces, «también solía imaginarse en el fondo del río, mecido y anulado por la corriente».

4.2. Lo concreto

«Una imagen vale más que mil palabras». Muchas veces hemos oído este proverbio y la mayoría estamos de acuerdo en que es cierto. Sabemos que para explicar una cosa lo mejor es poner ante los ojos de quien escucha un ejemplo claro, visual, en el que se ilustre el sentido de lo narrado.

Cuanto más abstracta es una palabra, más significados posibles tiene y más difícil le será al lector comprender de qué estamos hablando exactamente. Y la narrativa es un trabajo que consiste, como apuntaba Henry James, en *mostrar* más que en *decir*. Bien; imaginaos que se afirma, por ejemplo, que Thea era una niña perfecta. Si ahora cerráis los ojos e intentáis visualizar a Thea os va a ser casi imposible, porque se os ha dado el concepto abstracto, una idea que la imaginación no puede «ver», ya que lo abstracto es de difícil visualización.

Igual que vosotros ante el enunciado de que Thea era una niña perfecta, el lector de un texto no podrá ver nada de ella, no sabrá si se refiere a que era bonita o a alguna otra cualidad o aptitud de la niña. Por lo general, el lector no será capaz de imaginársela y no podrá, por tanto, establecer la empatía adecuada con lo narrado. De ningún modo se sentirá implicado.

Vamos a ver ahora cómo Patricia Highsmith nos muestra a una niña de ese tipo en su relato «La perfecta señorita». Fijaos en la cantidad de detalles concretos, visibles, en movimiento, que esta escritora nos muestra para transmitirnos la idea de que Thea era una niña perfecta:

> Theodora, o Thea como la llamaban, era la perfecta señorita desde que nació. Lo decían todos los que la habían visto desde los primeros meses de su vida, cuando la llevaban en un cochecito forrado de raso blanco. Dormía cuando debía dormir. Al despertar, sonreía a los extraños. Casi nunca mojaba los pañales. Fue facilísimo enseñarle las buenas costumbres higiénicas y aprendió a hablar extraordinariamente pronto. A continuación, aprendió a leer cuando apenas tenía dos años. Y siempre hizo gala de buenos modales. A los tres años empezó a hacer reverencias al ser presentada a la gente. Se lo enseñó su madre, naturalmente, pero Thea se desenvolvía en la etiqueta como un pato en el agua.
>
> —Gracias, lo he pasado maravillosamente —decía con locuacidad, a los cuatro años, inclinándose en una reverencia de despedida al salir de una fiesta infantil. Volvía a su casa con su vestido almidonado tan impecable como cuando se lo puso. Cuidaba muchísimo su pelo y sus uñas. Nunca estaba sucia, y cuando veía a otros niños corriendo y jugando, haciendo flanes de barro, cayéndose y pelándose las rodillas, pensaba que eran completamente idiotas. Thea era hija única. Otras madres más ajetreadas, con dos o tres vástagos que cuidar, alababan la obediencia y la limpieza de Thea, y eso le encantaba. Thea se complacía también con las alabanzas de su propia madre. Ella y su madre se adoraban.

«La perfecta señorita»
Patricia Highsmith

Otro ejemplo de maravillosa exactitud nos lo da Cortázar en este fragmento de uno de sus relatos:

> Yo no sé, mira, es terrible cómo llueve. Llueve todo el tiempo, afuera tupido y gris, aquí contra el balcón con goterones cuajados y duros, que hacen plaf y se aplastan como bofetadas uno detrás de otro, qué hastío. Ahora aparece una gotita en lo alto del marco de la ventana; se queda temblequeando contra el cielo que la triza en mil brillos apagados, va creciendo y se tambalea, ya va a caer y no se cae, todavía no se cae. Está prendida con todas las uñas, no quiere caerse y se la ve que se agarra con los dientes, mientras le crece la barriga; ya es una gotaza que cuelga majestuosa, y de pronto zup, ahí va, plaf, deshecha, nada, una viscosidad en el mármol.

«Aplastamiento de las gotas»
Julio Cortázar

Todos hemos mirado alguna vez la lluvia sobre un cristal. Puede que nos hayamos entretenido observándolas, quizá durante una tarde aburrida de la infancia, haciendo un largo viaje en autobús o un domingo de otoño… Probablemente no nos hayamos planteado lo que aquí Cortázar muestra —ese juego de las gotas vivas—, pero, sin duda, habremos percibido la loca dinámica de los cauces, los minúsculos ríos y ese caer y estallar del que el texto nos habla. Al leerlo, nuestras vivencias se removerán no solo en la experiencia de haber visto las gotas en el cristal, sino que traerán con ellas toda una carga de sensaciones periféricas que, tal vez, nos acompañaron en aquel momento pasado de una manera tan evocadora.

Del mismo modo, cuando volvamos a tener oportunidad de ver la lluvia sobre el cristal, lo veremos de forma diferente después de haber leído este magnífico texto. Así se establece la empatía, que es nada menos que la identificación mental y afectiva que todos sentimos hacia un buen texto literario.

Claro está que nada de esto podría suceder si no se nos hubieran mostrado imágenes concretísimas destinadas a hacernos *ver* y, de ese modo, *sentir* lo narrado. Una buena imagen amplía hasta el infinito las posibilidades de la interpretación de un texto, mientras que las frases abstractas son inertes en sí mismas, puesto que no mueven nuestras emociones ni nuestra capacidad de interpretación.

«No lo digas, muéstralo». No, no digas que algo es esto o lo otro de forma abstracta, muéstralo con hechos y detalles concretos. Ese es el camino de la buena literatura. Porque, cuando el relato se cuenta en términos abstractos, el lector se desconecta ante una invisibilidad que no le permite meterse en la historia, no le emociona y, como resultado, surge el inevitable desinterés.

Un buen texto narrativo se construye a través de la generación de imágenes vívidas en la mente del lector. Como una película llena de detalles en la que podrá sumergirse para vivir una especie de vida paralela.

4.3. El tema

Regresando al terreno de los conceptos abstractos, no hay que condenarlos del todo. Van a sernos de gran utilidad a la hora de saber de qué está hablando una historia. Si leemos una vez más el fragmento de Borges y sintetizamos su contenido abstracto, llegamos a la conclusión de que habla de la memoria.

A esta síntesis abstracta que subyace en todo texto se le llama *tema*. El tema de una historia se establece reduciendo la historia a su esencia, abstrayéndola, quitando los detalles para hacerla general. En último término, reducimos el texto a (al menos) una palabra abstracta que sintetice la intención primaria del autor.

Todo relato habla de un tema que se puede definir en una o en unas pocas palabras: la pérdida, la culpa, la soledad, etcétera. Ahora bien, para narrar la historia en la que subyace el tema, lo haremos usando palabras concretas que dibujen escenas concretas. Lo ideal es que el concepto en el que se basa el tema del relato no sea mencionado directamente en el texto, sino que este se pueda deducir de las imágenes específicas con las que lo hemos materializado. Si tenemos claro el tema abstracto del que queremos hablar, este será como una brújula que nos impida cambiar de asunto o de contenido en nuestras obras y nos ayudará a encarrilar el sentido de lo que estamos escribiendo.

Si quisiéramos escribir sobre un tema como la envidia, deberíamos ilustrar de forma concreta este tema abstracto. Veamos cómo lo hace Unai Elorriaga en el siguiente fragmento.

> Rosario vivía sola desde que su hijo se mató en una pista de tenis y su hija se había ido a casarse a la isla de Man. Aún más sola se sentía desde que se enfadó con los vecinos de arriba, con María y con Lucas (sobre todo con María), hacía ocho años. Sabía en todo momento, sin embargo, cualquier cosa que hicieran Lucas y María. Supo que estuvieron en el hospital y por qué,

supo que María se cayó por las escaleras, supo que metieron en casa a un maleante. Y, cómo no, también sabía que aquel día, Nochevieja, tenían una invitada. Una chica pelirroja, la hija del dentista.

Y mientras comía un trozo de merluza que llevaba ciento dieciséis días en el congelador, Rosario escuchó palabras suaves en el piso de arriba, y un par de risas; después escuchó una discusión en tonos azules y grises, carcajadas, gritos con bufanda, más risas. Y cuando Rosario estaba masticando el segundo mazapán, se oyó una guitarra, y canciones tolerables al principio, más vivas después y pronto canciones impuras, de mal gusto, anticlericales.

Rosario, entonces, con toda la potencia de sus pulmones de setenta y ocho años y con medio kilo de mazapán en la boca, empezó a dar gritos mirando a sus vecinos de arriba; que qué escándalo era aquel, que se callasen de una vez. Como si le estuvieran impidiendo dormir, como si hubiera tenido intención de irse a dormir.

Un tranvía en SP
Unai Elorriaga

Estas imágenes de las que se sirve el autor le valen no solo para sacar adelante el tema, sino también para ampliarlo con elementos muy particulares. De este modo, al lector no le queda más remedio que establecer de inmediato una empatía con lo narrado. Puede que, incluso, termine esbozando una sonrisa y se emocione. Queda claro cómo la idea abstracta queda iluminada por la cantidad de detalles que aluden a la envidia. Estos elementos vívidos y visibles están reforzando las intenciones del tema que el autor quería trabajar. De este modo, la narración no se dispersa hacia asuntos no relacionados con el tema, cosa que atomizaría la historia y le haría perder fuerza y eficacia.

4.4. DE LA NARRACIÓN AL TEMA Y VICEVERSA

A estas alturas nos hemos dado cuenta de que lo abstracto y lo concreto son asuntos diferentes, pero, a la vez, muy dependientes y relacionados entre sí. Es posible que estemos escribiendo un relato o unos cuantos párrafos, sin más, donde aparecen ciertos elementos desordenados. Imaginemos las cosas que hace una vecina que se dedica a espiar a su vecindario: sale a regar las plantas puntualmente, a las ocho de la mañana y a las ocho de la tarde; barre el portal a las once y deja las persianas entreabiertas…
Estas anécdotas de la vecina nos llaman la atención, y hasta es posible que nos resulten graciosas. Sin embargo, muy probablemente nos sorprenderemos cuando el resultado del relato sea un poco caótico, sin demasiada energía o sentido. Incluso nos costará cerrar el texto porque, en realidad, no sabíamos bien hacia dónde íbamos. Si queremos sacar adelante estos detalles inscritos en la escena, tendremos que preguntarnos de qué habla lo que hemos escrito, cuál es la idea abstracta que destila esa red de detalles. En el caso de las anécdotas de la vecina, podemos llegar a la conclusión de que el tema abstracto que subyace es la envidia y que esa es la razón de sus frecuentes excursiones a espiar. Una vez que lo tengamos claro nos será más sencillo seleccionar, colocar y mostrar los elementos concretos que sustenten el tema que estaba debajo de las anécdotas de la vecina. De ese modo, una vez que hayamos decidido qué detalles concretos nos interesan para reforzar esa idea

abstracta sin mencionarla de forma explícita —*mostrándola*—, será más fácil contar la historia de tal manera que el lector pueda, por sí mismo, deducir su sentido.

5

VER PARA CREER.
LA VISIBILIDAD DEL RELATO

María Tena

Lo visible es, como todos sabemos, lo susceptible de ser visto, de ser percibido fácilmente. Para el escritor, el relato empieza a formarse a través de una imagen, de un recuerdo, de un deseo o de una idea. El problema para cualquier autor, y el secreto de su talento, es cómo manipular ese primer embrión y convertirlo en una historia que sea perceptible, visible para el lector. Si no se produce esa comunicación el relato estará muerto antes de nacer.

Como escritores, tenemos que comprender que no siempre conseguimos mostrar en el texto lo que tenemos tan claro dentro de nuestra cabeza, y eso es lo que necesita nuestra historia. Se da el caso de que nos esforzamos en explicar lo que el lector va a leer a continuación, y apenas nos damos cuenta de que ese lector al que nos enfrentamos necesita asistir a la escena como si estuviese presente, para identificarse con el protagonista o con la propia historia. A nuestro lector hay que ponerle las escenas delante de los ojos, hay que hacer el cuento *visible*. ¿Cómo conseguimos esto?

5.1. Mostrar, no decir

Tal y como reza el célebre *dictum* de Henry James que vimos en el capítulo anterior, esta debería ser la primera regla de todo narrador. Sí, ya sé que suena fácil pero, ¿qué quiere decir el verbo «mostrar» en este contexto? Os pondré un caso. Tomemos una escena sencilla:

> A, como cada día, despertó, se duchó y fue a desayunar a un bar. Allí se encontró con B. Ella le recordó que era una antigua enfermera de su madre. Charlaron un rato, y a A le gustó pero en un momento dado ella se fue. A volvió a su casa.

¿No os parece que la narración es demasiado fría, muy sosa? No sabemos cómo es A, tampoco quién es B. Ni siquiera sabemos dónde está ese bar ni si ese día llovía o hacía sol. Las acciones son cotidianas, corrientes. El relato también es vulgar y sin forma. Para que esta pequeña narración adquiera vida, necesitamos más detalles, acciones, diálogo y objetos concretos. Necesitamos también algo imprevisto que nos haga fijar la atención en la historia. Lo intentaremos con el principio.

> En el bar, al apoyarse para coger la taza, A sintió un olor a jazmín muy intenso que se mezclaba con el sabor de su café con leche. Se dio media vuelta y vio que en la

barra, junto a él, se apoyaba el brazo más perfecto que había visto en su vida. Blanco, suave, torneado. Siguió su recorrido y acabó fijándose en un cuello largo que se inclinaba sobre una taza de té y una tostada. Luego vio su pelo. Una melena rubia que, cuando se abrió la puerta y se volvió, dio paso a una cara que hizo que el corazón se le parase. Qué mujer, pensó.

—¿Qué haces aquí? —dijo B, con una voz que le recordó a su primera novia.

Para mostrar —en vez de decir, en vez de explicar— necesitamos detalles, objetos y acciones. Y mostrarlos en movimiento y, a ser posible, desde los cinco sentidos. Necesitamos que, además de comprender los pensamientos y sentimientos de nuestros personajes, el lector huela el perfume que ellos huelen, saboree el café que toman, que pueda diferenciar el tacto entre una roca y un trozo de terciopelo. El lector necesita *experimentar* además de comprender.

Para mostrar, en vez de asegurar que «Lucía es una buena persona» —un concepto abstracto que no genera ninguna imagen en la mente del lector—, será mejor decir «Lucía está ahí siempre que la necesitas»; o, mejor aún, escribir una escena en la que Lucía ayude a alguien que está en apuros. En vez de afirmar que «Bob Dylan es un cantante que todavía tiene éxito», es preferible que mostremos cómo coge la guitarra, cómo se mueve en la escena. Así el lector lo *verá*; y será él quien deduzca, a partir de esas imágenes concretas, la idea abstracta: «Bob Dylan es un gran cantante que todavía tiene éxito».

5.2. LA IMPORTANCIA DEL DETALLE

5.2.1. SIEMPRE UN OBJETO, SIEMPRE UN LUGAR

«Son los detalles físicos los que nos arrastran a la historia, los que nos hacen creer u olvidarnos de descreer o aceptar el relato oral, aceptar la mentira aunque nos riamos abiertamente de ella», dice John Gardner.

Son los detalles oportunos, e incluso los inoportunos, los que hacen coherente el relato. Y los que mejor funcionan son los que aparecen en el desarrollo de la acción. En vez de decir que alguien es glotón debemos rodearlo de comida o mostrar con un detalle el ansia con que come. El detalle siempre es más rico que la explicación.

Podemos articular la escena sobre un objeto o un espacio. De este modo, la ficción se vuelve plástica, viva, y a la vez se hace simbólica. Como dice Italo Calvino: «Desde que aparece un objeto este se carga de significados. Es un nudo en una red de relaciones invisibles, un objeto magnético, mágico». Ya lo hemos visto en el primer ejemplo: las tazas, las tostadas, el brazo más perfecto hacen, casi sin que lo notemos, que el relato de A y B se vea mejor.

También podemos utilizar una manera de ver los objetos desde otro sitio. De un modo que, además de concretar la escena, dé un significado añadido al relato. En la segunda parte de la novela *La mujer justa*, de Sándor Márai, en vez de describir a la criada, describe su habitación. Al principio nos sorprende el detalle y la delicadeza con los que recorre el tamaño, las paredes, el armario, la cama y la mesilla donde vive esa mujer. De pronto nos damos cuenta: a través de ese dormitorio, nos está describiendo a un personaje que va a ser central en el relato.

Igual sucede en *Incendios*, la novela corta de Richard Ford, cuando el niño narrador describe la habitación del personaje que va a convertirse en el amante de su madre:

> Era el dormitorio de Warren Miller. Las paredes eran azul claro, y había una gran cama con una colcha blanca y una cabeza de perfil curvo, y una pequeña cómoda con un televisor encima de ella. Sobre la mesilla de noche vi un grueso billetero y unas monedas, y junto a ellas un papel doblado en el que estaba escrito el nombre de mi madre y nuestro número de teléfono.
>
> Debajo aparecía, subrayado, el nombre de mi padre, y más abajo mi propio nombre —Joe— con una casilla al lado.

Incendios
Richard Ford

El niño recorre después el cuarto de baño y lo describe. Luego abre el armario ropero. Todo está en perfecto orden: la ropa, las fotografías y hasta el aparato que Miller usa para andar, porque es un herido de guerra.

El fragmento no es más que una descripción morosa de la habitación, el armario y la mesilla de un hombre, un exmilitar que vive solo. Pero la curiosidad del niño, la música de baile, las voces de la pareja y los objetos encontrados en la mesilla, hacen que el orden particular de la habitación de ese hombre se rompa. Esa ruptura produce que el lector viva en medio del relato como si asistiera en ese mismo momento a la escena que se está desarrollando y a los sentimientos no expresados del narrador. También el condón y la pistola —que describirá después— están señalando, sin decirlo, el tipo de persona que puede ser Warren Miller.

5.2.2. El detalle imprevisto

Otra manera de hacer *ver* al lector una escena es obligarle a mirarla con un punto de vista original. Como dice Ángel Zapata en su libro fundamental *La práctica del relato*, hacer visible es también «transmitir ese lado insospechado de los sucesos más corrientes, los objetos humildes, los gestos de todos los días».

Para que el lector fije la atención en la historia, podemos introducir un elemento imprevisto. Además de ser preciso e ir al detalle, es importante huir de lo predecible, de lo gastado. En *Nuestros ayeres,* de Natalia Ginzburg, se describe un personaje que va a ser importante en la historia. Veamos la primera descripción:

> Cenzo Rena era alto y gordo, con una cara que era todo pelos, bigotes y cejas, y luego las gafas con montura de concha.
>
> [...]
>
> Por las mañanas, nada más despertarse, enseguida se ponía a fumar, a beber, a comer atún en aceite y a escribir a toda prisa un rimero de cartas. Se le cayó un frasco de tinta china encima de la alfombra de su cuarto y la señora María se tomó mucho trabajo restregando aquella mancha con leche y miga de pan, pero no se quitaba, una alfombra tan bonita y echada a perder para siempre. Y Cenzo Rena la miraba mientras estaba frotando y decía que aquella mancha era como la de Lady Macbeth, que ni con todos los perfumes de Arabia juntos la podían quitar. Pero hasta Ippolito se quedó molesto por lo de la alfombra, no decía nada, pero se veía que le había fastidiado.
>
> *Nuestros ayeres*
> Natalia Ginzburg

En esta primera descripción, Cenzo empieza a tomar cuerpo como personaje cuando mancha la alfombra. Son esos dos detalles distintos los que le marcan y le hacen visible.

Ha pasado el tiempo y el fascismo está en el poder. Los alemanes han invadido el pueblo. Ahora Cenzo Rena es el alcalde y va a entregarse para salvar al resto del pueblo. Veamos la última descripción. Sigue habiendo una mancha, pero en este nuevo texto podemos notar su evolución a través del relato. Y si lo vemos es a través de los detalles.

> Cenzo Rena seguía tocándose de vez en cuando aquel sitio de la espalda por donde le entraba el miedo a morir. Una mancha de piel muy débil y muy fría. Ahora la mancha se había ido extendiendo poco a poco, ahora casi toda la espalda la tenía débil y fría. Pero, de pronto, por la rendija del portal entornado, vio pasar la pierna del hombre sacacorchos que salía corriendo y le dijo adiós a aquella pierna feliz que escapaba. Y pensó que si había un Dios le daba las gracias por la felicidad de aquella pierna, no sabía si existía o no pero de todas maneras le daba las gracias.
>
> *Nuestros ayeres*
> Natalia Ginzburg

Aquí, lo impredecible, lo que nos hace fijarnos en ese personaje que ya conocemos, es esa pierna que huye mientras Cenzo Rena y Franz están a punto de morir.

Pero hay autores que van más allá. Ray Bradbury, en «Encuentro nocturno», nos muestra lo que es dar una vuelta de tuerca al manejo de lo imprevisible. El cuento se desarrolla en Marte. Tomás Gómez se detiene en una estación de gasolina y pregunta al viejo que le atiende:

—¿Le gusta Marte?

—Muchísimo. Siempre hay algo nuevo. Cuando llegué aquí el año pasado, decidí no esperar nada, no preguntar nada, no sorprenderme por nada. Tenemos que mirar las cosas de aquí, y qué diferentes son. El tiempo, por ejemplo, me divierte muchísimo. Es un tiempo marciano. Un calor de mil demonios de día y un frío de mil demonios de noche. Y las flores y la lluvia, tan diferentes. Es asombroso. Vine a Marte a retirarme, y busqué un sitio donde todo fuera diferente. Un viejo necesita una vida diferente. Los jóvenes no quieren hablar con él, y con los otros viejos se aburre de un modo atroz. Así que pensé: lo mejor será buscar un sitio tan diferente que uno abre los ojos y ya se entretiene. Conseguí esta estación de gasolina.

«Encuentro nocturno»
Ray Bradbury

Con esta introducción, Bradbury prepara al lector para que tome como normales cosas diferentes. Pero aun así, en el transcurso del cuento, consigue sorprenderle. Más adelante, Tomás se encuentra con un marciano y este es el diálogo que tiene lugar:

Tomás sacó otra taza, la llenó de café y se la ofreció.

La mano de Tomás y la mano del marciano se confundieron, como manos de niebla.

—¡Dios mío! —gritó Tomás, y soltó la taza.

—¡En nombre de los dioses! —dijo el marciano en su propio idioma.

—¿Viste lo que pasó? —murmuraron ambos, helados por el terror.

El marciano se inclinó para tocar la taza, pero no pudo tocarla.

—¡Señor! —dijo Tomás.

—Realmente… —comenzó a decir el marciano. Se enderezó, meditó un momento, y luego sacó un cuchillo de su cinturón.

—¡Eh! —gritó Tomás.

—Has entendido mal. ¡Tómalo!

El marciano tiró al aire el cuchillo. Tomás juntó las manos. El cuchillo le pasó a través de la carne. Se inclinó para recogerlo, pero no lo pudo tocar y retrocedió, estremeciéndose.

Miró luego al marciano que se perfilaba contra el cielo.

—¡Las estrellas! —dijo.

—¡Las estrellas! —respondió el marciano mirando a Tomás.

Las estrellas eran blancas y claras más allá del cuerpo del marciano, y lucían dentro de su carne como centellas incrustadas en la tenue y fosforescente membrana de un pez gelatinoso; parpadeaban como ojos de color violeta en el estómago y en el pecho del marciano, y le brillaban como joyas en los brazos.

—¡Eres transparente! —dijo Tomás.

—¡Y tú también! —replicó el marciano retrocediendo.

Tomás se tocó el cuerpo, sintió su calor y se tranquilizó. «Yo soy real», pensó.

El marciano se tocó la nariz y los labios.

—Yo tengo carne —murmuró—. Yo estoy vivo.

Tomás miró fijamente al filo.

—Y si yo soy real, tú debes de estar muerto.

—¡No! ¡Tú!

—¡Un espectro!

—¡Un fantasma!

Se señalaron el uno al otro y la luz de las estrellas les brillaba en los miembros como dagas, como trozos de hielo, como luciérnagas, y se tocaron otra vez y se descubrieron intactos, calientes, animados, asombrados, despavoridos, y el otro, ah, sí, ese otro, era solo un prisma espectral que reflejaba la acumulada luz de unos mundos distantes.

«Encuentro nocturno»
Ray Bradbury

Durante el resto del relato, los dos personajes pensarán que el fantasma es el otro. Ese mutuo extrañamiento los hará imborrables para el lector. De alguna manera, la extraña relación de los dos personajes principales de este relato nos habla del tema de la incomunicación de los seres humanos, que a pesar de verse, tocarse y hablar, a menudo son incapaces de entender lo que hay en el otro.

5.3. Lo que no decimos

Como ya hemos afirmado, en vez de *explicar* al lector la información que contiene el relato, siempre es mejor preguntarnos si no será posible *mostrarlo* con una imagen, un objeto, una acción, un detalle o algún elemento sorprendente.

Pero sabemos que las imágenes literarias tienen la capacidad no solo de representar lo visible, sino también lo que no se puede ver, la idea abstracta o la otra realidad que subyace en una imagen concreta. Lo que mueve a la fantasía son los vacíos que el texto produce, lo que el lector pone de sí mismo en un relato.

Hay otra manera, aún más sofisticada, de hacer algo visible en un cuento: el silencio. A veces un elemento también es visible cuando el autor calla. Lo que no se dice está en el relato en forma de ausencia, pero esta omisión es tan expresiva que no hace falta más.

Veamos este fragmento, en la tercera parte de *Madame Bovary*. Emma ha ido de viaje a Rouen con su marido y se ha reencontrado con Léon, un antiguo amor con el que nunca llegó a tener una relación física. Hablan de sus sentimientos. Esa noche, Emma le escribe una carta de despedida que piensa darle en la catedral, donde han quedado al día siguiente. Allí se encuentra con Léon, pero se arrepiente de la cita, lo ignora y se dedica a rezar y a dejarse guiar por un guardia suizo a través del monumento. Léon sale de la catedral furioso y toma un coche de punto alquilado:

—¿Adónde vamos, Señor? —preguntó el cochero.

—¡Llévenos a donde mejor le parezca! —contestó Léon, al tiempo que empujaba a Emma dentro del coche.

El pesado vehículo se puso en marcha.

Bajó por la calle Grand Pont, cruzó la plaza des Arts, el muelle Napoleón y el Pont Neuf y se paró en seco delante de la estatua de Corneille.

—¡Siga! —oyó que le decía una voz desde dentro.

El coche volvió a reemprender ruta, cuesta abajo desde el cruce La Fayette. Luego se dirigió al galope a la estación del ferrocarril.

—¡Continúe todo seguido! —oyó que le gritaba la misma voz.

Madame Bovary
Gustave Flaubert

A continuación, Flaubert hace que el coche recorra Rouen durante horas. Cada vez que el cochero se detiene, una voz colérica que sale el interior del coche de punto le apremia a que los dos caballos sigan andando, trotando o galopando. El capítulo termina así:

Y por el puerto, entre camiones y barriles, igual que por las calles, la gente abría los ojos como platos ante el espectáculo, insólito en provincias, de aquel coche de alquiler que aparecía y reaparecía una y otra vez, siempre con las cortinillas echadas, más cerrado que un sepulcro y dado tumbos como un barco.

En un determinado momento, a mediodía y en pleno campo, con el sol hiriendo de plano los viejos faros plateados, se vio aparecer por entre las cortinas de tela amarilla una mano desnuda. Se abrió y dejó caer unos pedacitos de papel roto que se diseminaron por el viento, volaron lejos y fueron a posarse, como mariposas blancas, sobre un campo de tréboles rojos en flor.

Madame Bovary
Gustave Flaubert

En ningún momento Flaubert nos cuenta lo que sucede dentro del coche. Eso sí, presenciamos con todo detalle la escena desde un punto ciego. Flaubert sugiere, calla, no explica. Pero todos sabemos que Léon y Emma durante esa carrera desaforada de los dos caballos han consumado su amor que hasta ese momento era platónico. Flaubert, como veíamos al principio del tema, se fija en los detalles pero además añade el valor metafórico que tienen los objetos que utiliza en este fragmento; y en la fuerza que tienen estos para evocar lo no dicho. Si analizamos el texto completo, podemos incluso intuir que la velocidad de los caballos se acompasa a las etapas del amor físico. Igual que sabemos que esos pequeños fragmentos de papeles blancos, que caen como mariposas sobre tréboles rojos, son esa carta no entregada: el arrepentimiento que cae sobre la pasión de ese campo teñido de rojo.

HACIA EL TEMBLOR DE NUEVOS UMBRALES.
LA POÉTICA DEL ESPACIO
Y EL CORRELATO OBJETIVO

Lorena Briedis

> *Ninguno de nosotros puede ser juzgado por lo que ocurrió entonces. La ciudad es la que debe ser juzgada, aunque seamos sus hijos quienes paguemos el precio.*
>
> Lawrence Durrell

Un espacio es todo aquello que podemos habitar.

Desde una buhardilla hasta un piano, desde un castillo afincado sobre una navaja en medio del Adriático hasta una cornisa. El paisaje es el horizonte en que palpita el espacio que habitamos. Visto de otro modo, el espacio es una palpitación del paisaje. Así pues, el paisaje que mira nuestra buhardilla puede ser un lago límpido a punto de evaporarse; el de nuestra cornisa, las vitrinas relampagueantes de Nueva York.

Lo engastaremos en cursivas fluorescentes: aquello que nos concierne tanto del espacio como del paisaje es su *poética*. Es decir, su calidad de ensueño. Su intensidad, su resonancia, su vibración. En suma, espacios y paisajes que sean *imaginados muy a fondo*. Incluso en su más allá.

Y con esto del más allá —antes de poner cara de póker— nos referimos a que, tanto en la geografía como en la paisajística, debe aflorar también su carácter de ciencia oculta. Cuando, por principio metafísico, decimos que nuestros personajes «son arrojados al mundo», son arrojados a un espacio y a un paisaje con una serie de características físicas y sensoriales: túneles, terciopelos, búcaros de camelias, tufaradas de coliflor, esmog, atardeceres, mampostería.

Además de reunir todas estas propiedades empíricas, los espacios y los paisajes literarios son un acopio de sensibilidades psíquicas y metafísicas: fuerzas ocultas, energías míticas, patologías, complejos históricos, campos magnéticos de emotividad, vidas anteriores. También nos referimos a que deben contener y reflejar el alma de nuestros personajes. Tendrían que ser *correlato objetivo* del mundo interior del personaje.

6.1. La ciudad es la que debe ser juzgada

Empecemos este apartado con unos versos de «La ciudad», un poema de Konstantinos Kavafis:

> No hay tierra nueva, amigo mío, ni mar nuevo,
> pues la ciudad te seguirá.
> La ciudad es una jaula.

A lo largo de su tetralogía de *El cuarteto de Alejandría*, Lawrence Durrell cuenta una misma historia desde el punto de vista de cuatro personajes —Justine, Balthazar, Mountolive y Clea—, dominada por el influjo de una voz ventral: Alejandría, la ciudad. Allí, Alejandría no solo figura como telón de fondo, sino como ese inconsciente en el que se proyectan tórridas pasiones, elucubraciones febriles —todas esas «investigaciones del amor moderno» que se proponía Durrell— así como el *pathos* y el destino de los personajes. La ciudad, en sí misma, se impone como la protagonista indiscutible de *El cuarteto*. Ya en la primera página de *Justine*, el primero de la serie, Durrell preconiza por qué es la ciudad la que debe ser juzgada.

> De noche [...], enciendo una lámpara y doy vueltas en la habitación pensando en mis amigos, en Justine y en Nessim, en Melissa y Balthazar. Retrocedo paso a paso en el camino del recuerdo para llegar a la ciudad donde vivimos todos un lapso tan breve, la ciudad que se sirvió de nosotros como si fuéramos su flora, que nos envolvió en conflictos que eran suyos y creímos equivocadamente nuestros, la amada Alejandría.
>
> *Justine*
> Lawrence Durrell

Durrell desarrolla una profunda y sostenida meditación política, histórica y poética sobre la ciudad, a partir de la cual nos va develando esa radiografía psíquica de los diferentes personajes en cuanto a «hijos de la ciudad». Para Durrell, los personajes no son otra cosa más que «funciones», secreciones espontáneas del paisaje. Aunque la Alejandría de *El cuarteto* se sitúa temporalmente en el periodo de entreguerras, la aureola caída de la ciudad mítica irradia no solo sus fulgores, sino sus fluidos y sus hieles.

Durrell traza una ciudad laberíntica, en la que quedan representadas lo que George Steiner ha llamado «las oscilaciones del deseo» y «una geografía de lo erótico». Desplegando el mapa de la Alejandría de Durrell, Steiner nos muestra cómo la ciudad descarga en sus personajes esa alta tensión sexual y espiritual, ese potente sincretismo de «cinco razas, cinco lenguas, una docena de religiones y más de cinco sexos»:

> Clea contiene, en miniatura, una tragedia de la pasión homosexual tan contundente como la que pueda hallarse en Proust. Mountolive es atraído hasta una casa de ajadas infantes rameriles que se ciernen sobre él como murciélagos. Mernlik, el jefe de policía, es un sádico refinado. Encontramos fetichistas y transformistas, rituales fálicos y lubricidades privadas. La historia de amor más seria de toda la novela, el intenso amor entre Pursewerden y Liza, es una historia incestuosa.
>
> *Lawrence Durrell y la novela barroca*
> George Steiner

«La ciudad es la que debe ser juzgada». La sentencia de Durrell queda temblando en el aire como un toque de alba al que se une la voz profética del poeta de la ciudad: «La ciudad es una jaula». Y ahora desafiemos esta profecía de Kavafis.

6.2. EL CORRELATO OBJETIVO

Con el fin de conseguir una construcción física y metafísica del espacio, os proponemos el criterio del correlato objetivo de T. S. Eliot. Para entrar sin ambages en el concepto, el propio autor lo define como una serie de objetos, situaciones, experiencias sensoriales y hechos concatenados del mundo exterior que, a través de un proceso de simbolización, contribuyen a crear una determinada emoción en el texto literario. Como apuntábamos en el capítulo 3, es evidente que paisaje y espacio, constituyen posibilidades claves del correlato objetivo para representar el mundo interior de nuestros personajes, sus deseos, sus conflictos y su porvenir.

Veamos el siguiente ejemplo que nos brinda Proust. La voz narrativa nos sitúa en la intimidad de una de esas habitaciones nimbadas y miríficas de su infancia en Cornualles:

> Estaba aquel aire saturado por lo más exquisito de un silencio tan nutritivo y suculento, que yo andaba por allí casi con golosina (…); daba unos pasos del reclinatorio a las butacas de espeso terciopelo con sus cabeceras de crochet; y la lumbre, cociendo, como si fuera una pasta, los apetitosos olores cuajados en el aire de la habitación, y que estaban ya levantados y trabajados por la frescura soleada y húmeda de la mañana, los hojaldraba, los doraba, les daba arrugas y volumen para hacer un invisible y palpable pastel provinciano.

Por el camino de Swann
Marcel Proust

Estamos ante un fragmento de potente evocación poética. Tanto sus objetos como el maridaje entre luz, lumbre y olor —esa variada sinestesia que construye el autor— hacen las veces de un correlato objetivo de la memoria y la emoción del personaje. Podemos intuir ese *más allá* del que os hablábamos, ciñéndonos a la instantánea.

Por el reclinatorio inferimos que el personaje se desenvuelve en un entorno devoto, mientras que «las butacas de espeso terciopelo» son indicio de una clase social posiblemente burguesa o aristocrática. A continuación, toda la imagen final en la que la lumbre soleada de la mañana cuaja, hojaldra y dora los olores de la habitación, metaforizándolos en ese pastel «invisible y palpable», nos arroja sucesivas pistas sobre la emotividad del personaje, su carácter sensible, su mirada poética y sus más melancólicos ensueños de infancia. Asimismo, este fragmento contiene —como todas las células de la novela— los cromosomas del deseo y del conflicto del personaje de Proust:

- Esa pulsión por la búsqueda de un tiempo perdido, a través de las coyunturas de la memoria.
- La pasión de los celos del niño por la madre.

¿A que ni las cartas del Tarot os habían dicho tanto sobre un personaje como esta estampa?

Al correlato objetivo del paisaje y del espacio pueden adscribirse algunas de las siguientes funciones que reforzaremos a partir del citado ejemplo, como si apuntáramos palabras y frases para un futuro análisis:

- Caracterizar al personaje (psicología, estatus social, patologías, obsesiones). *Personaje sensible, emotivo. Psicología dominada por el complejo materno y los celos por la madre. Estatus social alto y culto.*
- Reflejar una circunstancia emocional del personaje. *Melancolía. Constante sentimiento de pérdida de un tiempo anterior.*
- Aportar información sobre su pasado (sin la coma) o su presente, y prefigurar su porvenir. *Infancia en provincia. Añoranza y evocación recurrente de la niñez.*

- Exponer su mundo interior. *Mirada poética, sofisticada sensibilidad. Recogimiento interior. Espíritu sensual e imaginativo. Imágenes maternales (la casa, las estancias luminosas, el pastel de infancia).*
- Dar indicios sobre su deseo y su pasión o conflicto. *El complejo materno y esa fijación obsesiva del niño por la madre se desplazará luego, a lo largo de la novela, hacia el amor obsesivo y los celos del protagonista por Odette.*
- Modificar su destino.

Al hilo de esta última función, permitámonos una proustiana golosina. Pensemos en un personaje mítico como Ulises, a quien Joyce extrapola de Ítaca al Dublín del siglo XX; o en el Fausto de Goethe, que Thomas Mann arroja en el contexto de la Alemania nazi. Ambos ejemplos dan constancia de la relación que guarda el paisaje y el espacio con la identidad de un personaje. De hecho, hay estudios de Jung en torno a los complejos geográficos que sugieren el trabajo de modelaje y fundición que el paisaje ejerce sobre la psique humana.

En ese concierto de complejidades geográficas resuenan ciudades bíblicas como Sodoma, Gomorra y Babel; lugares épicos y míticos como Troya o Creta, y fantásticos como Solaris, Hogwarts o Beleriand; ciudades invisibles como las de Calvino o los no lugares —centros comerciales, aeropuertos, pantallas táctiles— como los que cartografía el antropólogo francés Marc Augé.

Otros espacios habituales en literatura y cine son las ciudades de autor. El Long Island de Whitman o el Manhattan de Scott Fitzgerald, el Londres de Dickens —y el de Conan Doyle—, la Caracas de Aquiles Nazoa, la Lisboa de Pessoa, la Venecia de Bellini o la Roma de Sorrentino, el Madrid de Baroja o el de Almodóvar: ciudades de las que se han apropiado artistas y creadores para refundarlas con los jeroglíficos y las constelaciones de su propia imaginería, transformándolas en correlatos objetivos de su arte.

En el velocísimo repaso de este atlas físico y metafísico podemos columbrar espacios y paisajes para la investigación de la vida y pasión de un personaje.

6.3. La poética del espacio

Diremos, de entrada, que el escritor debe renunciar a las funciones del mero decorador o del paisajista. El único oficio que admitiremos de buen talante será el del interiorista (siempre que el interiorismo sea muy interior). La premisa de la que habla Gaston Bachelard es diáfana: *aceptar soñar*.

Todo espacio que escribamos, que creemos, debe hospedar un campo magnético, una vorágine o un agujero negro: en síntesis, una emboscada fascinante o angustiosa de la que el lector no pueda despertar. Debe, por tanto, habitarlo con nosotros, iluminar esas regiones contiguas entre la memoria y la imaginación. Para ello, Bachelard aconseja «ser un poco más poetas que historiadores» y cultivar nuestras «lecturas de ensueño» en torno a los espacios que nos proponemos recrear. En otras palabras, Bachelard nos anima a soñar el espacio y a soñarnos en esos espacios.

Recordemos que la escritura es un acto *soñante* en el que se suceden imágenes como en los sueños. Según la fenomenología, son esas imágenes que se suscitan cuando abrimos los poros de la memoria y de la imaginación. Bachelard nos advierte lo siguiente de cara a la escritura

de esos espacios —y os animamos a sustituir las palabras
«morada» o «casa» por «espacio»—:

> El excesivo pintoresquismo de una morada puede
> ocultar su intimidad. Esto es cierto en la vida. Las ver-
> daderas casas del recuerdo, las casas donde vuelven a
> conducirnos nuestros sueños, las casas enriquecidas por
> un onirismo fiel se resisten a toda descripción. Descri-
> birlas equivaldría a ¡enseñarlas! [...]. La casa primera
> y oníricamente definitiva debe conservar su penumbra.
> Se relaciona con la literatura profunda, es decir, con la
> poesía [...]. Solo debo decir de la casa de mi infancia lo
> necesario para ponerme yo mismo en situación onírica,
> para situarme en el umbral de un ensueño donde voy a
> descansar en mi pasado. Entonces puedo esperar que
> mi página tenga algunas sonoridades auténticas.
>
> *La poética del espacio*
> Gaston Bachelard

Cuando escribimos, tenemos que orientarnos hacia un
secreto: hacia esos lugares íntimamente queridos y soñados
que nos atesoran. Quedaos con ese hermoso concepto: las
«sonoridades auténticas».

Bachelard nos ofrece un inventario de espacios con altí-
sima sonoridad poética, junto a los que os entregamos algunas palabras claves como carnadas a vuestra imaginación:

- *La casa* (el alma, el ánima del ser; la casa de la
  infancia y del ensueño; del castillo a la choza del
  ermitaño; la casa como universo).
- *La buhardilla* (lugar de nuestras soledades).

- *El sótano* (ensueños de ultrasótano; poderes subterráneos; locura enterrada, grutas del inconsciente).
- *El cajón, los cofres, los armarios* (ensueños de intimidad; necesidad de secretos; del ser que oculta al ser que se oculta; «Yo soy mi escondite», Joë Bousquet).
- *El nido* y *la concha* (imágenes de refugio; los nidos de la infancia; la divisa del molusco: vivir para edificar la casa y no edificar la casa para vivir en ella).
- Los *rincones* (el más sórdido de los refugios; el casillero del ser; rincones de las cosas olvidadas que visitan la araña, la mariquita y el ratón).
- La *miniatura* (minuciosidad; mundo diminutivo; paciencias solitarias).

Como cierre de este capítulo, aquí tenéis uno de los ejemplos más bellos y deslumbrantes de cómo, habitando íntimamente un objeto —en este caso, un encaje—, puede llegar a habitarse un espacio, un paisaje y, posiblemente, el universo:

De pronto, toda una serie de miradas nuestras quedaban enrejadas detrás de un encaje de aguja veneciano, como si fueran claustros o prisioneros. Pero volvíamos a quedar libres y se podía mirar hasta muy adentro de jardines que se hacían cada vez más artificiales, hasta que se hacía denso y tibio ante los ojos como en un invernadero; plantas ostentosas que no conocíamos abrían gigantescas hojas, lianas se agarraban unas de otras como si estuvieran mareadas, y las grandes flores abiertas de los Points d'Alençon empolvaban todo con su polen. De repente, completamente cansados y confusos, salíamos a la larga vía de Valenciennes, y era invierno, y temprano, y había escarcha. Y nos apretujábamos por entre los arbustos nevados de los Binche y llegábamos a sitios donde nadie había estado antes; las ramas colgaban de una manera tan extraña que bien podía haber quizá una tumba debajo, pero eso nos lo ocultábamos. El frío se apretaba cada vez más contra nosotros, y por fin decía Mamán, cuando salían los finísimos encajes de bolillos: «Oh, ahora se nos harán flores de hielo en los ojos».

Los cuadernos de Malte Laurids Brigge
Rainer Maria Rilke

6.4. Conjurar el *genius loci*

Todo el paisaje, un manuscrito.
Hemos olvidado cómo leerlo.

John Montague

En su trabajo *The soul of place*, Linda Lappin ensaya una serie de ideas y ejercicios en torno al paisaje y al lugar, a partir de la invocación de lo que los romanos llamaban el *genius loci* y que Lappin examina en una luz más actual:

La mayoría de la gente, hoy en día, suele definirlo como la atmósfera de un lugar o como la emoción o la sensación que evoca un lugar en nosotros. Los romanos, en cambio, lo precisaban como una entidad que residía y energizaba un espacio. En otras palabras, un espíritu guardián capaz de interactuar con los seres humanos.

The soul of place
Linda Lappin

Jung asoció este *genius loci* a ciertos arquetipos, psíquicamente radicados en una serie de lugares: Hermes, en los mercados; Dionisos, en las tabernas y los teatros; Quirón, en los hospitales, entre muchos otros. Así, Linda Lappin revisita una variedad arquetípica de lugares portadores de esas «sonoridades auténticas» de las que nos habla Bachelard. A saber: mercados, plazas, parques, cementerios, jardines, iglesias, museos, teatros, monumentos, restaurantes, tabernas, bares, estaciones de tren, ruinas, fuentes y basureros.

De cara a nuestro oficio, la conjura del *genius loci* busca ponernos en contacto con el alma del lugar, penetrar en ella a través de la trama invisible de sus voces, mitos, potencias cósmicas, imaginería e iconografía. Algo que, en conjunto, condicionará el destino de lo que allí pueda suceder. Contactar con los centros de energía de un lugar es, pues, otra manera de movilizar en nosotros las energías propias de la creatividad. Ahora bien, ¿cómo podemos adentrarnos en estas güijas y espiritismos de los espacios?

Lo que os sugerimos, apoyándonos y contrapunteando algunas propuestas de Lappin, es un decálogo abierto de posibles abordajes para la ensoñación de espacios y paisajes. Os toca ensayarlo, cada uno a vuestro modo.

- Tomar nota de esos espacios a los que volvemos en nuestros sueños.
- Viajar, caminar. Exponernos al extrañamiento de nuevos paisajes.
- Transportarnos allí con un cuaderno de notas y dedicarnos, como diría san Juan de la Cruz, a esa harta contemplación y a anotar esos éxtasis.
- Desarrollar en cada viaje que hagamos una «ciencia de intuiciones» (Durrell). Dar con nuestras propias

lecturas y correspondencias, siempre en la periferia de lo turístico.

- Cultivar esa fina conjunción entre la geografía, la antropología y la arqueología de cada lugar con voluntad poética.
- Investigar documentos asociados a esos espacios: viejos mapas, archivos, postales, fotografías, ilustraciones de revistas, canciones, hemerografía, cartas.
- Revisar lo que otros creadores y artistas han escrito, pintado, fotografiado, dicho o imaginado sobre ese lugar.
- Tomar nota de nombres con aura sonora (pueblos, calles, casas, locales).
- Hacernos con objetos que atesoremos como símbolos o fetiches. No descartar suvenires.
- Cultivar y documentar lo que Coleridge llamaba «reliquias de sensación», es decir, toda clase de experiencias sensoriales y espirituales de alta orfebrería.

Este decálogo reúne una serie de rutinas que nos ayudarán a recrear lo que Lappin llama *the mood of a location* (la firma de un paisaje, la sensación que emana) y que podríamos traducir en contigüidades semánticas: el humor, el temperamento y el ánimo; la fisiología, la pulsión y el espíritu de un lugar. Así motivaremos eso que Virginia Woolf llama «momentos del ser» y que, lo mismo que las epifanías de Joyce, constituyen experiencias de conciencia lúcida en torno a nuestros mapas, geografías, paisajes y espacios más íntimos: una nueva luz portadora de la llave que nos libere de la profecía de Kavafis y nos sensibilice hacia el temblor de nuevos umbrales.

EL RELOJ SECRETO.
EL TIEMPO DEL RELATO

Alejandro Marcos

> *La historia narra la vida en el tiempo, en tanto que la novela —si es buena— [...] refleja además la vida de acuerdo con sus valores.*
>
> E. M. Forster

La escritura no puede sustraerse del tiempo como pueden hacer otras artes. Solo tiene sentido en él. Siempre ocurre hacia delante.

Como pasa con la música, el tiempo no afecta solo a la literatura como un fenómeno físico mensurable, sino que además transforma al propio producto resultante: la historia que se está contando. Nosotros tardamos una serie de minutos en leer un cuento pero, dentro de la narración misma, el tiempo es diferente. Ese tiempo también influye en nuestro modo de percibir el texto. Uno y otro no suelen coincidir.

En este capítulo vamos a aprender a diferenciar cada uno de esos «tiempos» diferentes, y analizaremos algunas técnicas para escribir contando con la temporalidad siempre a nuestro favor.

7.1. EL TIEMPO INTERNO Y EL EXTERNO

Lo primero que tenemos que diferenciar es el tiempo externo y el tiempo interno del relato:

El tiempo *externo* es ajeno a la narración, es decir, es el tiempo objetivo (el que se podría calcular con un reloj) que tardamos en leer el relato entero, desde la primera palabra hasta el último punto.

El tiempo *interno*, por el contrario, es el tiempo que transcurre dentro de la historia. Es el período que abarca toda la narración, desde el primer hecho que se narra, hasta el último. Pueden ser días, semanas, décadas y hasta siglos.

En el relato «El gusano», de Roberto Bolaño, se nos cuenta la relación que establece un chico que ha dejado el colegio, un joven Arturo Belano, con un asesino retirado a lo largo de un periodo indefinido (unos dos meses). Hagamos un cálculo básico: el relato se tarda en leer unos quince minutos (tiempo externo). El tiempo que transcurre «dentro» de la historia son esos dos largos meses en los que los dos personajes establecen una relación de amistad (tiempo interno).

Habremos de tener en cuenta que, entre el tiempo externo y el interno, pueden establecerse tres tipos de relaciones:

- *Cuando el tiempo externo es inferior al tiempo interno*. Sucede en la mayoría de las historias. Para conseguir comprimir la temporalidad y narrar periodos largos (días, semanas o meses) será necesario emplear algunas técnicas, como el *resumen* o la *elipsis*.
- *Cuando el tiempo externo es igual al tiempo interno*. Suele darse sobre todo en relatos articulados sobre la

unidad del espacio, tiempo y acción, y con narradores cámara. Un ejemplo es el relato «Los asesinos» de Ernest Hemingway: unos criminales entran en un restaurante. Se narra minuto a minuto lo que sucede allí. Es lógico pensar que nuestro recurso ideal para contar este momento será la *escena*.

- *Cuando el tiempo externo es superior al tiempo interno*. La posibilidad más rara. Pero podemos encontrarla en relatos como «El Aleph», de Borges. Cuando el protagonista mira dentro del Aleph, suceden muchos hechos al mismo tiempo, todo dura un instante y, sin embargo, nosotros tardamos más que ese instante en leer todas las acciones.

Veremos con más detenimiento esas técnicas narrativas —resumen, elipsis, escena…— cuya elección depende íntimamente del *tiempo* en los capítulos 9 y 10.

7.2. Tiempo de la historia y tiempo del discurso

Dentro del tiempo interno encontraremos el tiempo de la *historia* y el tiempo del *discurso*. Su diferencia radica en lo siguiente: en un relato no podemos contar absolutamente todo lo que pasa en el periodo que abarca la historia, a no ser que se trate de una simple escena que transcurre en un lapso muy breve. Hay que hacer una selección o el lector se aburrirá y buscará una lectura más interesante.

- Tiempo de la *historia* es el tiempo que se sucede entre la primera acción narrada en el relato y la última. Por ejemplo, en el relato «El rastro de tu sangre en la nieve», Gabriel García Márquez nos cuenta la historia de amor de Billy Sánchez y Nena Daconte, que abarca exactamente tres meses y diez días.

- Tiempo del *discurso:* se compone solo de las acciones narradas en el relato, obviando aquellas que no son relevantes para el desarrollo de la narración y que, por lo tanto, no aparecen en el texto. En el mismo relato de Gabriel García Márquez no se nos narran todas las acciones de los tres meses de relación de la pareja. Se nos narra con detenimiento tan solo la última semana y, aun así, ni siquiera se nos detallan todas las acciones que realizan los personajes esos días.

7.2.1. RELACIONES ENTRE TIEMPO DE LA HISTORIA Y TIEMPO DEL DISCURSO: ORDEN, DURACIÓN Y FRECUENCIA

Siguiendo la terminología establecida por Gérard Genette, la relación entre el tiempo de la historia y el tiempo del discurso puede dividirse en términos de orden, de duración o de frecuencia.

7.2.1.1 ORDEN

Esta relación establece la diferencia entre el orden cronológico de los acontecimientos de la historia y el orden textual en el que aparecen esos acontecimientos narrados en el relato. Si el orden cronológico y el textual coinciden, hablaremos de una *relación de concordancia* entre el orden del tiempo del discurso y el de la historia, mientras que, si no coinciden, hablaremos de una *relación de discordancia*.

Esa discordancia supone, siempre, un salto temporal en el orden cronológico, ya sea hacia atrás (en cuyo caso hablaremos de una retrospección o analepsis) o hacia delante (donde nos encontraríamos con una anticipación o prolepsis).

Concordancia

> Una mañana se levantó y fue a buscar al amigo al otro lado de la valla. Pero el amigo no estaba, y, cuando volvió, le dijo la madre:
> —El amigo se murió.
> —Niño, no pienses más en él y busca otros para jugar.
> El niño se sentó en el quicio de la puerta, con la cara entre las manos y los codos en las rodillas. «Él volverá», pensó. Porque no podía ser que allí estuviesen las canicas, el camión y la pistola de hojalata, y el reloj aquel que ya no andaba, y el amigo no viniese a buscarlos. Vino la noche, con una estrella muy grande, y el niño no quería entrar a cenar.
> —Entra, niño, que llega el frío —dijo la madre.
>
> «El niño al que se le murió el amigo»
> Ana María Matute

Como podemos ver en este ejemplo, la historia ocurre en orden cronológico, por lo que ambos tiempos mantienen una relación de concordancia. Los hechos se narran en el orden en el que ocurrieron.

Discordancia

Dentro de este tipo de relación encontramos dos apartados. Veremos primero un ejemplo de retrospección (también conocida como *flashback* o analepsis) y después otro de anticipación (o *flashforward* o prolepsis).

En el siguiente relato de Sławomir Mrożek, todo lo que se narra después del «Apenas una hora antes» del segundo párrafo hasta el final de la cita es una retrospección. Se nos cuenta algo que había pasado anteriormente (la cursiva es nuestra):

> Alexander Bytomski, jefe de comedor del restaurante Extra Lux, se dio de morros al ir a servir unas pechugas de pollo a unos clientes en el altillo y las pechugas fueron a parar al parqué.
>
> Uno de los testigos de lo ocurrido era alumno de la Escuela Gastronómica Estatal. Un tal Wawrzonkiewicz. *Apenas una hora antes, Bytomsky le había arreado una dolorosa patada y lo había insultado verbalmente en el pasillo entre la cocina y los comedores.*
>
> «La profecía»
> Sławomir Mrożek

En este otro ejemplo que veremos a continuación, de Juan Gómez Bárcena, el caudillo guti, Urkadunna, que se encuentra dentro del templo acadio que acaba de conquistar, ve en los mosaicos la historia pasada de la ciudad y, además, la historia futura. A partir del punto en el que ve a un hombre morir atrapado en una cámara sellada y hasta el final del relato, el texto se convierte en una anticipación tras otra de lo que le va a suceder al caudillo y a su pueblo. Al final del texto, cuando Urkadunna se da cuenta de que aquel hombre encerrado es él mismo, la historia vuelve al presente, a la cámara sellada, y el relato finaliza:

Vio en un mosaico inmenso la batalla que acababan de vencer y su propia espada cercenando los cuerpos enemigos. Vio la larga fila de los sacerdotes acadios decapitados al pie de sus propios templos. Vio las casas ardiendo como teas, los guerreros sucios violando mujeres con olor a perfume y cientos de fosos cegados por los cadáveres.

Vio a un hombre atrapado en una cámara sellada, sacudido por los últimos estertores de la sed o el hambre, y no pudo asociar la escena a ningún recuerdo.

Y más tarde vio miles de cadáveres acadios devorados por los buitres y cientos de guerreros guti vistiendo túnicas perfumadas y apliques de oro.

La ciudad completamente arrasada, el zigurat saqueado y a los hijos de sus guerreros despojados de sus túnicas y sus riquezas, malviviendo entre los escombros de la antaño poderosa Acad.

«Zigurat»
Juan Gómez Bárcena

Ya sabemos diferenciar las relaciones de orden, pero ¿qué conseguimos escribiendo un texto en el que el orden del tiempo del relato y el de la historia son concordantes? O al revés: ¿qué conseguimos si son discordantes? Una relación de concordancia puede servir para evitar que el lector se confunda en historias de cierta complejidad narrativa y siga sin problema lo que quiera transmitir el autor. Por otro lado, los relatos con una relación de discordancia pueden servir para atraer al lector desde la primera línea, empezando *in medias res*, y después ponerle poco a poco en antecedentes de lo que está sucediendo usando retrospecciones (como ocurre en el cuento de «El rastro de tu sangre en la nieve»). Es decir, para añadir o repetir información relevante.

También podemos aumentar o generar intriga empleando anticipaciones, haciendo que el lector se interese por lo que va a pasar, o por cómo va a pasar, y siga leyendo. O, como hemos visto en el ejemplo de Juan Gómez Bárcena, poner en perspectiva determinadas acciones que van a ocurrir en el relato para provocar un efecto concreto en el lector.

7.2.1.2 Duración

La relación en términos de duración entre el tiempo de la historia y el tiempo del discurso no es otra cosa que la dilatación o la contracción de las acciones narradas en el texto. Es decir, que las acciones puedan aparecer contadas tal y como sucedieron, aparecer dilatadas, aparecer resumidas o no aparecer.

Para cada una de esas opciones contaremos con una herramienta distinta. Nos limitaremos a mencionarlas brevemente, pero volveremos a ellas:

Si las acciones aparecen tal y como sucedieron, hablamos de una *escena*. En ella el tiempo externo y el interno son prácticamente iguales.

Si las acciones aparecen resumidas o acortadas hablaremos de un *resumen*. En un resumen se nos suelen presentar varias acciones cuya duración es mayor a la presentada en el texto.

Si lo que aparece es un salto temporal en el que el narrador omite mencionar qué ha pasado, estaremos hablando de una *elipsis*. Las elipsis pueden aparecer marcadas en el texto o no hacerlo. Algunos marcadores comunes son los que señalan el tiempo transcurrido. Por ejemplo: «a la mañana siguiente», «dos días después», «muchos años más tarde», etcétera.

Si lo que queremos es alargar una acción, tendremos que detener el tiempo del relato. Para ello podemos usar una pausa descriptiva, una digresiva, un análisis o un monólogo interior.

7.2.1.3 FRECUENCIA

La frecuencia entre el tiempo de la historia y el del discurso hace referencia al número de veces que aparece un hecho relatado en el texto y el número de veces que sucede dicho acontecimiento. En función de ello nos encontramos con dos tipos de frecuencia:

—*Hábitos*: acciones o hechos que suceden de forma repetida o continuada. Pueden aparecer una sola vez relatados en la historia o varias veces.

En el relato «Macario», de Juan Rulfo, aparecen muchas acciones habituales de forma recurrente. ¿De qué depende? En la historia se nos habla de la vida de Macario, un niño que vive con su madrina y con Felipa. Para que el lector pueda apreciar la diferencia entre ambas mujeres, el autor nos muestra una serie de hábitos que realiza cada una. Por ejemplo, se nos dice que Felipa es la que le da de comer y la madrina la que lo regaña. Alguno de estos hábitos aparecen repetidos varias veces (el hecho de que Macario, cuando come, no se siente saciado nunca). Aquí la intención del autor no es otra que la de hacer hincapié en un aspecto importante del relato. No solo nos narra una situación extrema (el niño siempre tiene hambre), sino que además nos muestra la insatisfacción y la frustración tanto suya como de Felipa.

Es un relato narrado con la voz de Macario, por lo que su punto de vista nos muestra una realidad un tanto distorsionada. *Para que el lector comprenda lo que pasa sin ser explicativos, es necesario repetir las acciones.*

Si queremos narrar este tipo de hechos es aconsejable emplear los tiempos verbales imperfectos, ya que dan la sensación de repetición (cantaba, dormía, salía, etcétera).

—*Acciones únicas*: acciones o hechos que suceden una sola vez. En función de la intención del autor, pueden aparecer narradas varias veces o solo una.

El cuento «Bernardino», de Ana María Matute, se divide en dos partes distintas. La primera parte, de presentación, en la que se cuentan los hábitos de los tres narradores y de Bernardino; y la segunda parte, en la que se narra un acontecimiento concreto en la vida de los protagonistas: unos chicos del pueblo roban el perro de Bernardino y se niegan a dárselo, a no ser que él se deje pegar en su lugar.

Ese acontecimiento aparece narrado una sola vez y sucede una sola vez también, pero la autora le otorga toda la atención. Ese hecho es lo que hace que los narradores cambien su punto de vista sobre Bernardino. Lo que sucede es lo suficientemente singular como para que no precise repeticiones.

En este tipo de acciones predominan los tiempos verbales perfectivos, ya que transmiten la sensación de que la acción ha sucedido una sola vez en un momento determinado (canté, duermes, saldrá, etcétera) y que ya está acabada.

7.2.2. TIEMPO OBJETIVO Y TIEMPO SUBJETIVO

El *tiempo objetivo* sería el tiempo mensurable por un reloj. Es exactamente igual para cada persona. Aquí y en la otra punta del mundo.

El *tiempo subjetivo* es la percepción personal que cada uno tiene del paso del tiempo.

¿Quién no ha tenido alguna vez algún profesor un poco tostón que ha hecho que una simple hora se hiciera eterna? Eso mismo pasa en la escritura. Los acontecimientos o hechos narrados tienen una duración determinada, pero esa duración puede tener una percepción subjetiva distinta en función de cómo afecte a los personajes.

Muchas veces no bastará con decirlo (sobre todo si esa percepción subjetiva del tiempo es importante para el objetivo que nos hayamos marcado con el relato), por lo que es recomendable hacer que el lector participe de esa sensación. Si un segundo ha pasado tan largo como una hora para el protagonista, el lector debe percibir ese alargamiento del tiempo.

Para dilatar el tiempo en un relato es recomendable intercalar acciones y escenas con otras herramientas como son las digresiones o las descripciones. También podemos jugar con las repeticiones de las acciones ya narradas anteriormente. Dependiendo de lo mucho o poco que queramos exagerar esa sensación de tiempo detenido, aumentaremos o reduciremos el número de acciones. Si detenemos del todo el tiempo, el texto puede volverse abstracto y el lector salirse de la historia con facilidad.

Recordad que alargar el tiempo no significa aburrir al lector, sino que perciba que esa acción dura más tiempo de lo que verdaderamente dura. Además de esto, es importante también emplear el ritmo del relato (como veremos a continuación) para que esa sensación sea mayor.

En el siguiente ejemplo de Julio Cortázar, el tiempo se estira para que el lector tenga la misma sensación de incomodidad y de agobio que empieza a sentir la protagonista del relato. Las acciones se van alternando con las descripciones, y con algunas reflexiones y pensamientos de la protagonista:

> Buscando las monedas en el bolso lleno de cosas, se demoró en pagar el boleto. El guarda esperaba con cara de pocos amigos, retacón y compadre sobre sus piernas combadas, canchero para aguantar los virajes y las frenadas. Dos veces le dijo Clara «de quince», sin que el tipo le sacara los ojos de encima, como extrañado de algo. Después le dio el boleto rosado, y Clara se acordó de un verso de infancia, algo como: «Marca, marca, boletero, un boleto azul o rosa; canta, canta alguna cosa, mientras cuentas el dinero». Sonriendo para ella buscó asiento hacia el fondo, halló vacío el que correspondía a *Puerta de emergencia*, y se instaló con el menudo placer de propietario que siempre da el lado de la ventanilla. Entonces vio que el guarda la seguía mirando. Y en la esquina del puente de Avenida San Martín, antes de virar, el conductor se dio la vuelta y también la miró, con trabajo por la distancia pero buscando hasta distinguirla muy hundida en su asiento.
>
> [...]
>
> «Par de estúpidos», pensó Clara entre halagada y nerviosa. Ocupada en guardar su boleto en el monedero, observó de reojo a la señora del gran ramo de claveles que viajaba en el asiento de delante. Entonces la señora la miró a ella, por sobre el ramo se dio la vuelta y miró dulcemente como una vaca sobre un cerco, y Clara sacó el espejito y estuvo enseguida absorta en el estudio de sus labios y sus cejas. Sentía ya en la nuca una impresión desagradable; la sospecha de otra impertinencia la hizo darse vuelta con rapidez, enojada de veras. A dos centímetros de su cara estaban los ojos de un viejo de

cuello duro, con un ramo de margaritas componiendo
un olor casi nauseabundo.

«Ómnibus»
Julio Cortázar

Al contrario de lo que hemos visto, para acortar el tiempo y transmitir la sensación de que pasa más deprisa de lo que en realidad lo hace, tendremos que evitar las digresiones y las descripciones que no vayan al hilo de la acción y centrarnos sobre todo en las escenas, los resúmenes y las elipsis. En este caso es importante también jugar con el ritmo. Por supuesto todo esto son consejos, no normas. Un pasaje en el que el tiempo pase deprisa puede utilizar descripciones y digresiones, pero no son recursos característicos de ese tipo de narración.

7.3. EL RITMO

El *ritmo* literario hace referencia a la cadencia de las palabras en el relato. Depende de las pausas, los silencios, los tiempos verbales, los tipos de oración y las palabras empleadas. A continuación veremos cómo podemos emplear cada uno de esos elementos para acelerar o frenar el ritmo de la narración:

Tiempos verbales. Los tiempos simples aceleran el ritmo, mientras que los compuestos lo hacen más lento. La razón no es únicamente el número de palabras empleadas sino también el aspecto durativo de los verbos. Dentro de las formas simples y las compuestas, los verbos en presente son los que más aceleran la narración debido a su sensación de inmediatez.

Pausas. Jugar con los signos de puntuación hará que el texto tenga una cadencia u otra. Las comas aceleran la lectura, mientras que los puntos (sobre todo los puntos y aparte) la frenan. Dentro de este apartado habremos de considerar también los diálogos y las acotaciones, puesto que forman párrafos distintos y entre ellos hay pausas. Las acotaciones suelen dinamizar más los diálogos, pero usadas en exceso pueden entorpecer la lectura y la comprensión.

Tipo de oración. Una acumulación de oraciones simples puede acelerar el ritmo si no se corta el párrafo, y las oraciones compuestas lo ralentizarán; pero una oración compuesta, con incisos y pausas adecuadas, también puede ayudarnos a transmitir agilidad. Todo depende de su longitud y de cómo coloquemos las pausas.

¿Qué es importante aquí? Sobre todo ser conscientes del ritmo que estamos buscando y del efecto que queremos conseguir con ello. Probablemente necesitemos acelerar el ritmo en un pasaje de acción, mientras que tendríamos que relajarlo en momentos en los que la tensión no sea alta. Lo ideal, siempre hablando en términos generales, es alternar distintos tipos de ritmo para dinamizar la lectura y hacer que el lector no se duerma.

En el ejemplo que hemos incluido a continuación, perteneciente a «El Aleph» de Jorge Luis Borges, podemos encontrar un cambio de ritmo entre la primera parte [1] y la segunda [2]:

[1] En la parte inferior del escalón, hacia la derecha, vi una pequeña esfera tornasolada, de casi intolerable fulgor. Al principio la creí giratoria; luego comprendí que ese movimiento era una ilusión producida por los vertiginosos espectáculos que encerraba. El diámetro

del Aleph sería de dos o tres centímetros, pero el espacio cósmico estaba ahí, sin disminución de tamaño. Cada cosa (la luna del espejo, digamos) era infinitas cosas, porque yo claramente la veía desde todos los puntos del Universo.

Como vemos, Borges usa varios de los recursos mencionados en este apartado: frases compuestas de varios periodos, que pausan la narración de forma elástica. El autor se toma su tiempo para introducir el concepto del Aleph en nuestra cabeza. Pero en la segunda parte, donde se enumeran las imágenes y acciones que el protagonista ve dentro de la esfera, el ritmo aumenta considerablemente. Es obvio que la intención del autor era la de acelerar el tiempo para que percibamos que todo está ocurriendo a la vez en un lapso corto. El lector debe sentir que la velocidad aumenta para que las imágenes se superpongan lo máximo posible:

[2] Vi el populoso mar, vi el alba y la tarde, vi las muchedumbres de América, vi una plateada telaraña en el centro de una negra pirámide, vi un laberinto roto (era Londres), vi interminables ojos inmediatos escrutándose en mí como en un espejo, vi todos los espejos del planeta y ninguno me reflejó, vi en un traspatio de la calle Soler las mismas baldosas que hace treinta años vi en el zaguán de una casa en Frey Bentos, vi racimos, nieve, tabaco, vetas de metal, vapor de agua, vi convexos desiertos ecuatoriales y cada uno de sus granos de arena, vi en Inverness a una mujer que no olvidaré.

«El Aleph»
Jorge Luis Borges

En esta segunda parte del fragmento el ritmo es mucho más rápido, además de presentarnos una repetición del verbo («vi») que acelera todavía más el recorrido que el lector hace por ese caleidoscopio fulgurante. La estructura de las frases, las comas y alternancia de frases medias y cortas producen un efecto de velocidad y multiplicidad en la percepción del lector.

Como se puede ver, el conjunto de elementos expresivos relacionados con el tiempo del relato que hemos llamado ritmo, y que puede ser un gran aliado en nuestra escritura, exige bastante oficio y la atención que la dedicaremos en el capítulo 21.

DE ARISTÓTELES A STEVENSON.
LA ESTRUCTURA CLÁSICA DEL RELATO

Javier Sagarna

Decía Roland Barthes, uno de los teóricos estructuralistas que más trabajó sobre el hecho narrativo, que «la historia es siempre y ante todo una elección y los límites de esa elección». Y no hay duda de que para construir esa elección y sus límites, hay que saber elegir bien los materiales y cómo disponerlos, hasta el punto de que podemos decir que en un relato, todo lo que no lo está construyendo, lo está destruyendo. Y esto apunta a una cuestión tan importante que lleva preocupando a los estudiosos ya desde la Antigua Grecia: la estructura de las narraciones.

Fue precisamente un griego, Aristóteles, quien en su *Poética* formuló una estructura para la narración que, a pesar de los siglos transcurridos, sigue siendo no solo válida sino la que encontramos en un gran número de textos narrativos, sean relatos, novelas o guiones de cine y teatro. Es la que se denomina *estructura clásica* o *aristotélica.*

Es una cuestión de gran importancia, porque una buena estructura es casi siempre garantía de que el relato funcionará y mantendrá en todo momento al lector interesado. Por el contrario, un relato desestructurado, que se desparrama por aquí y por allá, tendrá seguramente problemas de lógica y coherencia interna, y hasta es muy probable que, en todo ese jaleo, se nos pierda la tensión dramática y, con ella, perderemos también al lector. Pero vayamos por partes.

8.1. DE ARISTÓTELES A STEVENSON

Allá por el siglo IV antes de Cristo, Aristóteles definió un modelo estructural que reflejaba, al tiempo que podía aplicarse a, las obras de teatro de la época. Un modelo que, sin apenas modificaciones, ha sobrevivido al paso del tiempo hasta convertirse en el molde en el que, de manera consciente o inconsciente, siguen acomodándose la gran mayoría de textos narrativos posteriores (incluidos aquellos como la novela o el relato breve cuya existencia Aristóteles no podía prever). A su modo, Aristóteles no dio con una forma de contar historias, sino con *la forma* de contar historias, la estructura canónica, digámoslo así. Tan influyente que ha pervivido a través de los siglos y que, aunque hoy convive con otras posibilidades, sigue siendo una garantía.

El esquema básico de Aristóteles dividía la historia en tres actos:

- *Planteamiento*: donde se nos presentan la situación y los personajes y se expone el conflicto. Durante el planteamiento el autor nos instala en el mundo donde habrá de suceder la acción, introduce a los personajes principales y asistimos al punto de partida de lo que sucederá después.
- *Nudo*: se trata de la parte del cuento donde se desarrolla el conflicto que se nos presentó en el planteamiento. Normalmente abarca la mayor parte del relato. Los personajes actúan, sienten, hablan, se mueven, interaccionan unos con otros y con la situación y el entorno, siempre condicionados por esa situación de partida. Al final, algo sucederá que hará que el conflicto quede listo para ser resuelto.
- *Desenlace*: es la última parte del texto, en la que, para bien o para mal, se resuelve el conflicto que nos ha tenido en vilo.

Para «avanzar» de una de estas partes a la siguiente, suele ser necesario que el personaje protagonista tome algún tipo de decisión. Esta elección capital vendrá motivada por algo que sucede dentro de la trama —que le atañe a él, o a otros—, y que le obliga a decidir.

Lo que nos lleva a otra cuestión importante. Por regla general, según esta estructura aristotélica, al final de cada uno de los dos primeros actos (del planteamiento y del nudo) podremos encontrar:

- Un *desencadenante*: un suceso externo, algo que pasa o que alguien hace, que mueve al protagonista del cuento a actuar.

- Un *punto de giro*: que es la decisión del protagonista, aquello que hace como respuesta al desencadenante. En el caso del punto de giro que nos lleva desde el planteamiento al nudo, esta decisión del protagonista pondrá en marcha el desarrollo del conflicto expuesto en dicho planteamiento. En el caso del punto de giro que nos lleva desde el nudo al desenlace, será la decisión que conduzca la historia hasta su final, sea este el que sea.

Así, la estructura clásica de un relato, esquematizada tal como lo haría un guionista de Hollywood (donde la mayoría de los guiones trabajan a partir de esta estructura), quedaría como sigue:

PLANTEAMIENTO			NUDO			DESENLACE
Situación de partida	D.1	PG.1	Desarrollo	D.2	PG.2	Desenlace

Vemos así cómo casi todas las historias clásicas empiezan planteando la situación de partida, hasta que sucede algo (primer desencadenante, D.1) que mueve al protagonista a tomar una decisión (primer punto de giro, PG.1), lo que tiene unas consecuencias que se desarrollan a lo largo del nudo; hasta que, llegando al final del mismo, otro suceso (segundo desencadenante, D.2) lleva al protagonista a tomar una segunda decisión (segundo punto de giro, PG.2) que precipita el desenlace. Parece sencillo, y lo es.

Pero también, como dijimos, es la estructura que mueve la gran mayoría de las historias que leemos o vemos en el cine: lo veremos mejor con un ejemplo.

8.2. «El diablo de la botella»

En 1889, en las islas de Samoa, Robert Louis Stevenson terminó de escribir un relato absolutamente sensacional titulado «El diablo de la botella». Se trata de un relato más bien largo, que no podemos reproducir aquí por cuestiones de espacio. Veamos entonces un resumen de este cuento:

Keawe es un marinero pobre al que una vez, paseando por San Francisco, un hombre que vive en una casa increíblemente hermosa le ofrece la posibilidad de comprar, por cincuenta dólares, una botella en la que afirma que vive un diablo que concede cualquier deseo. Lo malo es que la botella solo puede venderse por un precio más bajo que aquel por el que uno la compró. Si uno muere sin haberla vendido, su alma va al infierno para siempre. Tras varias dudas y algunas pruebas, Keawe compra la botella. Después de alguna comprobación menor, no acaba de atreverse a usarla.

Otro marinero llamado Lopaka le anima: ya que ha comprado la botella y los problemas que pueda traer, también debe aceptar los posibles beneficios. Además le promete comprársela si sus deseos resultan cumplirse. Así que Keawe pide a la botella una casa hermosísima y ambos vuelven a Hawái. Cuando llegan allí, Keawe descubre que algunos familiares suyos han fallecido y le han legado unas tierras exactamente en el lugar que él había imaginado para su casa, así como una pequeña fortuna que se corresponde exactamente con la cantidad necesaria para edificar la casa soñada, a la que todos llamarán la Casa Resplandeciente. La construye, y Lopaka le compra la botella como prometió, no sin antes haber quedado ambos espantados tras contemplar el rostro del diablo. Todo parece feliz después de haberse ido Lopaka, pues además Keawe conoce a Kokua, de la que se enamora perdidamente y que corresponde a su amor.

La misma noche en que se comprometen, Keawe descubre que ha contraído la lepra. El fin de todos sus sueños. Lo único que le queda es recluirse con los demás leprosos en la isla de Molokai. Solo la botella puede curarle, así que viaja en su busca y, cuando al fin la encuentra, descubre con horror que su precio ha bajado hasta un centavo. Como no hay monedas de menor valor, si la compra estará irremisiblemente condenado al infierno. Pero sí, la compra, se cura y se casa con Kokua, con la que vive en su preciosa casa.

Sin embargo, Keawe es terriblemente infeliz. La certeza de su condenación no le deja disfrutar de la vida. Por fin, un día le confiesa a Kokua la razón de su tristeza y esta le cuenta que en la Polinesia francesa existe una moneda de valor inferior, de forma que se necesitan cinco céntimos franceses para hacer un centavo. Viajan a Tahití, pero nadie parece interesado en comprar la botella, así que Kokua, movida por el amor a Keawe, la compra a través de un intermediario por tres céntimos. Pero ahora es Kokua la que languidece de angustia al pensar en la condenación, mientras Keawe, que no entiende lo que le pasa, llega a enfadarse con ella.

Casualmente, Keawe se entera de que es Kokua quien ha comprado la botella para salvarle. Conmovido por el amor de Kokua y decidido a sacrificarse él, toma la determinación de comprársela él también. Como sabe que ella nunca se la venderá, le pide a un contramaestre embrutecido que le haga el favor de comprarla por dos céntimos; después —le promete— él se la recomprará por un céntimo. Cuando el contramaestre se ve dueño de la botella y se niega a revendérsela a Keawe, este queda liberado de la maldición.

Los enamorados retornan a Hawái para vivir felices en la Casa Resplandeciente.

Un buen cuento, ¿verdad? Analicemos su estructura.

8.3. La estructura clásica de «El diablo de la botella»

Veamos cómo está organizado el relato de Stevenson:

8.3.1. Planteamiento

Keawe es un marinero pobre al que una vez, paseando por San Francisco, un hombre que vive en una casa increíblemente hermosa le ofrece la posibilidad de comprar, por cincuenta dólares, una botella en la que afirma que vive un diablo que concede cualquier deseo. Lo malo es que la botella solo puede venderse por un precio más bajo que aquel por el que uno la compró. Si uno muere sin haberla vendido, su alma va al infierno para siempre. Tras varias dudas y algunas pruebas, Keawe compra la botella. Después de alguna comprobación menor, no acaba de atreverse a usarla.

Otro marinero llamado Lopaka le anima: ya que ha comprado la botella y los problemas que pueda traer, también debe aceptar los posibles beneficios. Además le promete comprársela si sus deseos resultan cumplirse. Así que Keawe pide a la botella una casa hermosísima…

Stevenson expone la situación con gran claridad, presenta al personaje y lanza el objeto que será el eje del conflicto del relato (esa botella con un diablo dentro). También nos deja claro los pros y los contras de poseerla. Solo entonces la acción comienza de verdad. Y es que al final de este planteamiento podemos encontrar el primer desencadenante y el punto de giro. En principio, podría parecer que el desencadenante sería que le sea ofrecida la botella, y el punto de giro sería que Keawe la compre. Pero si uno lee el cuento con atención, vemos que en realidad Keawe compra la botella mitad por curiosidad, mitad porque el vendedor lo medio engaña. No es una elección del todo libre. Hay, sin embargo, otra decisión que sí es genuina: usar la botella para obtener una casa hermosa (por motivos egoístas). Esta decisión viene motivada por la intervención de Lopaka, que le anima a aceptar lo bueno junto con lo malo (Lopaka juega el mismo papel que juega la serpiente en la historia de Adán y Eva).

Podemos considerar que los componentes que articulan el paso del planteamiento al nudo son:

Primer desencadenante

Otro marinero llamado Lopaka le anima: ya que ha comprado la botella y los problemas que pueda traer, también debe aceptar los posibles beneficios. Además le promete comprársela si sus deseos resultan cumplirse.

Primer punto de giro

Keawe pide a la botella una casa hermosísima…

Es importante notar que el cambio de un acto a otro se produce en el momento en que el personaje toma su decisión y la pone en práctica, por lo que la vuelta a Hawái ya pertenece al nudo. La historia avanza, y ahora podemos estudiar cómo continúa su estructura.

8.3.2. Nudo

[…] y ambos vuelven a Hawái. Cuando llegan allí, Keawe descubre que algunos familiares suyos han fallecido y le han legado unas tierras exactamente en el lugar que él había imaginado para su casa, así como una pequeña fortuna que se corresponde exactamente con la cantidad necesaria para edificar la casa soñada, a la que todos llamarán la Casa Resplandeciente. La construye, y Lopaka le compra la botella como prometió, no sin antes haber quedado ambos espantados tras contemplar el rostro del diablo. Todo parece feliz después de haberse ido Lopaka, pues además Keawe conoce a Kokua, de la que se enamora perdidamente y que corresponde a su amor.

La misma noche en que se comprometen, Keawe descubre que ha contraído la lepra. El fin de todos sus sueños. Lo único que le queda es recluirse con los demás leprosos en la isla de Molokai. Solo la botella puede curarle, así que viaja en su busca y, cuando al fin la encuentra, descubre con horror que su precio ha bajado hasta un centavo. Como no hay monedas de menor valor, si la compra estará irremisiblemente condenado al infierno. Pero sí, la compra, se cura y se casa con Kokua, con la que vive en su preciosa casa.

Sin embargo, Keawe es terriblemente infeliz. La certeza de su condenación no le deja disfrutar de la vida. Por fin, un día le confiesa a Kokua la razón de su tristeza y esta le cuenta que en la Polinesia francesa existe una moneda de valor inferior, de forma que se necesitan cinco céntimos franceses para hacer un centavo. Viajan a Tahití, pero nadie parece interesado en comprar la botella, así que Kokua, movida por el amor a Keawe, la compra a través de un intermediario por tres céntimos. Pero ahora es Kokua la que languidece de angustia al pensar en la condenación, mientras Keawe, que no entiende lo que le pasa, llega a enfadarse con ella.

Casualmente, Keawe se entera de que es Kokua quien ha comprado la botella para salvarle. Conmovido por el amor de Kokua y decidido a sacrificarse él, toma la determinación de comprársela él también.

Como hemos visto, durante el nudo, la decisión de Keawe tiene todo tipo de consecuencias. Por una parte, consigue lo que quería, pero el precio para conseguirlo resulta ser la muerte de sus familiares. Queda la sensación de que una especie de maldición no va a permitir que se salga fácilmente con la suya. Todo ello a pesar de que Lopaka cumple su palabra y le libera de la botella. Apenas encuentra el amor, se descubre infectado por la lepra. Eso le lleva a volver a comprar la botella y, de nuevo por motivos egoístas (para gozar de su casa y del amor), volver a usarla para sanarse, aunque el precio es exorbitante. La certeza de la condenación le roba toda posibilidad de gozo.

Hay quien podría decir que esta segunda compra de la botella sería un punto de giro, pero fijaos de nuevo en que la decisión no es del todo libre. Resignarse a la lepra y perder todo lo que ama nada más conseguirlo difícilmente es una opción. En el fondo, es la misma decisión que ya tomó al principio. Vuelve a usar la botella para su beneficio.

El nudo continúa con el viaje a Tahití y los intentos fallidos de encontrar comprador para la botella, hasta que al fin Kokua decide comprar la botella. Pero este no es aún el desencadenante, como mucho sería su principio.

Si os fijáis, lo único que sucede a continuación es un aumento del egoísmo de Keawe, que no comprende la desolación de Kokua y se enfada por ello. Hasta que se entera de lo que Kokua ha hecho por él. Esta es la clave, el desencadenante. Keawe se entera de que Kokua ha arriesgado su salvación por él y, ahora sí, cambia y decide volver a comprar la botella. Solo que ahora lo hará por motivos altruistas, para salvar a la mujer que ama. Así pues, los elementos que construyen el paso del nudo al desenlace son los siguientes:

Segundo desencadenante

Hasta que, casualmente, Keawe se entera de que es Kokua quien ha comprado la botella para salvarle.

Segundo punto de giro

Conmovido por el amor de Kokua y decidido a sacrificarse él toma, pues, la determinación de comprársela él también…

Esto completa el cambio del personaje. De un joven algo atolondrado que es capaz de pactar con el diablo para obtener beneficios materiales, Keawe se transforma ahora en un hombre dispuesto a sacrificarse por otra persona. Tres veces compra la botella, las dos primeras por motivos personales y fundamentalmente egoístas, la tercera la compra por amor y en contra de sus intereses personales. Es un hombre nuevo, cambiado, y ahora solo nos queda ver en qué acabará la cosa.

8.3.3. Desenlace

Como sabe que ella nunca se la venderá, le pide a un contramaestre embrutecido que le haga el favor de comprarla él por dos céntimos; después —le promete— él se la recomprará por un céntimo. Cuando el contramaestre se ve dueño de la botella y se niega a revendérsela a Keawe, este queda liberado de la maldición. Los enamorados retornan a Hawái para vivir felices en la Casa Resplandeciente.

Y final feliz. Pese a que Keawe ha asumido su condenación a cambio de la salvación de Kokua, Stevenson encuentra la manera de salvarlos a ambos y, así, recompensar la actitud ya por fin desinteresada de Keawe. Podría haber acabado mal, pero este final feliz es una posibilidad perfectamente viable.

Y es que el final no es una ocurrencia, como veis, sino la consecuencia de lo sucedido en el relato y de los cambios y decisiones del protagonista.

CABALLOS EN EL JARDÍN.
CONSTRUIR UNA ESCENA

Javier Sagarna

Podríamos definir la *escena* en un relato como el segmento narrativo donde se respetan las unidades de acción, de lugar y de tiempo.

Imaginad una discusión acalorada entre un padre y su hijo en el salón de su casa. Tendríamos tres elementos: una acción (la discusión), un espacio (el salón de su casa) y un tiempo (lo que dure esa riña).

Si en algún momento padre e hijo salen de casa (a ver el estado en que ha quedado el coche del padre tras el accidente del hijo), la escena cambiaría, claro: ha cambiado el lugar.

Si el hijo se encierra en su habitación y no se deja ver hasta el día siguiente, momento en que se reanuda la discusión, la escena cambiaría también, ya que ha cambiado el tiempo en que sucede.

Si, de pronto, llaman a la puerta y entra la policía, que viene a detener al hijo por conducir borracho, la escena cambiaría una vez más, pues ha cambiado la acción —surgiría una nueva escena, esta vez narrando la detención del hijo—.

De todos modos, que una escena termine y cambie a otra suele ser cuestión de lógica narrativa. Otros progresos más leves en la narración pueden mantener la unidad de tiempo, espacio y acción que hemos comentado antes. Así, que el padre vaya un momento a la cocina y vuelva con una cerveza, que el hijo reciba una llamada en el móvil y pase unos minutos hablando antes de seguir discutiendo, o que llegue la madre y se sume a la discusión, no implicarían necesariamente un cambio de escena (otra cuestión sería si estuviésemos hablando de cine).

9.1. Algunas características básicas de la escena

- Narra un periodo de tiempo más bien breve y lo hace de forma minuciosa, incluyendo diálogos si es preciso, y prestando atención a los gestos de los personajes y a los detalles del entorno.
- Es a tiempo real: el tiempo que tarda el lector en leerlo es más o menos el tiempo que tardaría en suceder —o, en otros términos, el tiempo de la *historia* y del *discurso* coinciden—.
- Es un recurso de alta intensidad expresiva. Por esa misma razón, si en la escena que escribamos no sucede nada, o lo que sucede es poco interesante, el lector se aburrirá. Conviene, por tanto, reservar

las escenas para los momentos de mayor intensidad dramática.

- Cada escena hace avanzar el relato. Lejos de ser una mera estampa estática, hay algo, pequeño o grande, que se mueve en su interior, un cambio pequeño o grande en la historia o en los personajes.

9.2. La construcción de la escena

Podríamos decir que un relato suele incluir escenas unidas entre sí de forma directa («encadenando» una escena con otra); o a través de transiciones más o menos rápidas (resúmenes, elipsis, reflexiones, etcétera). A veces incluso el relato se compone de una sola escena. Construir escenas es uno de los retos a los que, necesariamente, se enfrenta todo escritor.

Es imprescindible aprender a construir su plasticidad, para que atrapen al lector y le introduzcan en el texto. Mostrar momentos que, como diría John Gardner, «se proyecten como una película continua en la cabeza del lector», y cuenten con eficacia nuestra historia. Por supuesto, no hay una sola forma de construirlas. En Literatura no hay dogmas de fe ni recetas infalibles. Sí hay, sin embargo, una manera que podríamos llamar «canónica» de enfrentarse a ellas. Y esa es la que os propongo estudiar en las próximas páginas.

Recurriremos para ello a una escena extraída de «Si me necesitas, llámame», un relato del magistral Raymond Carver, y el método de análisis que sugiere Ángel Zapata en su indispensable libro *La práctica del relato*.

Luego me duché, me puse el pijama y fui a sentarme otra vez frente a la chimenea. Ahora la bruma llegaba a la ventana. Me senté a fumar delante del fuego. Cuando volví a mirar hacia la ventana, algo se movió entre la niebla y vi un caballo que comía hierba en el jardín.

Me acerqué a la ventana. El caballo alzó la cabeza y me miró, luego siguió arrancando hierba. Otro caballo entró en el jardín, pasó junto al coche y empezó a pastar. Encendí la luz del porche y me quedé delante de la ventana, mirándolos. Eran caballos altos, blancos, de largas crines. Se habían escapado de una granja vecina, por el hueco de una cerca o una portilla abierta. Comoquiera que fuese, habían venido a parar a nuestro jardín. Estaban encantados, disfrutando enormemente de su escapada. Y también nerviosos; desde la ventana les veía el blanco de los ojos. No dejaban de agitar las orejas mientras arrancaban matas de hierba. Un tercer caballo entró vacilante en el jardín, y luego un cuarto. Era una manada de caballos blancos, y estaban pastando en nuestro jardín.

«Si me necesitas, llámame»
Raymond Carver

El efecto de esta escena es la sensación de estar asistiendo en primera persona a esos hechos. Uno empieza a leer y, de pronto, se traslada frente a aquella ventana. Como por una extraña magia, acaban de aparecer unos caballos blancos entre la bruma. Tenemos la impresión de estar en el centro de ese instante. Los caballos y nosotros. No existe nada más.

Carver crea un espacio narrativo consistente, sólido, por el que el lector transita con la misma seguridad con la que lo haría por el salón de su casa, sin miedo a perderse y con la única preocupación de saber qué ocurrirá a continuación. La razón, como indica Ángel Zapata, es que esta escena está sujeta por una especie de esqueleto; un entramado de *informaciones repetidas* que la sostienen y permiten que el lector sepa siempre dónde se halla.

Sí, hemos dicho informaciones repetidas (y también palabras). ¿Cómo puede ser? Si hay algo que todo escritor sabe es que no debe repetir palabras. Nos lo han dicho muchas veces, pues a menudo, el origen de dicha repetición está en la falta de vocabulario o en la torpeza expresiva. Pero no es lo mismo cuando repetimos, sabiendo bien lo que hacemos, las palabras que enuncian la información básica de la escena.

Ocurre que, llevados por esa determinación de no repetirnos, a menudo nos olvidamos de *subrayar la información importante* para fijarla en la cabeza del lector. Y, claro, resulta que el lector se pierde, o no comprende, o se hace un lío tremendo con nuestro texto. Seguirlo le supone un esfuerzo superior a la recompensa.

La clave para evitar este tipo de problemas está en la repetición de la información importante. Pero ¿cuánto hay que repetir? ¿Mucho? ¿Poco? Y, sobre todo, ¿cuál es esa información importante?

Vamos a verlo sobre el mismo texto de Carver. En negrita se señalan todas las palabras que se repiten de un modo prácticamente literal, incluyendo derivaciones como «senté» y «sentarse». También subrayaremos las expresiones con un sentido similar, como «frente a la chimenea» y «delante del fuego».

El resultado es el siguiente:

Luego me duché, me puse el pijama y fui a **sentarme** otra vez <u>frente a la chimenea</u>. Ahora la **bruma** llegaba a la **ventana**. Me **senté** a fumar <u>delante del fuego</u>. Cuando volví a **mirar** hacia la **ventana**, algo se movió entre la **niebla** y vi un **caballo** que <u>comía hierba</u> en el **jardín**.

Me acerqué a la **ventana**. El **caballo** alzó la cabeza y me **miró**, luego siguió <u>arrancando hierba</u>. Otro **caballo** entró en el **jardín**, pasó junto al coche y empezó a <u>pastar</u>. Encendí la luz del porche y me quedé delante de la **ventana, mirándolos**. Eran **caballos** altos, **blancos**, de largas crines. Se habían escapado de una granja vecina, por el hueco de una cerca o una portilla abierta. Comoquiera que fuese, habían venido a parar a nuestro **jardín**. Estaban encantados, disfrutando enormemente de su escapada. Y también nerviosos; desde la **ventana** les veía el **blanco** de los ojos. No dejaban de agitar las orejas mientras <u>arrancaban matas de hierba</u>. Un tercer **caballo** entró vacilante en el **jardín**, y luego un cuarto. Era una manada de **caballos blancos**, y estaban <u>pastando</u> en nuestro **jardín**.

Salen un buen puñado de repeticiones prácticamente literales que forman el esqueleto semántico de la escena y permiten al lector circular a través del texto sin perderse en ningún momento. Y veréis que casi todas estas repeticiones son, o bien de cosas (o animales) concretas, o bien de acciones específicas. No se repiten sensaciones abstractas, sino —del modo que vimos ya en los capítulos 4 y 5— *objetos* y *acciones* escogidas, de esas que el lector puede visualizar, percibir por sus sentidos, casi tocar, y que ayudan a que tengamos la sensación de sumergirnos en lo que John Gardner llama «un sueño plástico y visual».

Una y otra vez, Carver se encarga de repetirle al lector lo que allí está ocurriendo, de *ponérselo ante los ojos* para que solo tenga que preocuparse de asimilar las informaciones nuevas. Tras leer el texto el lector no tiene ninguna duda de que el protagonista está viendo a través de la ventana un grupo de caballos blancos que pasta en su jardín.

En esta escena podríamos distinguir dos secuencias, que podrían considerarse incluso dos escenas consecutivas:

- Secuencia 1: el personaje narrador se sienta a fumar frente a la chimenea.
- Secuencia 2: el personaje se acerca a la ventana y contempla los caballos blancos que comen hierba en su jardín.

¿Por qué nos queda tan claro sin dificultad aparente? Porque en la primera secuencia (de solo tres líneas) el narrador menciona dos veces el verbo sentar y dice de dos maneras distintas que el narrador se halla bien «frente a la chimenea», bien «delante del fuego». Y en la segunda secuencia se menciona seis veces la palabra «caballo», se dice tres veces «blanco», cuatro veces «jardín» y cinco «pastar» u otras expresiones de significado similar («comer hierba», «arrancar matas de hierba»). Así que no hay duda: este hombre tiene caballos blancos pastando en su jardín.

Todas estas palabras, además, no están concentradas en un único lugar de cada una de las secuencias, sino que circulan de arriba abajo, apareciendo cada cierto tiempo para recordar al lector que son los elementos fundamentales de ese momento de la historia y que están allí, presentes, para que los vea y los paladee.

Además, si os fijáis, hay una palabra que circula por todo el texto. Se trata de la palabra «ventana». Es la promesa de que algo pueda aparecer (en la primera secuencia) y el lugar donde primero aparecen los caballos y desde el que, más tarde, el protagonista los observa. Y lo mismo ocurre con el verbo mirar, que se repite tres veces (cuatro si consideramos que también se menciona el verbo «ver» que, en este contexto, incide en la misma idea).

Quisiera que prestaseis también atención a la frase que sirve de nexo entre las dos secuencias: «Cuando volví a mirar hacia la *ventana*, algo se movió entre la *niebla* y vi un *caballo* que *comía hierba* en el *jardín*». En ella hay, en efecto, dos elementos que ya habían sido mencionados en la primera secuencia (la niebla y la ventana) y los tres elementos fundamentales de la segunda (los caballos, comer hierba y el jardín). La habilidad con que Carver ha construido esta frase nexo, utilizando para ello esos elementos fundamentales de la escena, evita que el lector perciba ningún tipo de salto entre ellas y da al texto una sensación de continuidad.

Ahora subrayaremos los elementos clave de la primera secuencia, pondremos en cursiva los de la segunda y en negrita los que son comunes a toda la escena. Veamos lo que ocurre:

> Luego me duché, me puse el pijama y fui a <u>sentarme</u> otra vez <u>frente a la chimenea</u>. Ahora la <u>bruma</u> llegaba a la **ventana**. Me <u>senté</u> a fumar <u>delante del fuego</u>. Cuando volví a ***mirar*** hacia la ***ventana,*** algo se movió entre la <u>niebla</u> y ***vi*** un *caballo* que *comía hierba* en el *jardín*.
>
> Me acerqué a la ***ventana.*** El *caballo* alzó la cabeza y me ***miró,*** luego siguió *arrancando hierba*. Otro *caballo* entró en el *jardín*, pasó junto al coche y empezó a *pastar*. Encendí la luz del porche y me quedé delante de la ***ventana, mirándolos.*** Eran *caballos* altos, *blancos*, de largas crines. Se habían escapado de una granja

vecina, por el hueco de una cerca o una portilla abierta. Comoquiera que fuese, habían venido a parar a nuestro *jardín.* Estaban encantados, disfrutando enormemente de su escapada. Y también nerviosos; desde la **ventana** les **veía** el *blanco* de los ojos. No dejaban de agitar las orejas mientras *arrancaban matas de hierba.* Un tercer *caballo* entró vacilante en el *jardín,* y luego un cuarto. Era una manada de *caballos blancos,* y estaban *pastando* en nuestro *jardín.*

Esta es, en definitiva, la estructura secreta de repeticiones, objetos y acciones concretas que sostiene la escena de este relato. Y que nos hace visualizar sin ningún género de dudas el cambio —la aparición de los caballos en el jardín, entre la niebla— que cuenta la escena y le da sentido.

Pero no solo Carver utiliza esta forma de trabajar. Es, ya lo hemos dicho antes, una forma clásica y eficaz de construir escenas, y que solo requiere un poco de oficio. Son muchos los narradores de los más diversos géneros que construyen sus escenas de este modo tan plástico.

Carver pertenece a la corriente que se dio en llamar «realismo sucio» norteamericano y, como buen autor minimalista, evita las reflexiones y dar demasiada información abstracta. Prefiere los gestos, los diálogos y, desde luego, las *metáforas de situación* (situaciones que, aunque admiten una lectura literal, son metáfora de otras cuestiones de mayor calado: lo veremos en el capítulo 13), como lo son estos caballos blancos que pastan en el jardín en este relato.

Pero esta forma de construir escenas también la han empleado autores tan distantes de las concepciones estéticas de Carver como García Márquez o Cortázar. Y es que este entramado visual es especialmente apropiado para dosificar informaciones abstractas referentes al pasado y a los sentimientos y reflexiones de los personajes.

9.3. EL EJE DE LA ESCENA

Nos falta estudiar un último detalle a tener en cuenta a la hora de construir una escena de esta manera «clásica». Se trata del *eje:* un elemento que, habitualmente, circula por toda la escena, articulándola y haciéndola girar en torno a él.

Regresemos al texto: la primera secuencia (si nos ponemos estrictos, también podría considerarse una escena aparte) sería *la de la chimenea*, y la segunda, sin duda alguna, *la de los caballos*. Toda la acción orbita en torno a esos elementos. Y en ambos casos, sobre todo en el segundo, ese elemento central es significativo, es trascendente y no podría cambiarse por otro sin afectar al significado del cuento.

Sin embargo, antes hemos visto que el elemento que da estructura a la escena, el que le sirve de eje, es *la ventana*. ¿Y tiene alguna importancia esta ventana en el conjunto de la narración? Pues no demasiada. Hubiera dado casi lo mismo que el protagonista hubiese visto los caballos desde la puerta, a través de una rendija o desde un tragaluz. Pero como tenía que verlos desde un sitio concreto, Carver elige una ventana (lo que, por otra parte, no deja de ser lógico) y se encarga de mantenerla a la vista del lector durante toda la escena.

El eje de la escena puede ser un elemento más o menos trivial —aunque tan fundamental como el hilo de un collar, que carece de valor pero sin él no hay collar—, o un elemento importante, portador muchas veces de buena parte del significado de la historia. Eso sí, siempre será un elemento concreto, algo tangible.

En ocasiones, incluso, lo que empieza como eje de una escena se convierte en el eje de un cuento. ¿Se puede construir una historia de amor con un ramo de flores como eje central? Sin duda.

No tendríamos más que dibujar las dudas del chico ante la floristería; cómo, muerto de vergüenza, elige con mimo cada flor, cómo protege el ramo de los empujones en el autobús, con qué cuidado estira el celofán y endereza el lazo mientras se acerca a la casa de ella. Vamos, que no tendríamos más que pasarnos el cuento entero hablando del ramo de flores para que el lector entendiera de forma cristalina su dimensión (el *qué*) y dirección (hacia *dónde* se dirige la trama).

¿Dudaríais a estas alturas de hasta qué punto este chico está enamorado? Seguro que no. Y seguro que si, al llegar frente a la casa de la persona amada, se la encuentra en brazos de un tercer personaje, no os quedaríais indiferentes. Durante al menos un instante os dolería casi tanto como a él. Esa es la magia de la ficción.

¿Y qué habría que hacer para terminar nuestro cuento? Mostrar lo que hace el chico con el ramo de flores. Nada más. Haga lo que haga (y las posibilidades son infinitas) nuestro cuento está cerrado. Será un cuento, tal vez, algo tópico, pues la asociación *amor → ramo de flores* es demasiado evidente. Pero, con todo, será un relato que, a poco que lo hayamos trabajado con cierto oficio, habrá sumergido al lector en ese «sueño plástico y visual» que decía Gardner.

Una chimenea, una ventana, caballos blancos, un ramo de flores. ¿Y se puede construir una escena usando cómo eje, por ejemplo, el olor a cebolla? Camilo José Cela lo hizo. La integró dentro de esa fantástica novela que es *La Colmena.* Con ella terminamos. Disfrutadla, porque es una maravilla. Y, si tenéis un rato, probad a subrayar las palabras que se repiten: trazad sus recorridos a lo largo del texto, distinguid las escenas que componen el relato… Os sorprenderán las similitudes estructurales entre dos textos tan distintos.

Estaba enfermo y sin un real, pero se suicidó porque olía a cebolla.

—Huele a cebolla que apesta, huele un horror a cebolla.

—Cállate, hombre, yo no huelo nada, ¿quieres que abra la ventana?

—No, me es igual. El olor no se iría, son las paredes las que huelen a cebolla, las manos me huelen a cebolla.

La mujer era la imagen de la paciencia.

—¿Quieres lavarte las manos?

—No, no quiero, el corazón también me huele a cebolla.

—Tranquilízate.

—No puedo, huele a cebolla.

—Anda, procura dormir un poco.

—No podría, todo me huele a cebolla.

—¿Quieres un vaso de leche?

—No quiero un vaso de leche. Quisiera morirme, nada más que morirme, morirme muy deprisa, cada vez huele más a cebolla.

—No digas tonterías.

—¡Digo lo que me da la gana! ¡Huele a cebolla!

El hombre se echó a llorar.

—¡Huele a cebolla!

—Bueno, hombre, bueno, huele a cebolla.

—¡Claro que huele a cebolla! ¡Una peste!

La mujer abrió la ventana. El hombre, con los ojos llenos de lágrimas, empezó a gritar.

—¡Cierra la ventana! ¡No quiero que se vaya el olor a cebolla!

—Como quieras.

La mujer cerró la ventana.

—Quiero agua en una taza; en un vaso, no.

La mujer fue a la cocina, a prepararle una taza de agua a su marido.

La mujer estaba lavando la taza cuando se oyó un berrido infernal, como si a un hombre se le hubieran roto los dos pulmones de repente.

El golpe del cuerpo contra las losetas del patio, la mujer no lo oyó. En vez sintió un dolor en las sienes, un dolor frío y agudo como el de un pinchazo con una aguja muy larga.

—¡Ay!

El grito de la mujer salió por la ventana abierta; nadie le contestó, la cama estaba vacía.

Algunos vecinos se asomaron a las ventanas del patio.

—¿Qué pasa?

La mujer no podía hablar. De haber podido hacerlo, hubiera dicho:

—Nada, que olía un poco a cebolla.

La Colmena
Camilo José Cela

PILARES PARA LA CASA. LA COMPOSICIÓN DEL DISCURSO NARRATIVO

Ignacio Ferrando

Igual que un reloj está constituido por un tren de pequeños engranajes, por cientos de tornillos y un mecanismo de transmisión que los une hacia un fin común, también el discurso narrativo tiene una serie de elementos básicos hilvanados y orientados hacia la consecución de la trama. Cada uno de estos elementos básicos con significado se denomina unidad narrativa.

De su correcta disposición dependerá el ritmo de la narración, su equilibrio, su legibilidad y la velocidad que irá adquiriendo la acción a lo largo del texto. De ahí la importancia de lograr una composición equilibrada que maneje correctamente la velocidad y los tiempos narrativos. El fin común que persiguen las unidades narrativas es apuntalar la trama y desarrollar el conflicto.

Vamos ahora a describir cada uno de estos elementos.

10.1. El tiempo

Recordemos la distinción fundamental que hacíamos en el capítulo 7.

El *tiempo de la narración* es el tiempo que utilizará un lector medio para leer un determinado texto. Por tanto es un tiempo externo, variable y subjetivo. Dependerá de la capacidad del lector.

El *tiempo de la acción* o *del relato* es el tiempo ficticio en que el protagonista de un texto desarrolla una acción. Pueden ser horas, días, incluso años. Es un tiempo interno de la narración y siempre es fijo, definido dentro del texto; y el que emplean los personajes.

También se les llama, respectivamente, tiempos *externo* e *interno*. Vamos ahora con cada una de estas unidades.

10.2. Unidades narrativas

10.2.1. La escena

La *escena* es una unidad mínima de acción, es decir, tiene unidad de tiempo, acción y espacio. Se desarrolla en un tiempo determinado, describe una acción continuada y sucede en un único espacio.

Si imaginamos que estamos en la butaca de un teatro, cada uno de los actos en que se divide la función podría corresponderse con una escena narrativa. Los actores entran en el decorado, gesticulan y dialogan. Así, nuestros personajes harán lo mismo en una escena del relato: discutirán por celos, cuando el marido reciba una llamada en mitad de la noche; dos ancianos en un bar hablarán sobre los viejos tiempos, y don Juan y doña Inés jugarán al peligroso juego de la seducción.

Será necesario, por tanto, dar una serie de puntualizaciones sobre el marco físico en que se desarrolla la acción. Los límites de la escena deben ser concretos y visualizables (por ejemplo, si todo transcurre dentro de una habitación, en el autobús, en un banco del parque…). Estas pequeñas descripciones serán básicas, puntuales y nunca tendrán el peso de una descripción propiamente dicha. La descripción de ese espacio ha de ser concisa y estar solo al servicio de la acción.

En cuanto al tiempo, en este caso, coinciden el tiempo de la narración con el tiempo de la acción. Dicho de otro modo: el tiempo de lo que sucede en el escenario coincide con el tiempo que se tarda en leerlo. A este fenómeno en que ambos tiempos coinciden o son sensiblemente parecidos se le llama *isocronía*.

Las escenas se fundamentan en los diálogos, casi siempre en estilo directo y con parlamentos breves, puntuales, muy cercanos al lenguaje común. A través de los diálogos podemos presentar a un personaje, mostrar su estado anímico, sus intenciones, sus odios más soterrados.

En el momento en que los personajes hablan, desaparece el narrador. Las escenas son muy eficaces en narrativa porque otorgan al lector una «capacidad interpretativa». No es lo mismo estar en una butaca y ver una película, a que te la cuente un amigo. Vamos a ver un ejemplo de escena en lo alto de un acantilado en uno de los mejores relatos de Guillermo Cabrera Infante, «Abril es el mes más cruel»:

En una hora habían llegado a los farallones y ella le preguntó, mirando a la playa, hacia el dibujo de espumas de las olas, hasta las cabañas:

—¿Qué altura crees tú que habrá de aquí a abajo?

—Unos cincuenta metros. Tal vez setenta y cinco.

—¿Cien no?

—No creo.

Ella se sentó en una roca, de perfil al mar, con sus piernas recortadas contra el azul del mar y del cielo.

—¿Y tú me retrataste así? —preguntó ella.

—Sí.

—Prométeme que no retratarás a otra mujer aquí así. Él se molestó.

—¡Las cosas que se te ocurren! Estamos en luna de miel, ¿no? Cómo voy a pensar yo en otra mujer ahora.

«Abril es el mes más cruel»
Guillermo Cabrera Infante

Como vemos, las ubicaciones físicas son mínimas, las necesarias para entender el conjunto de la escena, mientras que lo que prima son los diálogos y lo que en ellos se dice.

10.2.2. NARRACIÓN LINEAL

En la narración lineal, al contrario que en la escena, puede haber varios escenarios o estar montada en torno a varias acciones. Es como si el decorado del que hablábamos en la escena se convirtiera en toda la ciudad. El personaje bajará por una escalera persiguiendo al malo, entrará en una frutería, saldrá por la parte de atrás y se colará en una habitación donde una pareja desnuda se levanta sorprendida por el alboroto. Hay varios escenarios (la escalera, la frutería, el callejón, el cuarto de los amantes) y la trama (la persecución) está articulada en torno a varias acciones (el peligroso descenso por las escaleras, las cajas de pomelos y manzanas cayendo, los amantes sorprendidos).

También en la narración lineal puede producirse la iso-cronía, aunque muchas veces, por su naturaleza, el tiempo de la acción resulta sensiblemente menor que el tiempo de la narración. Este tipo de unidad narrativa acelera el ritmo de la acción y la acerca al lector. Por eso es la más usada en literatura policíaca y de suspense. Vamos a ver un ejemplo de narración en uno de los capítulos de *El gran cuaderno*, de Agota Kristof:

> Nos ponemos nuestras ropas sucias y desgarradas, nos quitamos nuestros zapatos, nos ensuciamos la cara y las manos. Vamos a la calle. Nos detenemos, esperamos.
>
> Un oficial se detiene. Dice algo en una lengua que no comprendemos. Nos hace preguntas. Nosotros no respondemos, permanecemos inmóviles, con un brazo levantado y el otro extendido hacia él. Entonces él hurga en sus bolsillos, pone una moneda y un trozo de cho-colate en nuestra palma sucia y se va, sacudiendo la cabeza.
>
> Nosotros seguimos esperando.

El gran cuaderno
Agota Kristof

La acción se acelera gracias a la sucesión rápida de verbos de movimiento. Aquí el tiempo de la acción es sensiblemente superior al tiempo de la narración. Hay varios escenarios, varias acciones consecutivas apuntalando la misma trama.

10.2.3. Resumen

El resumen consiste en reducir a escasas líneas una parte considerable de la trama. Por tanto, el tiempo de la acción será superior al tiempo de la narración. Esto se conoce como anisocronía.

En las películas, cuando quieren hacernos ver que ha pasado mucho tiempo o que los protagonistas han viajado alrededor del mundo en unos pocos fotogramas, es frecuente que recurran a una secuencia, más o menos ordenada, de instantáneas, de titulares de periódico, de recuerdos apenas esbozados, con los que el espectador intuye qué ha sucedido, cuánto tiempo ha pasado, qué cantidad de combates ha ganado el protagonista para alcanzar el título mundial. Si bien estas imágenes no son fundamentales en la trama, sí son necesarias para comprender la historia y ese instante en que desemboca.

Se produce, por tanto, una ruptura en el tiempo de la acción, e implica un salto temporal, bien hacia delante (prolepsis) o, más raramente, hacia atrás (analepsis). El resumen acelera el ritmo de la narración.

Al contrario que en la escena, predomina el *telling*, esto es, «contar». No hay tiempo para mostrar, solo para esbozar rápidamente y reducir la trama a unas pocas frases. Desaparecen los personajes y los escenarios y aparece fuertemente la voz del narrador. Suelen constituir los nexos entre las distintas escenas.

Vamos a ver un ejemplo de resumen procedente de *Seda*, de Alessandro Baricco:

Seis meses después Hervé Joncour se embarcó, en Takaoka,
en un barco de contrabandistas holandeses que lo llevó
hasta Sabirk. Desde allí ascendió por la frontera china
hasta el lago Baikal, atravesó cuatro mil kilómetros de
tierra siberiana, superó los Urales, llegó hasta Kiev y
recorrió en tren toda Europa, de este a oeste, hasta entrar,
después de tres meses de viaje, en Francia.

Seda
Alessandro Baricco

La acción de seis meses transcurre en apenas dos frases. Esas instantáneas de las que hablábamos al principio,
Baricco las ha transformado en lugares geográficos, fácilmente reconocibles. Un modo eficaz de unir dos escenas
y eliminar del texto lo superfluo, lo que nos separa de la
trama principal.

10.2.4. Elipsis

El manejo del tiempo de la elipsis es parecido al del
resumen. La diferencia entre uno y otro estriba en que en
la elipsis ni siquiera se mencionan los hechos de la trama
que transcurrieron, no hay instantáneas ni titulares. Simplemente se produce el salto temporal. Generalmente se
omite lo que se supone que el receptor puede sobrentender
o lo que no es necesario para la comprensión del texto. La
abundancia de elipsis acrecienta la velocidad narrativa.
Aquí tenemos un ejemplo:

Hacía ya bastantes días que el invierno había caído
sobre la Fortaleza cuando en la orden del día, fijada

en su marquito sobre un muro del patio, se leyó una extraña comunicación.

El desierto de los tártaros
Dino Buzzati

10.2.5. DESCRIPCIÓN

La *descripción* consiste en detallar los rasgos de los personajes (su físico, su carácter, sus sentimientos) y los escenarios y lugares en que se produce la trama (el estudio de la luz, la naturaleza, el tiempo meteorológico).

La descripción provoca una pausa descriptiva en la narración y por tanto una suspensión temporal de la acción. Es como si paráramos la película en un fotograma determinado y empezáramos a contar lo que allí vemos. Mientras describimos, el tiempo de la acción es cero (descripción *pura* o *decorativa*) o prácticamente cero (descripción *expositiva*). Las descripciones decorativas suponen un frenazo de la acción narrativa. Dependen en gran medida de la capacidad retórica del autor. Veamos este precioso ejemplo de John Steinbeck en *Los crisantemos*:

La densa niebla del invierno, de color gris franela, aislaba el valle de Salinas del cielo y del resto del mundo. Se ajustaba como una tapadera a las montañas que rodeaban el valle y hacía de este una enorme cacerola tapada. Al fondo, en las tierras llanas, los arados desgarraban profundamente el suelo y, a su paso, dejaban estelas brillantes en la negra tierra.

Los crisantemos
John Steinbeck

En las descripciones expositivas, mucho más dinámicas, el tiempo no se paraliza por completo. Gracias a los verbos de movimiento y a la interacción de los personajes con el entorno, la acción no se detiene. Por eso son más recomendables en narrativa contemporánea (donde la acción prima sobre la descripción), ya que apuntalan la trama y el transcurso de la misma. Veamos un ejemplo en el principio de *Germinal*, de Émile Zola:

> En la llanura lisa, bajo la noche sin estrellas, de una oscuridad y un espesor de tinta, un hombre avanzaba solo por la carretera de Marchiennes a Montsou, diez kilómetros de empedrado que cortaba todo recto a través de campos de remolachas. Delante de él no veía siquiera el suelo negro ni tenía la sensación del inmenso horizonte llano más que por el soplo del viento de marzo, ráfagas amplias como las que se producen sobre un mar, heladas por haber barrido leguas de marismas y de tierra desnudas. Ninguna sombra de árbol manchaba el cielo, el empedrado se extendía con la rectitud de una escollera, en medio de la bruma cegadora de las tinieblas.

Germinal
Émile Zola

10.2.6. SUSPENSIÓN

La *suspensión* es una unidad narrativa que intercala en la acción una o varias digresiones (pensamientos e ideas, sobre todo). Nuestro personaje camina por un parque con su mujer y su hijo y, cada cierto tiempo, se interrumpe el ritmo de la narración para que escuchemos sus pensamientos. El tiempo de la acción se detiene en cada uno de ellos, como si frenáramos un poco el tiempo narrativo para reactivarlo luego, mientras nuestro personaje sigue caminando y jugando con la pelota de su hijo. Los pensamientos detienen momentáneamente la acción.

Cuando hablamos de digresiones se hace obligatorio hacer un par de puntualizaciones. Una digresión debe ser breve. En un relato, las digresiones tediosas detienen el ritmo y rompen la magia de la acción y la concentración de nuestro lector. Por eso, debemos condensar la vastedad de esa idea en frases mínimas y autónomas que conserven, eso sí, el sentido de lo que quisimos decir.

En el siguiente ejemplo de Italo Calvino, entre corchetes, podemos observar la apertura y el cierre de las digresiones. El texto pertenece a *La aventura de un lector*:

> Volvía a encasquetarse la gorra de tela, se tendía de nuevo al sol y comenzaba un nuevo capítulo. [No era sin embargo, un lector apresurado, famélico. Había llegado a la edad en que la segunda, la tercera o la cuarta lectura dan más placer que la primera]. En cierto momento, al levantar la vista vio que en la playita de guijarros, en el fondo de la cala, se había tendido una mujer.

La aventura de un lector
Italo Calvino

10.2.7. ANÁLISIS

El análisis es parecido a la suspensión. Sin embargo, en él, el peso de las digresiones se vuelve desmesurado y toma el control de la narración. La acción y el movimiento desaparecen, adentrándose en el terreno de la digresión. El tiempo, por tanto, se detiene y volvemos a la instantánea, esta vez mental, de nuestro personaje. Exploramos sus pensamientos. Este recurso está más cerca de la narrativa filosófica o experimental que del relato. Requiere muchas líneas que, por norma general, no posee la narrativa breve. Por eso, su uso entraña ciertos riesgos que debemos sopesar antes de aventurarnos en él. El uso del análisis matiza la naturaleza de nuestro texto.

Vamos a ver la impresionante parte final de *La náusea,* de Jean-Paul Sartre. Madeleine, una mujer a la que hace años no ve el narrador, pone el disco de un cantante negro de jazz. Mientras lo escucha, la voz narradora fantasea sobre el cantante. Abrimos su cerebro y miramos dentro:

—Madeleine, ¿quiere poner de nuevo el disco? Una vez más, antes de que me vaya.

Madeleine se echa a reír. Hace girar la manivela y la cosa empieza de nuevo. Pero ya no pienso en mí. Pienso en el tipo que compuso esta melodía, un día de julio, en el calor negro de su cuarto. Trato de pensar en él a través de la melodía, a través de los sonidos blancos y acidulados del saxofón. Hizo esto. Tenía dificultades, no todo le iba como Dios manda: cuentas que pagar y esa terrible ola de calor que transformaba a los hombres en charcos de grasa derretida. Todo aquello no tenía nada de bonito ni de glorioso. Pero cuando oigo la canción y pienso que la hizo alguien así, considero… conmovedores su sufrimiento y su transpiración. Tuvo suerte. Debió de pensar: ¡con un poco de suerte, sacaré unos cincuenta dólares! Es la primera vez, desde hace años, que un hombre me parece conmovedor. Quisiera saber algo sobre este tipo. Me interesaría conocer sus dificultades, si tenía mujer e hijo, si vivía solo...

La náusea
Jean-Paul Sartre

El texto continúa durante dos páginas más antes de volver al cuarto donde Madeleine le observa.

10.3. ESQUEMA DE TIEMPOS

Para terminar, de un modo esquemático, podéis ver la relación entre el tiempo de la acción y el tiempo de la narración de cada una de las unidades narrativas.

Tiempo	Unidad
Tiempo acción = Tiempo narración	Escena Narración lineal
Tiempo acción > Tiempo narración	Resumen Elipsis
Tiempo acción < Tiempo narración	Descripción Suspensión Análisis

LA PISTOLA DE LA PRIMERA FRASE. ELEMENTOS QUE PREPARAN EL DESENLACE

Paula Lapido

Esta célebre cita de Antón Chéjov, extraída de una de sus cartas a A. S. Gruzinsky, puede servirnos para introducir una noción de gran importancia en el ámbito del relato: el propósito de los elementos del texto.

> Si en el primer acto has colgado una pistola de la pared, entonces en el siguiente acto debería ser disparada. Si no, no la pongas ahí.

En sus consejos a Gruzinsky, Chéjov le está explicando en realidad que todo lo que contiene una narración sirve a un fin: llevar la historia hacia su conclusión. Lo que no «hace cuento» —lo que no lo construye, decía Barthes— está de más, como esa pistola colgada en la pared que, en una narración mal construida, nadie termina por utilizar.

Esta noción de economía de medios y propósito es fundamental a la hora de lograr la conexión perfecta de todos los elementos del relato y, en especial, de los desencadenantes y el desenlace. Escribir a partir de un final no quiere decir «escribir hacia atrás» sino que, una vez elegida la conclusión del cuento, hay que lograr que la historia transite irresistiblemente hacia ella como una bicicleta sin frenos rodando cuesta abajo. Hay varias formas de hacer esto, y una es la que nos resalta Chéjov: los elementos más llamativos, los que captan la atención del lector, deben tener un papel relevante y estar colocados en los lugares adecuados. La pistola, una frase de uno de los personajes que revela una información crucial, una referencia a otro personaje que aparecerá más tarde, etcétera.

Estos conceptos pueden sonar un poco abstractos descritos de esta forma, así que veamos un ejemplo concreto en uno de los mejores relatos de Flannery O'Connor: «Un hombre bueno es difícil de encontrar».

11.1. «Un hombre bueno es difícil de encontrar»

Aun a riesgo de reventaros el cuento si aún no lo habéis leído, no nos queda más remedio que hablar desde el principio del argumento y su desenlace para que así podamos ver cómo Flannery O'Connor va poco a poco llevando al lector hacia él.

La trama es la siguiente: una familia compuesta por los padres, dos hijos pequeños y la abuela sale de viaje hacia Florida. Todo va bien durante muchos kilómetros, hasta que se desvían porque la abuela se empeña en ir a ver una antigua plantación que conocía. Tienen un accidente, provocado también por la abuela, su coche vuelca y se quedan tirados en la carretera. Es entonces cuando hace su aparición un trío de desalmados cuyo líder, el Desequilibrado, es un psicópata en busca y captura por la policía federal. Los criminales no tienen piedad con la familia y acaban con todos, uno a uno, sin la menor vacilación.

11.2. El esqueleto del relato y las pistas

La historia comienza con un planteamiento amable: la familia va a emprender un viaje a Florida. La abuela, como veremos enseguida, es un personaje algo egoísta y con bastante poco sentido de la oportunidad. Quiere ir a Tennessee y hace todo lo posible por convencer a su hijo. Ya en estas primeras líneas, la autora nos deja caer, casi de forma casual, una mención al Desequilibrado:

> —Mira esto, Bailey —dijo ella—, mira esto, léelo.
> Y se puso en pie, con una mano en la delgada cadera mientras con la otra golpeaba la cabeza calva de su hijo con el periódico.
> —Aquí, ese tipo que s'hace llamar el Desequilibrado s'ha escapao de la Penitenciaría Federal y se encamina a Florida, lee aquí lo que hizo a esa gente. Léelo. Yo no llevaría a mis hijos a ninguna parte con un criminal d'esa calaña suelto por ahí. No podría acallar mi conciencia si lo hiciera.

La mención al criminal en este punto nos parece casual porque aún no sabemos que tendrá un papel importante en el relato. Ni siquiera lo sospechamos. La autora nos ha dicho que la abuela está haciendo todo lo que se le ocurre para ir a Tennessee, y hasta nos hace gracia esta idea peregrina de que podrían encontrarse con el Desequilibrado de camino a Florida. La reacción de la familia deja claro que no le hacen ni caso y la anécdota queda aquí. El viaje a Florida comienza:

> A la mañana siguiente la abuela fue la primera en subir al coche, lista para partir. A un costado dispuso su gran bolsa de viaje negra que parecía la cabeza de un hipopótamo y debajo de ella escondía una cesta con Pitty Sing, el gato, en el interior. No tenía la menor intención de dejar solo al gato durante tres días, porque este la echaría mucho de menos y ella temía que se frotara con la llave del gas y se asfixiara por accidente. A su hijo, Bailey, no le gustaba llevar un gato a un motel.

De nuevo, Flannery O'Connor introduce elementos que podrían parecer arbitrarios pero que, de una forma inconsciente, registramos en la memoria, por lo llamativos que son: Pitty Sing, el gato escondido en la cesta de la abuela sin que ningún otro miembro de la familia se dé cuenta. Nos parece casi un ramalazo de senilidad. El siguiente párrafo, junto con la anécdota de la noticia del periódico, da un par de pinceladas más a este personaje de vieja coqueta y algo impertinente:

> La anciana se sentó cómodamente, se quitó los guantes de algodón y los dejó con su bolso en la repisa de la ventanilla de atrás. La madre de los niños aún llevaba los pantalones y la cabeza atada con el pañuelo verde; la abuela, en cambio, llevaba un sombrero de paja azul marino con un ramillete de violetas blancas en el ala y un vestido azul marino con pequeños lunares blancos. El cuello y los puños eran de organdí blanco adornado

con encaje, y en el cuello se había prendido un ramille-
te de violetas de tela de color púrpura perfumado. En
caso de accidente, cualquiera que la viera muerta en la
carretera sabría al instante que era una dama.

Es curioso que la abuela piense en acicalarse por si acaba muerta en la carretera. ¿A quién se le ocurriría pensar
así? Pero la mención a un accidente y a la muerte dentro de
este párrafo amable nos da un calambre. Es premonitoria
—con intención, desde luego—. Como aún queda mucho
cuento, Flannery O'Connor nos da un respiro con detalles
más divertidos:

—¡Oh, mirad qué negrito más mono! —Y señaló a un
niño negro plantado ante la puerta de una choza—. Qué
estampa más bonita, ¿verdá?
Todos se volvieron para mirar al negrito por la luneta
trasera. Él saludó con la mano.
—Ese chico no llevaba pantalones —observó June
Star.
—Probablemente no tiene —explicó la abuela—. Los
negritos del campo no tienen las cosas que nosotros
tenemos. Si supiera pintar, pintaría ese cuadro.

La función de estas escenas aparentemente intrascen-
dentes no es solo mostrarnos las relaciones entre los miembros de la familia y, en particular, entre la abuela y los nietos. Esta sección instaura una atmósfera tranquila y lúdica.
Hace que el lector se relaje pero, al mismo tiempo (sobre
todo si ya habéis leído a Flannery O'Connor y sabéis qué
tipo de historias escribe), provoca que la tensión crezca en
él mientras se pregunta cómo va a terminar esta historia.
Cuanto más tarden en avanzar sin que aparentemente nada

ocurra, más se acrecienta la sensación de que algo inesperado va a suceder.

La atmósfera «blanca» del cuento empieza a degradarse cuando cambia el escenario del coche a la gasolinera The Tower, en la que la familia se detiene para comer:

> Red Sammy estaba tendido en el suelo fuera de The Tower con la cabeza bajo una camioneta, mientras un mono gris de unos treinta centímetros de altura, encadenado a un árbol del paraíso pequeño, chillaba cerca. El mono saltó hacia el arbolito y se encaramó a la rama más alta apenas vio a los chicos apearse del coche y correr hacia él.

La mención al mono que chilla es perturbadora. Nos dice que la familia está fuera de su zona de seguridad, que primero fue la casa y después el coche en el que viajan. Al tratarse una aparición inesperada y que casi parece fuera de lugar, nos inquieta. Nos pone en guardia, una sensación que se potencia con la conversación de la familia con Red Sammy, el dueño de The Tower:

> —¿Han leído algo sobre ese criminal, el Desequilibrado, que se escapó? —preguntó la abuela.
> —No me sorprendería na que llegase a atacar este lugar —dijo la mujer—. Si oye lo qu'hay aquí, no me sorprendería verlo. Si se entera de que hay dos centavos en la caja, no me sorprendería que...
> —Basta —dijo Red Sam—. Trae las Coca-Colas a esta gente. Y la mujer se retiró a buscar el resto del pedido.

El Desequilibrado. Cuando no lo esperábamos, porque al principio del relato nos pareció una anécdota sin importancia. Si la primera mención sonaba a casual, esta segunda es mucho más llamativa, sobre todo por la frase de la mujer de Red Sammy: «No me sorprendería na que llegase a atacar este lugar». De pronto, ya no es una simple noticia de periódico, sino que podría estar cerca. Incluso podría llegar a aparecer en el cuento.

El viaje continúa y la abuela nos deja otra perla de su personalidad caprichosa:

> La abuela dormitaba y se despertaba a cada rato con sus propios ronquidos. En las afueras de Toombsboro se despertó y se acordó de una vieja plantación que había visitado en los alrededores una vez, cuando era joven. Dijo que la mansión tenía seis columnas blancas en el frente y que había una avenida de robles que conducía hasta la casa y dos pequeñas glorietas con enrejado de madera donde te sentabas con tu pretendiente después de pasear por el jardín. Recordaba con exactitud por qué carretera había que doblar para llegar allí.
>
> [...]
>
> —Había un panel secreto en la casa —afirmó astutamente, sin decir la verdad pero deseando que lo fuera—, y se contaba que toda la plata de la familia estaba escondida allí cuando llegó Sherman, pero nunca la encontraron...

Los chicos se alborotan con la idea de ver ese panel secreto y el padre termina por ceder, con cierto hastío. Toman el camino de tierra que la abuela dice recordar:

> —Mejor será que aparezca ese lugar antes de un minuto —dijo Bailey—, o daré la vuelta.

Daba la impresión de que nadie había pasado por aquel camino desde hacía meses.

—No falta mucho —comentó la abuela, y apenas lo hubo dicho cuando tuvo un pensamiento horrible. Le produjo tal vergüenza que la cara se le puso colorada y se le dilataron las pupilas y sus pies dieron un salto, de modo que movieron la bolsa de viaje en el rincón. En el momento en que se movió la bolsa, el periódico que había colocado sobre la cesta se levantó con un maullido y Pitty Sing, el gato, saltó sobre el hombro de Bailey.

Los chicos cayeron al suelo y su madre, con el bebé en brazos, salió disparada por la portezuela y se desplomó en la tierra; la vieja dama se vio arrojada hacia el asiento delantero. El automóvil dio una vuelta y aterrizó sobre el costado derecho, en una zanja al lado del camino. Bailey se quedó en el asiento del conductor con el gato —de rayas grises, cara blanca y hocico naranja— todavía agarrado al cuello como una oruga.

Tan pronto como los chicos se dieron cuenta de que podían mover los brazos y las piernas, salieron arrastrándose del coche y gritaron: «¡Hemos tenío un accidente!». La abuela estaba hecha un ovillo bajo el salpicadero y esperaba estar tan malherida que la furia de Bailey no cayera sobre ella. El pensamiento terrible que había tenido antes del accidente era que la casa que recordaba tan vívidamente, no estaba en Georgia, sino en Tennessee.

Este es el verdadero punto de giro del relato, todo promovido de un modo u otro por la abuela. Aquí entendemos por fin la razón de que Flannery O'Connor nos hablase del gato escondido en el cesto en el comienzo del cuento, algo que seguramente habíamos olvidado ya. Sin embargo, la autora nos ha dejado esas pistas iniciales que luego engarzan perfectamente con la narración y logran un cambio de atmósfera radical:

> La carretera quedaba unos tres metros más arriba y solo podían ver las copas de los árboles al otro lado. Detrás de la cuneta donde estaban sentados había más árboles, altos, oscuros y graves. A los pocos minutos divisaron un coche a cierta distancia, en lo alto de una colina; avanzaba lentamente como si sus ocupantes los estuvieran observando. La abuela se puso en pie y agitó los brazos dramáticamente para atraer su atención. El automóvil continuó avanzando con lentitud, desapareció en un recodo y volvió a aparecer, rodando aún más despacio, sobre la colina por la que ellos habían pasado. Era un vehículo grande y baqueteado, parecido a un coche fúnebre. Había tres hombres dentro.
>
> Se detuvo justo a su lado y durante unos minutos el conductor miró fija e inexpresivamente hacia donde estaban sentados, sin decir palabra. Luego volvió la cabeza, susurró algo a los otros dos y se apearon. Uno era un muchacho gordo con pantalones negros y una sudadera roja con un semental plateado estampado delante. Caminó, se colocó a la derecha del grupo y se quedó mirándolos con la boca entreabierta en una floja sonrisa burlona. El otro llevaba pantalones color caqui, una chaqueta de rayas azules y un sombrero gris echado hacia delante que le tapaba casi toda la cara. Se acercó despacio por la izquierda. Ninguno de los dos habló.

La ambientación de este fragmento es muy distinta al amable relato del viaje que nos sacaba una sonrisa un rato antes: árboles *altos, oscuros y graves*. El coche que *avanza lentamente*. La abuela agita los brazos *dramáticamente* y el vehículo se acerca, *parecido a un coche fúnebre*. A partir de aquí, el relato se vuelve cada vez más tétrico y nos prepara para el drama que se avecina. La presencia de los tres desconocidos incrementa la sensación de peligro:

> La abuela tuvo la extraña sensación de que conocía al hombre de las gafas. Le sonaba tanto su cara que era como si le hubiera conocido de toda la vida, pero no lograba recordar quién era.
>
> [...]
>
> —Buenas tardes —dijo—. Veo que han tenío un accidente de na.
>
> —¡Hemos dao dos vueltas de campana! —dijo la abuela.
>
> —Una —corrigió él—. Lo hemos visto. Hiram, prueba el coche a ver si funciona —indicó en voz baja al muchacho del sombrero gris.
>
> —¿Pa qué lleva esa pistola? —preguntó John Wesley—. ¿Qué va hacer con ella?
>
> —Señora —dijo el hombre a la madre de los chicos—, ¿le importaría decirles a esos chicos que se sienten a su lao? Los niños me ponen nervioso. Quiero que se queden sentados juntos.
>
> —¿Quién es usté pa decirnos lo que debemos hacer? —preguntó June Star.
>
> Detrás de ellos, la línea de los árboles se abrió como una oscura boca.
>
> —Vengan aquí —dijo la madre.
>
> —Verá usted —dijo Bailey de pronto—, estamos en un apuro. Estamos en...
>
> La abuela soltó un chillido. Se levantó trabajosamente y lo miró de hito en hito.
>
> —¡Usté es el Desequilibrado! ¡Lo he reconocío na más verlo!
>
> —Sí, señora —dijo el hombre, que sonrió levemente como si estuviera satisfecho a pesar de que lo hubieran

reconocido—, pero habría sido mejor pa todos ustedes, señora, que no me hubiese reconocío.

Cuando aparece el coche con los tres hombres es posible que ya hayamos intuido que se trata del Desequilibrado. No sería raro porque la autora nos ha dejado las pistas necesarias para que hagamos las conexiones. Todavía no sabemos bien qué esperar, pero ni el nombre del personaje ni su perfil presagian nada bueno. La conversación que los tres malhechores sostienen con la familia es muy tensa:

—Tú no dispararías a una dama, ¿verdá? —dijo la abuela, que se sacó un pañuelo limpio del puño y empezó a secarse los ojos.
El Desequilibrado clavó la punta del zapato en el suelo, hizo un pequeño hoyo y luego lo tapó de nuevo.
—No me gustaría na tener qu'hacerlo.

Bailey, el hijo, se da cuenta de lo que está sucediendo. Es el único que se pone realmente nervioso desde el comienzo de esta escena, y es el primero del que los criminales quieren librarse:

—Bueno, primero tú y Bobby Lee lleven a él y al niño allá —dijo el Desequilibrado señalando a Bailey y a John Wesley—. Los muchachos quieren preguntarle algo —explicó a Bailey—. ¿Le importaría acompañarlos hasta el bosque?
—Escuche —comenzó Bailey—, ¡estamos en un gran aprieto! Nadie se da cuenta de lo qu'es esto. —Y se le quebró la voz. Tenía los ojos tan azules y brillantes como los loros de su camisa, y se quedó absolutamente inmóvil.
[...]

Hiram levantó a Bailey tomándolo del brazo como si estuviera ayudando a un anciano. John Wesley agarró la mano de su padre y Bobby Lee se colocó detrás de ellos. Se encaminaron hacia el bosque y, cuando llegaron al borde oscuro, Bailey se dio la vuelta y, apoyándose contra el tronco gris y pelado de un pino, gritó:

—¡Estaré de vuelta en un minuto, espérame, mamá!

—¡Vuelve ahora mismo! —exclamó la abuela, pero todos desaparecieron en el bosque—. ¡Bailey, hijo! —gritó con voz trágica, pero se encontró con que estaba mirando al Desequilibrado, que estaba acuclillado delante de ella—. Sé muy bien qu'eres un hombre bueno —le dijo con desesperación—. ¡No eres una persona corriente!

—No, no soy un hombre bueno —repuso el Desequilibrado un instante después, como si hubiera considerado su afirmación con sumo cuidado—, pero tampoco soy lo peor del mundo.

[...]

Sonó un disparo de pistola en el bosque, seguido de inmediato por otro. Luego, silencio. La cabeza de la anciana dio una sacudida. Oyó cómo el viento se movía entre las copas de los árboles como una larga inspiración satisfecha.

—¡Bailey, hijo! —gritó.

El horror de la escena viene potenciado por el hecho de que no presenciamos los asesinatos, como tampoco la abuela los ve. El sonido de los disparos es suficiente para que sepamos que Bailey y su hijo han muerto, situación que se repite un poco más adelante con la mujer y June Star, la hija. Todo el tiempo, en primer plano, vemos al Desequilibrado con la abuela. Mantienen una conversación en la que podemos intuir al psicópata en el hombre. La abuela, por su parte, parece no entender nada o no querer darse cuenta de lo que está sucediendo. A la desesperada, trata de convencer al Desequilibrado de que rece, porque él no es un mal chico. La ceguera de la abuela provoca cada vez más angustia:

—Tal vez t'encerraron por error —apuntó la anciana.

—No —dijo él—. No hubo error. Había pruebas contra mí.

—Tal vez robaste algo.

El Desequilibrado soltó una risita burlona.

—Nadie tenía na que yo quisiese. Un jefe de médicos de la penitenciaría dijo que lo que yo había hecho fue matar a mi padre, pero sé que es mentira. Mi viejo murió en mil novecientos diecinueve de la epidemia de gripe y yo nunca tuve na que ver con eso. L'enterraron en el cementerio de la iglesia baptista de Mount Hopewell y usté puede ir y verlo por sí misma.

—Si rezaras —dijo la anciana—, Cristo te ayudaría.

El asesinato de la abuela es el único que Flannery O'Connor nos presenta en primer plano. No es casual. Es la tercera vez que suenan disparos, como un contrapunto macabro al tercer día en el que Jesús resucita, mencionado por el Desequilibrado. La escena del asesinato de la abuela concreta los elementos de los que, hasta este momento, podríamos haber dudado, ya que no los veíamos. La escalada de tensión y miedo del final tienen su cenit en la aparición del monstruo. Mientras la autora deja que los esbirros maten al resto de la familia, es el Desequilibrado en persona quien mata a la abuela. Le concede su «gracia». Y todos los hilos del relato quedan cerrados en este momento, cuando la abuela se da cuenta finalmente de lo irreversible de la situación:

—Sí, señora —dijo el Desequilibrado como si le estuviera dando la razón—. Jesús rompió el equilibrio de todo. Le ocurrió lo mismo que mí, salvo que Él no había cometido ningún crimen y en mi caso pudieron probar que yo había cometido uno porque tenían los documentos contra mí. Por supuesto, nunca me mostraron los papeles. Por eso ahora pongo la firma. Dije hace mucho tiempo: te consigues una firma y firmas to lo qu'haces y te quedas con una copia. Entonces sabrás lo qu'has hecho y podrás contraponer el delito con el castigo y ver si se corresponden y al final tendrás algo pa probar que no t'han tratao como debían. Me hago llamar el Desequilibrado porque no puedo hacer que las cosas malas que he hecho se correspondan con lo que he soportao durante'l castigo.

[...]

La cabeza de la abuela se aclaró por un instante. Vio la cara del hombre contraída cerca de la suya como si estuviera a punto de llorar, y entonces murmuró:

—¡Si eres uno de mis niños! ¡Eres uno de mis hijos!

Tendió la mano y lo tocó en el hombro. El Desequilibrado saltó hacia atrás como si le hubiera mordido una serpiente y le disparó tres veces en el pecho. Luego dejó la pistola en el suelo, se quitó las gafas y se puso a limpiarlas.

[...]

—Habría sido una buena mujer —dijo el Desequilibrado— si hubiera tenío a alguien cerca que le disparara cada minuto de su vida.

—¡Pequeña diversión! —dijo Bobby Lee.

—Cállate, Bobby Lee —dijo el Desequilibrado—. No hay verdadero placer en la vida.

LA TENSIÓN NARRATIVA. ESTRATEGIAS PARA TENSIONAR LA HISTORIA

Ignacio Ferrando

> Las historias mantienen el interés del público formulando preguntas y retrasando las respuestas. Las preguntas son, a grandes rasgos, de dos tipos: se refieren o bien a la causalidad (¿quién lo dijo?) o bien a la temporalidad (¿qué pasará ahora?).
>
> *El arte de la ficción*
> David Lodge

Desde el punto de vista de la narratología clásica, para que exista una historia debemos tener un *conflicto* (la combinación de una fuerza impulsora o motivadora y de una fuerza represora o antagonista) y la presencia de un cambio en el posicionamiento inicial del protagonista hacia ese conflicto —como hemos visto en el capítulo 2—. Muchas veces, sin embargo, esto no es suficiente.

Para que el texto funcione y tenga una cierta fluidez (lo que los ingleses llaman el *page turner*) se hacen necesarias técnicas que ayuden a tensionar la historia. Estas técnicas, conocidas como *estrategias dramáticas*, generan una tensión narrativa o, lo que vendría a ser lo mismo, una cierta fluencia del texto para conducirlo hacia el final, una cierta capacidad embaucadora, si se quiere. O como lo expresaba Waldo Emerson en sus *Ensayos*, la capacidad de «descansar lo bello sobre la base de lo necesario».

12.1. EL PRINCIPIO FUNDAMENTAL

Básicamente todas las estrategias de tensión narrativa se basan en generar preguntas y posponer las respuestas, lo que alienta al lector en un avance continuado por el texto, en su necesidad de *querer saber*.

Imaginemos *La isla del tesoro*, por ejemplo, de Stevenson. Gran parte de la tensión narrativa de este texto se fundamenta en el interrogante: ¿logrará Jim Hawkins encontrar el tesoro? El lector quiere llegar al final del texto para ver si esto es así. También hay otros interrogantes que alimentan este avance. Son interrogantes de carácter secundario cuya vigencia suele ser temporal. Por ejemplo: ¿logrará el inspector Dance alcanzar a los piratas?, ¿se sublevarán los marineros de *La Hispaniola* bajo la tutela de John Silver el Largo? No sería descabellado entender el texto narrativo como una constelación de preguntas, de naturaleza diversa (no solo argumental) que van abriéndose y cerrándose en el transcurso de la misma. Juan Benet, en sus *Ensayos de incertidumbre*, lo expresaba así:

La obra de arte funciona, en muchos casos, como un sistema que no es respuesta a una pregunta, sino como un conjunto de preguntas y respuestas dentro de sí mismas; preguntas y respuestas acerca de un sistema de enigmas que no han tenido una solución perfecta en la composición del mundo de la que se parte. Así, la obra de arte se plantea muchas veces como formulación primera de la pregunta; y la pregunta es una obra de arte muchas veces. Después está el intento de dar una respuesta satisfactoria a esa pregunta; si la respuesta es plenamente satisfactoria, quiere decir que la pregunta también ha sido formulada con exquisitez. Si la respuesta es imperfecta, también es imperfecta la pregunta, y es preciso remitirse a otra: suele ser una cadena de imperfecciones que en sí misma llega a ser perfecta.

Ensayos de incertidumbre
Juan Benet

Por norma general, las preguntas vertebrales (conocidas en el argot como *pregunta/s dramática/s*) estarán dispuestas en el planteamiento del texto y estarán relacionadas con el conflicto planteado. Del mismo modo marcarán la direccionalidad del texto y su vigencia en el texto será transversal. ¿Logrará Jasón encontrar el tesoro? ¿Acabarán juntos Romeo y Julieta? ¿Conseguirá Eneas alcanzar la tierra prometida? Frente a estas pregunta/s dramática/s encontraremos otras de segundo orden, encargadas de alimentar secciones o capítulos del texto, y cuya vigencia será episódica. Que su categoría sea menor no significa en absoluto que sean menos importantes.

Podríamos representar los diferentes tipos de preguntas (P) y respuestas (R) según el siguiente esquema:

PLANTEAMIENTO			DESARROLLO					DESENLACE		
P1	P2	P3	P4	R3	P5	R5	P6	R1	R4	R2

Las preguntas P1 y P2 corresponderían a preguntas dramáticas de primer orden cuya resolución R1 y R2 se produciría, generalmente, en el desenlace (Jasón encuentra el tesoro; Romeo y Julieta terminan juntos; Eneas alcanza la tierra prometida).

Pero también hay otras preguntas y respuestas (P3/R3; P5/R5) cuya resolución es necesaria para el avance de la historia (¿logrará Jasón la ayuda de Medea?, ¿vencerá Ulises al cíclope?; ¿qué sucederá cuando escuche el canto de las sirenas?; ¿decidirá el héroe olvidar a Penélope y Telémaco tras la ingesta de flor de loto?). Su función es la de hacer avanzar la historia. Hay otras preguntas y respuestas (P4/R4) que no son formuladas en el planteamiento pero que tienen un efecto acumulativo y similar a las principales sobre el desenlace. Por último, queremos hacer notar que no todas las preguntas planteadas (P6) deben tener necesariamente respuesta. Algunas de ellas pueden quedar sin una explicación explícita lo que alimenta el carácter ambiguo y/o interpretativo del texto.

12.2. Desterrar algunos tópicos

Dado que, cuando se habla de estas cuestiones, se buscan ejemplos muchas veces excesivos, puede dar la impresión de que estas estrategias solo funcionan en un determinado tipo de historias «más vendibles» o asociadas a un determinado tipo de lector. Pero estos mecanismos nada tienen que ver con la mala narratología o con la costumbre de algunos guionistas de Hollywood de escribir historias calcadas y con poco talento. Estas técnicas también están presentes en cualquier otro tipo de historias menos sospechosas. La clave está en saber regularlas y aplicarlas con el nivel de explicitud que demande nuestra historia en cada momento. Una historia con unas buenas estrategias de tensión dramática será capaz de cargar, a sus espaldas, con la idea más abstracta y ambiciosa, con el discurso más farragoso y la propuesta de significado más avezada.

Por ejemplo, en *La náusea* (una novela no especialmente sospechosa de tener intereses espurios), el filósofo y dramaturgo francés Jean-Paul Sartre narra la historia de Antonie Roquetin. La sociedad, a través de Roquetin, es vista en toda su crudeza, bajo una perspectiva terriblemente lógica y aplastante. Incluso hay un momento en que el protagonista parece desfallecer y fantasea con la posibilidad de suicidarse. Lleva con él una pistola. El lector, al leer *La náusea*, no solo percibe las tesis existenciales de Sartre a través de Roquetin, sino que se pregunta qué sucederá cuando Antonie se encuentre definitivamente con Anny, su examante. ¿Le librará del lastre de una existencia vacua?, ¿será Anny como la imagina, después de tanto tiempo? Y no solo esta pregunta, sino otras como: ¿se suicidará Antoine tal y como apunta en algunos capítulos? Son solo algunos interrogantes de los muchos que utiliza Sartre en esta novela para generar tensión dramática, pero son muchos más. El texto se nutre de sus propias expectativas y eso le permite cargar sobre sí una novela de tesis existencialista.

12.3. Estrategias de tensión dramática

12.3.1. Expectativas violentas o «suspense»

Es quizá el modo más efectivo de generar tensión dramática y se sustenta en la posibilidad de que la vida del protagonista corra un peligro real. La acepción que hace

Patricia Highsmith del suspense es «la expectativa de que algo vaya a terminar de modo violento».

12.3.1.1. SUSPENSE EN GRADO CERO

El modo más básico de crear suspense consiste en la aparición de armas o similares. En *El último encuentro*, de Sándor Márai, Henrik y Konrad vuelven a encontrarse después de cuarenta y un años. Konrad tuvo una aventura con Kriztina, la mujer de Henrik. Un día, durante una cacería, Heinrik siente que su amigo le apunta con un arma. El crimen no llega a producirse y Henrik lo recuerda así:

> «Esto mismo sentiste tú quizás por primera vez en tu vida, cuando en aquel bosque, en aquel punto de acecho, levantaste el arma y apuntaste para matarme». Se inclina por encima de la pequeña mesa que hay entre los dos, delante de la estufa, se sirve una copita de licor, y saborea el líquido color púrpura con la punta de la lengua. Satisfecho, vuelve a poner la copita sobre la mesa.

La novela se inicia mientras el general Henrik espera la llegada de su antiguo amigo. Entonces saca una pistola del cajón y la acaricia. Inmediatamente la tensión dramática se dispara. ¿Matará a Konrad? ¿Qué le mueve exactamente a hacerlo? ¿Quizá le tiene miedo? ¿Es una simple cuestión de precaución?

La aparición de ese objeto con capacidad de matar carga la escena de expectativas y plantea un interrogante de primer orden. Estas expectativas no solo deben ser planteadas, sino mantenidas a lo largo del texto, convertidas en un «estado de vigilia». Henrik, a lo largo del encuentro, dice cosas como esta:

Estábamos solos en medio del bosque, en esa soledad nocturna de la madrugada del bosque, de las fieras, donde uno siempre se encuentra perdido, perdido en su vida y en el mundo, aunque solo sea un instante, y se siente atraído por un lugar que podría ser su casa, un lugar salvaje y peligroso, pero que sigue siendo su única y verdadera casa: el bosque, las aguas profundas, el escenario del mundo primitivo. Siempre sentía esta sensación cuando iba de caza.

El último encuentro
Sándor Márai

12.3.1.2. SUSPENSE SITUACIONAL

Muchas veces, el suspense proviene, más que de una situación generada por los personajes, de la coyuntura en que estos se encuentran. Si comenzamos una historia con un personaje colgando de un acantilado (como es el caso de *Un par de ojos azules*, de Thomas Hardy), o si colocamos a nuestros personajes en la noche anterior a la que han de ser ejecutados (*Muertos sin sepultura*, de Jean-Paul Sartre), o a punto de ser colgados de una soga («Un suceso en el puente sobre el río Owl», de Ambrose Bierce) o a punto de congelarse («El fuego de la hoguera», de Jack London) tenemos asegurada la generación de expectativas de suspense.

En «Las hormigas», del escritor francés Boris Vian, el protagonista es soldado durante la Primera Guerra Mundial. Al comenzar el relato, el protagonista pisa una mina. En el momento en que levante el pie la mina explotará. En esta situación tan comprometida, el soldado va recordando escenas fragmentadas de lo que ha sido su vida durante una veintena de páginas. Sea como fuere, ante la inminente muerte del soldado, el lector querrá leer para ver qué sucederá. Este es el final del texto:

> Todavía estoy de pie sobre la mina. Salimos esta mañana de patrulla y yo iba el último, como siempre. Todos pasaron al lado, pero yo sentí el chasquido del mecanismo bajo mis pies y me he parado en seco. Solo estallan cuando se levanta el pie. […] No he conservado más que mi cuaderno de notas y el lápiz. Voy a arrojarlos lejos antes de cambiar de pierna, y es absolutamente preciso que lo haga porque estoy harto de la guerra y porque me están dando calambres.
>
> «Las hormigas»
> Boris Vian

12.3.1.3. SUSPENSE «EXTRAESCÉNICO»

Hay otros modos más sutiles y quizá más interesantes de plantear el suspense. A veces no es necesaria la presencia explícita del foco generador de suspense y es suficiente con que esta sea presentida. Es el caso de relato «Miedo en la Scala», del italiano Dino Buzzati. En este texto, la alta burguesía de Milán asiste a una representación en la ópera y, de repente, escuchan ruidos en el exterior. Creen que el pueblo se ha sublevado y que va a por ellos. Sienten la ópera sitiada y saben que serán ajusticiados por los dispendios cometidos que han obligado al pueblo a una vida miserable. Un miedo cerval se apodera de ellos e inician la construcción de barricadas y mecanismos defensivos. Pero al salir de la ópera, sin embargo, solo ven la plaza desierta y una escalinata vacía. No hay nadie fuera y, por tanto, todo lo han imaginado, y el terror lo ha producido su profundo sentimiento de culpa.

Es importante entender que estos elementos no funcionan al margen de la historia, sino que generan significado. Un elemento de suspense forzosamente va a generar significado. En el excepcional relato de Gregor von Rezzori «Sobre el acantilado», el protagonista de la historia es un escultor que vive en una casa al borde de un acantilado. El protagonista echa de menos a una pintora con la que vivió un idilio, que murió tiempo atrás en condiciones poco esclarecidas. Pero un día llega otra excursionista llamada Lisa y se queda a vivir con él. Lisa le recuerda constantemente a aquella otra mujer. Es en este momento cuando se inicia la escena (simbólica) que habla de cómo el pintor nunca tendrá valor para «saltar al abismo». Veamos cómo Rezzori trabaja el suspense situacional y lo carga de significado:

> —El amor espera una obediencia incondicional —le dije a Lisa—. ¿Te lanzarías por mí desde el acantilado?
>
> Ella, serenamente, respondió:
>
> —Si fuera preciso hacerlo, tal vez.
>
> Yo le dije:
>
> —Eso no vale. No si fuera preciso hacerlo, sino, sencillamente, porque yo te lo pido. ¿Lo harías?
>
> Ella se acurrucó en su rincón, envuelta en la vieja chaqueta de lana.
>
> —Si te vieras obligado a pedírmelo, probablemente sí —respondió—. Ya no tengo miedo.
>
> —¿Ningún miedo?
>
> —¡Ninguno!
>
> —¡Demuéstramelo!

Lisa se levantó con el propósito de salir de la casa. La seguí. Se dirigió hasta el acantilado.

—¡Pero no así! —grité a sus espaldas—. Eso es demasiado fácil. Tienes que cerrar los ojos y caminar de espaldas, siempre confiando en que, en el momento preciso, en el último instante, yo te grite: «¡Detente!». Pero debes contar en que eso ocurrirá solo en el último instante.

Ella se dio la vuelta, dando la espalda al acantilado, cerró los ojos y avanzó de ese modo, como una sonámbula, acercándose paso a paso al abismo. Ni yo fui capaz de soportarlo por mucho tiempo. Así que grité «¡Detente!» cuando Lisa aún estaba a varios pasos del precipicio. Ella se detuvo, abrió los ojos, miró por encima del hombro, midió la distancia y se encogió de hombros en un gesto de desprecio. Luego vino hacia donde yo estaba con el mismo paso de sonámbula, con la mirada clavada en la mía. Cuando estuvo delante de mí, me escupió en la cara. Al día siguiente había desaparecido, y su maleta se había ido con ella. La chaqueta de lana me la dejó.

«Sobre el acantilado»
Gregor von Rezzori

En el caso de relatos episódicos, o con varias partes, es importante emplear una estructura de tensión dramática adecuada. Si pudiéramos representar gráficamente la tensión que se produce en la tragedia de *Hamlet*, de William Shakespeare, podríamos deducir fácilmente que los momentos de mayor intensidad corresponden al espacio entre actos, donde este debe reforzarse para evitar perder la atención del lector, mientras que los puntos menos dramáticos, reservados para los soliloquios del príncipe, se reservan para las partes centrales de cada uno de los actos.

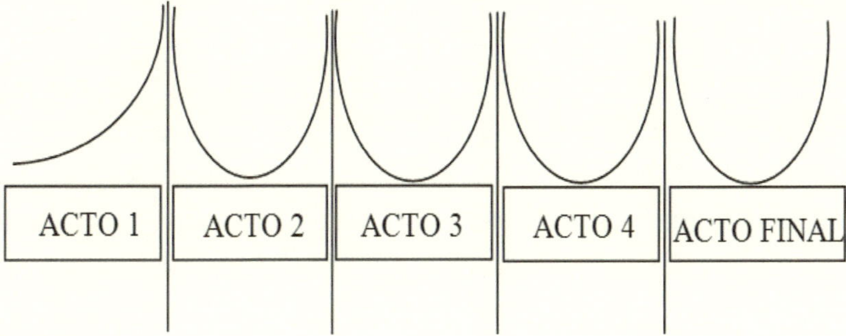

FINAL DE ACTO	ACONTECIMIENTO
I	Aparece la sombra del padre reclamando venganza.
II	Gracias a la argucia del «teatro dentro del teatro», Hamlet desenmascara a Claudio delante del pueblo.
III	Muerte de Polonio, el conspirador, padre de Ofelia.
IV	Muerte de Ofelia.
V	Venganza final. Muerte de Claudio.

12.3.2. OCULTACIÓN DE INFORMACIÓN O «INTRIGA»

Todas las historias, en mayor o menor grado, ocultan algún tipo de información. Información relevante, desde luego, para la acción o para determinar el cuadro de significado de la historia. Esta información irá siendo revelada progresivamente a través de indicios, de respuestas, incluso de nuevas preguntas. O, como veíamos en la introducción, a veces estas preguntas carecerán de respuesta.

La selección de un correcto punto de vista es fundamental a la hora de manejar mecanismos de ocultación. Si usamos un narrador interno en primera persona, a priori no parece muy buena idea ocultar algo que el protagonista sabe. Imaginemos que ha cometido un asesinato. El narrador podrá ocultar esta información unas páginas, pero no mucho más. Si lo hacemos, el lector extraerá la idea de que algo le ha sido ocultado deliberadamente, de un modo falso y artero, y sentirá la manipulación.

Las estrategias para generar tensión dramática por ocultación, se dividen en dos grandes grupos:

Cuando el lector sabe más que los personajes. En este caso la tensión se genera en dirección lector-personaje, por superioridad u omnisciencia con respecto a la situación dramática. En el libro de François Truffaut, *El cine según Hitchcock*, el maestro pone un ejemplo muy clarificador:

Nosotros estamos hablando. Acaso hay una bomba debajo de esta mesa y nuestra conversación es muy anodina. No sucede nada especial y de repente: ¡Bum! Una explosión. El público queda sorprendido… Examinemos ahora el suspense. La bomba está debajo de la mesa y el público lo sabe, probablemente porque ha visto al anarquista que la ponía. El público sabe que estallará a la una y sabe que es la una menos cuarto (hay un reloj en el decorado); la misma conversación anodina se vuelve de repente muy interesante porque el público participa de la escena. Tiene ganas de decir a los personajes que se encuentran en la pantalla: «No deberías contar cosas tan banales, hay una bomba debajo de la mesa y pronto va a estallar».

El cine según Hitchcock
François Truffaut

Cuando el lector sabe menos que los personajes. Este modo de generar tensión dramática también se conoce con el nombre de «intriga». En este caso la tensión se genera en dirección personaje-lector mediante la ocultación de algún tipo de información relevante al lector.

En *La invención de Morel* un náufrago llega a una extraña isla. La isla parece desierta, pero al poco empieza a ver hombres y mujeres jugando al tenis, aparentemente veraneando. El protagonista investiga quiénes pueden ser, qué hacen allí. Poco a poco veremos que son una suerte de hologramas proyectados por un ingenio diseñado por Morel usando la fuerza de las mareas. Es decir, Morel nos lo oculta y como lectores vamos sabiendo poco a poco, de un modo dosificado y estratégico, quién es quién, qué sucede. Este tipo de ocultación es la que usan, de forma generalizada, las novelas policiacas y de misterio.

12.3.3. PULSIÓN SEXUAL

Si echamos un vistazo a la historia de la literatura, observaremos que gran parte de esta se asienta sobre las relaciones de seducción, de acercamiento y ruptura, de flirteo y consumación. El lector de hoy sigue experimentando esa pulsión por las relaciones amorosas no consumadas, que se retardan o que durante páginas figuran en calidad de expectativa. *El mar, el mar*, de Iris Murdoch; *Pieza de verano*, de Christa Wolf o *Malina*, de Ingeborg Bachmann son tres ejemplos actuales de expectativas amorosas tradicionales.

En estas historias, el clímax se produce cuando, después de una aproximación progresiva, que hace vislumbrable la relación, se produce una ruptura definitiva, que convoca el desenlace, consistente en una última y definitiva unión. Este esquema, insistentemente repetido en la historia de la literatura, procede de la filiación temática del Pigmalión. En ella, el rey de Chipre se enamora de su estatua. Lo importante es hacer notar que cuanto mayor es la disimetría entre los caracteres de los personajes que comparten la relación, mayor es la generación de expectativas sobre el final.

Para que exista tensión de origen sexual no es suficiente que dos personajes compartan historia, sino que esta debe ser activada por medio de una atracción real y creíble entre ellos (e impedimentos que se opongan). Son mecanismos de carácter primario. Es decir, que si nuestro personaje tiene cien años, por ejemplo, o está gravemente enfermo, esta estrategia, vinculada al deseo sexual, no va a funcionar porque estas circunstancias, de mayor peso, van a desactivar este mismo deseo o tensión y exigirán un replanteamiento en el enfoque de la historia.

Por último, la pulsión sexual, desde luego, puede estar vinculada a otro tipo de motivos menos clásicos de naturaleza morbosa parafílica o perversa, incluso voyerista. Es el caso, por ejemplo, de *La pianista*, de Elfriede Jelinek; de *El hombre que mira*, de Alberto Moravia; o de gran parte de la narrativa de Henry Miller (*Sexus*, *Plexus* y *Nexus*).

12.3.4. Ambigüedad narrativa

La ambigüedad narrativa consiste en plantearle al lector interrogantes que tienen que ver con una interpretación del texto.

En *Otra vuelta de tuerca*, de Henry James, una institutriz, hija de un pastor, llega a la mansión de Bly para educar a unos niños. Sobre la mansión flota un aura de perversidad. Los dos niños, por contra, son la pura imagen de la inocencia. La institutriz empieza a ver a los fantasmas de la señorita Jessel, la antigua institutriz, y de Quint, un criado muerto en extrañas circunstancias.

Conforme avanza la narración, sin embargo, el lector empieza a desconfiar del testimonio en primera persona de la institutriz. El lector no sabe si las apariciones son reales o simplemente se trata de los desvaríos de una neurótica reprimida. Henry James, con su habitual prosa subordinante, nunca se decanta por ninguna de las dos versiones. Cuando una parece dibujarse, la institutriz dice algo que inclina la balanza en la otra dirección. No existen informaciones concluyentes. Las pistas son contradictorias. En realidad, ambas interpretaciones son igual de factibles y es la ambigüedad, paradójicamente, la que le da sentido al texto.

12.3.5. Fijar un norte o meta

Si el reloj narrativo y la posible muerte del personaje acotaba temporalmente una historia, la existencia de una meta (y por tanto, de una direccionalidad) lo hace con la trama.

> Sin una meta clara de los personajes la historia irá de un lado a otro, será confusa. La meta decide qué dirección toma la trama y cuál es la distancia que tiene que «recorrer» el personaje para llegar a ella, pues el clímax finaliza cuando la consigue (o cuando acepta que es inalcanzable).

> *La escritura dramática*
> José Luis Alonso de Santos

En *La carretera*, de Cormac McCarthy, un padre y su hijo transitan una autopista tras una especie de hecatombe nuclear. De algún modo, lo que impele a los personajes a seguir adelante y no rendirse, es saber qué hay exactamente al final de esa carretera, cuando esta termine y alcancen el mar.

La existencia de una meta, no solo física o geográfica, sino de cualquier tipo (un trabajo mejor, terminar un libro o comprar el ansiado vestido) posiciona firmemente al lector en una dirección, ayudando a fomentar sus expectativas.

12.3.6. ATMÓSFERA

También la atmósfera por la que transitan los personajes ayuda a generar tensión en el texto. Es el caso de gran parte de la literatura de terror o misterio. Por ejemplo, «La caída de la casa Usher», de E. A. Poe, comienza así:

No sé por qué, pero a la primera ojeada al edificio, un sentimiento de tristeza intolerable se apoderó de mi espíritu. Digo intolerable, porque esta impresión no estaba siquiera atenuada por aquella sensación casi agradable, por cuanto poética, con que generalmente recibe el cerebro las imágenes naturales aunque austeras de lo desolado y lo terrible. Miraba la escena que se desarrollaba ante mis ojos: la casa y las simples líneas del paisaje de los alrededores del dominio, los muros helados, las ventanas semejando cuencas vacías, unos cuantos lozanos juncos y algunos blancos troncos de árboles moribundos; mirábalo todo con depresión de ánimo tan profunda que solo puede compararse con propiedad al despertar de los sueños de un fumador de opio, al amargo ingreso a la vida, al desgarramiento horrible de los velos.

«La caída de la casa Usher»
Edgar Allan Poe

El escritor pretende tensionar el texto desde sus primeras líneas, predisponiendo al lector contra el espacio que rodea la acción dramática. Pero sería un error pensar que la generación de expectativas a través de la atmósfera es predio exclusivo de la literatura de género. Otros autores buscan el mismo efecto de un modo más sutil, pero igual de desconcertante. Es el caso, por ejemplo, de Juan Rulfo, que comienza así su relato «Luvina»:

... y la tierra es empinada. Se desgaja por todos lados en barrancas hondas, de un fondo que se pierde de tan lejano. Dicen los de Luvina que de aquellas barrancas suben los sueños; pero yo lo único que vi subir fue el viento, en tremolina, como si allá abajo lo hubieran encañonado en tubos de carrizo. Un viento que no deja crecer ni a las dulcamaras: esas plantitas tristes que apenas si pueden vivir un poco untadas en la tierra, agarradas con todas sus manos al despeñadero de los montes. Solo a veces, allí donde hay un poco de sombra, escondido entre las piedras, florece el chicalote con sus amapolas blancas. Pero el chicalote pronto se marchita. Entonces uno lo oye rasguñando el aire con sus ramas espinosas, haciendo un ruido como el de un cuchillo sobre una piedra de afilar.

«Luvina»
Juan Rulfo

LA METÁFORA DE SITUACIÓN

Ángel Zapata

Hablar de la metáfora es tocar el núcleo incandescente y vivo de la función poética del lenguaje. Por el mismo motivo, estudiar la metáfora de situación nos ubica de golpe en ese espacio incierto, problemático, donde se ponen en juego las fuentes, los procedimientos y los fines de la escritura artística.

Digamos ya de entrada que no es fácil abordar un tema como este. La metáfora de situación apunta directamente al «fondo», a la riqueza semántica de un texto. Y que un texto literario encierre un fondo lleno de sentido depende de muchos factores.

Cómo enriquecer el sentido de una historia, de una ficción, es algo que no puede enseñarse. Al escritor o la escritora la riqueza interior se les da por supuesta… Aunque, eso sí, nada nos obliga a pensar que el artista tenga que ser, inevitablemente, un individuo excepcional. Más que al depositario de un tesoro único y privado que accede a compartir con nosotros, podemos ver en el escritor, en la escritora, a un experto en la interpretación de mapas. No nos da algo suyo, diríamos, sino que nos enseña, más bien, a disponer de algo nuestro. Mirándole abrir el cofre de su tesoro aprendemos a usar la llave de nuestro arcón, y es el zahorí que nos avisa de que hay petróleo en ese huerto trasero donde sembrábamos lechugas.

13.1. El tiempo recobrado

Proust nos ha indicado, por poner un ejemplo, el misterio de esas habitaciones del tiempo que comunican a través de un olor o una impresión, y nos alerta así de que una magdalena mojada en té es un billete a lo desconocido tan infalible como el brebaje de un chamán.

Claro que ya lo sabíamos. El tiempo que refluye hasta el presente por medio de un sabor o de un olor era ya una experiencia nuestra. Quizá la habíamos clasificado como una forma de recuerdo... y en cambio Proust nos invita a explorar su enigma. Nos dice: míralo bien, no es un recuerdo; es algo mucho más vigente, más pregnante, más invasor. Al volver, *te devuelve* a ese tiempo; te restituye, ahora, la atmósfera intacta de otro «ahora» perdido.

De ahí que pensemos que la experiencia del artista difiere en poco, en casi nada, de la de cualquier otra persona. Uno tiende a decirse que el mundo está lleno de cretinos los días que se levanta con el pie izquierdo, es cierto. Pero aun así, descontados los cretinos (o el cretino a tiempo parcial que todos llevamos dentro), basta escuchar realmente lo que una persona cualquiera tiene que *decir*, para encontrar a veces en sus palabras las intuiciones de los poetas, la hondura y la clarividencia de los filósofos.

Lo difícil, naturalmente, es escuchar de verdad, sacudir la pereza de la mirada. Y en esto último, más que en otra cosa, es donde reside, quizá, lo excepcional del artista. Hacia dentro, hacia fuera —según—, un buen artista mira *mejor*, o *más*, o *de otro modo*. Ve el huerto con sus lechugas mustias y enseguida adivina el petróleo que hay debajo. Tiene, por decirlo así, una mirada fértil que multiplica el pan de lo real y los peces solubles del sueño.

El artista vislumbra dos cosas, diríamos, donde otro cualquiera solo ve una.

13.2. DECIR MÁS DE LO QUE SE DICE

Dos por el precio de una. Ya: la fórmula parece un reclamo para vender pastillas de jabón, y en cambio condensa en sí misma el secreto de una narración intensa.

Decir dos cosas mientras se cuenta una. Dejar latente una intención más amplia, más profunda, entre los bastidores de la historia: un trasfondo escondido, ni tan claro que se haga transparente a una mirada desatenta, ni tan oculto que haya que descifrarlo como una inscripción hitita.

Conste, además, que ni siquiera estamos hablando de una estrategia particularmente complicada. Todo consiste, al fin y al cabo, en seleccionar bien el material narrativo, en escrutar el argumento imaginado para ver dónde se esconde la *metáfora de situación*.

La metáfora propiamente dicha se estudia (o se estudiaba al menos) en los libros escolares; y al tratarse de una figura tan común no es necesario entrar ahora en una explicación demasiado prolija. En su *Diccionario de retórica, crítica y terminología literaria*, los estudiosos Angelo Marchese y Joaquín Forradellas nos recuerdan que «la metáfora designa un objeto mediante otro que tiene con el primero una relación de semejanza». Es decir: metáfora es la operación discursiva que consiste en dar a una cosa el nombre de otra, tomando como base para ello la relación de semejanza que existe entre las dos.

Esta operación es la que lleva a cabo Francisco Umbral cuando escribe:

> El río, gran cocodrilo de todo el año, dormía un sueño invernal.

La metáfora, aquí, consiste en dar al río el apelativo de «cocodrilo», apoyándose en el parecido que hay entre ellos. Los dos, el río y el cocodrilo, son alargados y de color verdoso. La imagen juega además con otra semejanza: el río que se hiela en el invierno y el aire de letargo casi mineral que a veces nos transmiten los saurios. De manera que bien mirado, mirado con mirada de escritor —con ojos de artista, como decíamos antes—, hay semejanzas entre un río y un cocodrilo. Podemos llamar «cocodrilo» al río, y de este modo hacemos una metáfora.

¿Habéis pensado alguna vez qué le añade la metáfora a la escritura? ¿Y por qué nos gusta leer metáforas?

Seguramente el placer viene de que en toda buena metáfora hay siempre una riqueza sobrante —una propina de significado, por decirlo así—; y al contarnos una sola cosa, el escritor nos cuenta dos.

Fijaos, una vez más, en este río/cocodrilo de Francisco Umbral:

> El río, gran cocodrilo de todo el año, dormía un sueño invernal.

Lo primero que la frase nos descubre es que hay semejanzas entre un río y un cocodrilo, porque el sentido literal y mostrenco de la oración no sería más que este:

«El río se helaba en invierno».

Pero a la hora de transmitir la idea, Umbral no se conforma con levantar acta del hecho, tal como haría un notario, sino que nos propone, además, que visualicemos un gran lagarto dormido. Así, como un inmenso saurio aletargado —nos dice— era el río en invierno.

Con solo esto, ya estaría cumpliendo con su deber de escritor, que es ofrecer dos cosas por el precio de una. Observad, sin embargo, que todavía nos da más: un suplemento de emoción.

Cuando alguien lee: «El río se helaba en invierno» lo previsible es que se quede indiferente. Sin embargo, si a la vez que el lector recibe este dato se le invita a imaginar el río como un enorme saurio que duerme, la cosa cambia del todo.

Lo primero, porque percibe el río como una realidad animada, viviente. Y después porque capta que el río tiene algo de animal gigantesco, y es un dios acuático, sinuoso y temible, cuyo sueño resulta sobrecogedor.

El río que se hiela en invierno es una curiosidad de la orografía. En cambio, este río entrevisto como un extraño saurio que hiberna es una imagen atávica y poderosa. Al leerla recobramos el poder visionario de la infancia, la vivacidad y la maravilla del sueño, y algo de la magia que asimila y funde las cosas por el simple contacto o el parecido.

13.3. ALQUIMIA

Convertir unas cosas en otras por arte de magia es el poder de la metáfora, y, tal como hemos visto, la operación no es complicada.

Se toma el sentido literal:

El río (alargado, sinuoso, verde) se helaba en invierno.

Se busca un objeto semejante:

El saurio (alargado, sinuoso, verde) parece a menudo estar dormido.

Y se elabora la imagen donde se funden los dos objetos:

El río, gran cocodrilo de todo el año, dormía un sueño invernal.

Y si hemos conseguido explicarnos bien, se entenderá muy fácilmente ahora que el beneficio de la metáfora, la propina de significado con que enriquece la frase, consiste en lo que podríamos llamar un «trasvase de emoción».

Ver un río helado es bonito, curioso... Pero ver un gigantesco cocodrilo dormido nos lleva al terreno de la fascinación.

El río —dice Umbral— era un dragón aletargado. De este modo, a través de su metáfora, nos hace imaginar el río helado que él miraba en su infancia con la misma emoción con que veríamos a un dragón dormido.

Dos cosas en una; dos por el precio de una[1].

---

1   Una nota muy breve para los entusiastas de la teoría literaria. Observad que lo que describimos como un trasvase denotativo entre

13.4. La metáfora que envuelve el relato

Con todo lo anterior hemos estudiado cómo se obtiene una frase metafórica, cómo opera la metáfora en el nivel de la frase.

Sin embargo, decíamos hace un momento que uno de los secretos de un buen texto narrativo consiste en encontrar la metáfora de situación. Dicho de otro modo: de lo que se trata, en definitiva, es de aplicar este mismo procedimiento —la metáfora— no ya a la construcción de la frase, sino a la elaboración de la propia historia.

Aun así, tampoco quisiéramos presentar como doctrina lo que después de todo es —en cierta medida al menos— una opción estética. Hay un montón de buenas historias que se las arreglan muy bien sin este segundo plano de

---

el sentido literal y el figurado (es decir, un movimiento discursivo que se desarrollaría entre instancias de un mismo plano) supone verdaderamente una ruptura de la isotopía, y lo que opera la metáfora, en realidad, es una *promoción de sentido*. Al contacto con el sentido figurado, el sentido literal se rebasa (o es promovido) hacia un orden de significación más amplio, y a la vez más intenso. El contacto metafórico entre río helado/cocodrilo que hiberna nos da esa especie de plusvalía de sentido: «dragón dormido», que ni siquiera pertenece al orden de la designación: no es un objeto de la realidad, sino una instancia psicológica, mítica, etcétera. Por otro lado, hay que señalar también que no está muy claro si en esta figura que elabora Umbral está funcionando únicamente la semejanza como sustento de la traslación (metáfora) o bien habría que sumarle un movimiento fundado en la *metonimia* (en cierta medida, la asimilación entre el río y el cocodrilo está apoyada también en una relación parte/todo). Sobre las fronteras muchas veces borrosas entre estas dos figuras véase Le Guern, *La metáfora y la metonimia*, Ed. Cátedra, 1985.

significación que añade la metáfora. En cualquier caso —y por regla general— lo que suele distinguir a los libros de entretenimiento de la literatura sin más es la ausencia/presencia de esta especie de «segunda dimensión»; y cuando calificamos a una obra de «plana» lo más común es que estemos refiriéndonos a su falta de densidad metafórica.

Un texto *plano* dice lo que dice y cuenta lo que cuenta.

Un texto *artístico*, en cambio, a la vez que relata su asunto está siempre diciendo *otra cosa*, señalando hacia un significado de mayor amplitud.

Lo más frecuente, cuando se empieza a escribir, es no tomar en cuenta la necesidad y el valor expresivo de este segundo plano añadido a la historia. Pensamos una historia, la elaboramos, la contamos sin más... Pasando por alto que después es preciso volver sobre la trama con la atención alerta, y discriminar, entre las escenas que hemos narrado, cuáles tienen valor metafórico y cuáles no, cuáles sugieren más de lo que dicen, qué podemos hacer para enriquecer el significado de la historia.

13.4.1. Trabajo de campo

A fin de ilustrar el funcionamiento de la metáfora dentro de un texto narrativo vamos a tomar como ejemplo el cuento «Conservación», de Raymond Carver. Se trata de un relato no muy extenso. Y en él se cuenta la historia de un matrimonio en el que el marido acaba de quedarse sin trabajo.

Quizá un escritor poco atento plantearía la situación directamente: un buen día el marido llega a casa y le dice a su mujer que le han despedido.

No estaría mal. Podríamos darlo por válido.

Pero el hecho es que Carver es más sutil en su búsqueda de una escritura artística. Y desde el principio ya está elaborando una situación que signifique algo más.

En el inicio de la narración, el marido llega a su casa con una caja de bombones en forma de corazón y una botella de whisky. No le han despedido «un buen día» o «un día cualquiera». Para nada. Es el día de los enamorados. De manera que el protagonista le da el regalo a su mujer, y solo más tarde, mientras comen bombones sentados en el salón, le dice:

—Hoy me han despedido. Oye, ¿qué va a ser de nosotros ahora?

«Conservación»
Raymond Carver

Si recordáis la explicación anterior, Umbral unía en una sola imagen un río helado y un dragón dormido. Carver, en este texto, funde en una sola escena, en una única situación, la celebración del día de los enamorados de un matrimonio y el despido del marido.

Quizá os preguntéis dónde está la semejanza en esta metáfora de situación que elabora Carver. Aquí, el procedimiento de unión, el parentesco entre los dos términos, no se daría por semejanza sino —excepcionalmente también— por antítesis: una persona, al enamorarse, queda incluida en una unidad más amplia, la de la pareja; mientras que al perder el trabajo es excluida de esa unidad mayor que representa, al menos formalmente, una empresa.

De este modo, el matrimonio celebra una unión, diríamos, el mismo día en que lamenta una separación.

Sin que sea preciso afinar mucho en los análisis, basta con escuchar el enunciado de Carver —un marido pierde su trabajo el día de los enamorados— para que ya captemos que esa separación va a tener consecuencias sobre el amor de la pareja.

Fijaos en un detalle: el hombre ha perdido algo tan importante *el día de los enamorados*, que a partir de ese momento —y al darse juntos los dos hechos— bien podríamos decir: ha perdido su trabajo, pero conserva su matrimonio. Pero *conservar* no es lo mismo que tener. En la idea de conservación —que da título al cuento— ya está implícito un «mientras», una posesión precaria, casi provisional, diríamos.

Por eso también hemos dicho al principio que para hacer buenas metáforas de situación no es preciso poseer un talento extraordinario. Lejos de cualquier fantasía de genialidad, el propio Carver se conduce aquí como un artesano cuidadoso. Podemos imaginarle fácilmente sentado ante su máquina, escribiendo: «Un buen día un hombre pierde su trabajo». Y verle, luego, reflexionando sobre la frase y añadiendo un pequeño matiz concreto, una segunda dimensión en la que se hace transparente el relieve de lo metafórico: «Un hombre pierde su trabajo *el día de los enamorados*».

13.4.2. Diferentes niveles

Si fuéramos analizando una por una las metáforas de situación que emplea el autor de *Catedral* en este texto el comentario se haría casi interminable. Naturalmente, os aconsejamos que lo leáis. Y por nuestra parte, para no extendernos más de lo debido, iremos señalando someramente algunas otras metáforas de interés.

Fijaos, por ejemplo, en que Carver nos cuenta que esa misma noche —la del día de San Valentín— el marido lleva a cabo otra acción inusual.

> Se hizo la cama en el sofá, y allí fue donde durmió todas las noches desde entonces.

Nuevamente tenemos un hecho, pero no un hecho cualquiera. Tenemos un hecho y una metáfora implícita. Con su gesto de excluirse del dormitorio, el marido rubrica esa pérdida a la que antes nos referíamos: ya no tiene a su mujer, la conserva; ya no tiene su casa, sino que está en ella ocupando el lugar de un *huésped* (y un huésped —no lo perdáis de vista— es alguien que está ahí de un modo provisional).

Umbral llamaba al río «gran cocodrilo»; el marido, con su gesto de instalarse en el sofá, se da a sí mismo el apelativo de «huésped». Umbral convertía al río en un saurio gigantesco. Carver convierte en huésped al marido, mediante esa metáfora de situación que es ponerle a dormir en el sofá.

A partir de este momento, la historia de Carver se va desarrollando en la misma línea. El marido se instala en el sofá. Y esta es la situación entonces.

> Aquella noche volvió a echarse en el sofá. Empezó a pasarse allí todo el tiempo, como si, pensaba ella, eso fuese lo que debía hacer ahora que ya no tenía trabajo. De cuando en cuando iba a hablar con alguien sobre una posibilidad de empleo, y cada dos semanas firmaba los papeles para recibir el subsidio de paro. Pero el resto del tiempo se quedaba en el sofá. «Es como si viviese ahí», pensaba Sandy. «Vive en el cuarto de estar». De vez en cuando hojeaba revistas que ella llevaba a casa

de la tienda de ultramarinos; y muchas veces llegaba y le encontraba mirando el grueso libro que le habían regalado a ella por inscribirse en un club del libro: una cosa que se titulaba *Misterios del pasado*. Sostenía el libro delante de él con las dos manos y la cabeza inclinada sobre las páginas, como si estuviera inmerso en la lectura. Pero al cabo del rato observaba ella que no parecía adelantar nada; seguía por el mismo sitio: alrededor del capítulo segundo, calculaba ella. Sandy lo cogió una vez y lo abrió por donde él iba. Leyó algo acerca de un hombre que habían descubierto al cabo de dos mil años en una turbera en los Países Bajos. En una página venía una fotografía. El hombre tenía la frente velluda, pero en su rostro aparecía una expresión serena. Llevaba un gorro de cuero y yacía de lado. Las manos y los pies estaban secos, pero, por lo demás, el hombre no tenía un aspecto demasiado horroroso. Leyó un poco más y luego dejó el libro en el sitio de donde lo había cogido. Su marido lo dejaba al alcance de la mano, en la mesita que había delante del sofá. ¡El puñetero sofá! Por lo que a ella se refería, no quería ni volver a sentarse en él. Ni podía imaginar que en el pasado se hubieran tumbado allí para hacer el amor.

«Conservación»
Raymond Carver

Así transcurren tres meses, hasta que un día la mujer vuelve del trabajo y descubre que el frigorífico se ha estropeado.

Un acontecimiento nuevo, pues, que reactiva una vez más el dinamismo de la historia.

Tal como vamos diciendo, no es preciso ser un genio ni estar en posesión de una experiencia privilegiada para atinar con un argumento así. Carver no cuenta, como Dante, una ruta turística por el Más Allá. No tiene, como Rilke, una intuición personal de la naturaleza angélica. Su relato nos habla de una pareja con problemas, a la que un día se le estropea el frigorífico. Si alguien está pensando «a mí nunca se me ocurriría una metáfora como esa», que deje de escribir ya mismo. Quizá para el río/cocodrilo de Umbral hay que tener algo de poeta; puede ser. Pero eso sí: para imaginar que a una pareja se le estropea el frigorífico no hace falta en lo más mínimo estar dotado de una fantasía visionaria. Si os sentís capaces de inventar un acontecimiento como este, está claro también que podéis llegar a ser excelentes narradores y narradoras.

Es cuestión de trabajo. Y afición. Y paciencia. Es cuestión, sobre todo, de mirar con cuidado la historia que nos proponemos contar. Este es el mérito de Carver.

¿Dónde se encuentra el acierto de una metáfora tan simple como la del frigorífico estropeado?

No perdamos de vista que a esa altura de la narración el marido lleva ya tres meses tumbado en el sofá. «Es como si viviese ahí», piensa la esposa... Aunque tampoco hay, exactamente, un conflicto en la pareja. Al menos el conflicto no aflora en forma de enfrentamientos, discusiones, etcétera. Él está tumbado, solo eso. No hace nada. Emplea el tiempo en mirar la televisión y en simular que lee un libro cuyo título es *Misterios del pasado*.

Entonces se estropea el frigorífico.

Y Carver describe minuciosamente el aspecto lastimoso de los alimentos, todo ese aguachirle en que se convierte una nevera si se deshiela el congelador. En el frigorífico guardaban, además, unas chuletas de cerdo que ahora la esposa se propone freír en seguida, antes de que terminen de estropearse.

Fijaos en la escena que sirve como desenlace al cuento:

La esposa ha dejado las chuletas en la encimera de la cocina, junto a otros alimentos que están descongelándose. Allí está el marido también, que acaba de levantarse del sofá y ahora anda descalzo por el suelo de linóleo. En un momento dado, la mujer observa que los alimentos están goteando y han formado un charco bajo los pies de su marido. Así lo describe Carver:

> Bajó la cabeza y vio los pies descalzos de su marido. Miró aquellos pies junto a un charco de agua. Sabía que en la vida volvería a ver algo tan raro. Pero no sabía qué hacer. Pensó que lo mejor sería pintarse un poco los labios, coger el abrigo y marcharse a la subasta. Pero no podía apartar la vista de aquellos pies de su marido. Dejó el plato en la mesa y se quedó mirando hasta que los pies salieron de la cocina y volvieron al cuarto de estar.

No hace falta añadir ningún detalle. El marido es incapaz de apartarse del charco e imaginamos el agua churretosa pringándole los pies. El frigorífico ha caducado sin más. Como el trabajo del marido, como su autoestima y su capacidad de iniciativa, como el propio matrimonio. Todo se ha estropeado de una manera estúpida. Sin un porqué.

De modo que no estamos, tenedlo en cuenta, ante el desarrollo de una relación humana (la que se daría entre una esposa y su marido), que en algún momento, por esta o aquella suma de razones, entra en crisis. Si así fuera, los dos podrían hablar (pero la incomunicación de la pareja es una constante en este relato de Carver). Podrían explicar lo que les pasa. Arreglarlo quizá. O bien separarse si fuera preciso, conociendo su equivocación, procurando, al menos, extraer de ese dolor algún beneficio de experiencia.

Pero las relaciones humanas, la intimidad de las personas, el propio destino que modela su vida, son —vistos desde la mirada de Carver— enteramente semejantes al mecanismo regular y obtuso que anima a las máquinas. Aquel Destino ciego que se abatía sobre los héroes de la Tragedia ha cedido su puesto, dentro de la trama de la sociedad capitalista, al movimiento inane y espectral de los objetos y los cachivaches.

Una vida puede estropearse igual que un frigorífico.
¡Paf!
Y se acabó.

13.4.3. EL EFECTO DE LA METÁFORA

Un río helado es un dragón que duerme, decía Umbral.
Una vida humana, dice Carver, es un frigorífico que hoy funciona y mañana se estropea.
Esta es la metáfora de situación que da cuerpo al relato. Al contarnos la historia de esa pareja a la que se le estropea el frigorífico, Carver está transmitiéndonos su percepción de la sociedad contemporánea y del funcionamiento de las relaciones humanas dentro de ella. Unas relaciones modeladas a imagen de las cosas. Un mundo, diríamos, que al cifrar el sentido de la vida en la posesión y el trato con las cosas, cosifica la propia vida humana, hace del hombre y de la mujer cosas entre las cosas.
Nada de esto, obviamente, necesita explicarlo el autor norteamericano. Si lo explicara no sería un artista. Sería un filósofo o un crítico de la cultura. De manera que, más

que explicarlo, lo pone en imágenes. Lo elabora como metáfora: una vida humana, un matrimonio, es un frigorífico. Por eso a lo largo del relato la metáfora se hará vívida en nosotros:

Sentiremos la lenta descomposición del marido en el sofá una vez que se le ha estropeado el trabajo.

Percibiremos la propia descomposición del matrimonio cuando el narrador describa los alimentos que se empapan de agua dentro de la nevera.

Y veremos por último al marido (tan inerte como un cachivache roto), parado sobre el goteo incesante de esa vida que se echa a perder.

Hay, desde luego, otras muchas sutilezas dentro del texto de Carver, y por eso es tan recomendable su lectura. Aquí nos interesaba destacar esta metáfora de bulto: el frigorífico; y referirnos —ya por último— a ese *trasvase de emoción* al que aludíamos más arriba a propósito de la imagen de Umbral.

Tal como acabamos de señalar, el narrador de «Conservación» (que mantiene a lo largo del cuento un tono más bien distante) se ocupa de continuo de llamar la atención del lector sobre los alimentos estropeados, la pringue del frigorífico, el inicio de la descomposición, y todas esas minucias bastantes repugnantes, en fin, sobre las que no es preciso extenderse más. Como es natural, dan grima. Hay por todo el relato de Carver salpicaduras de grima, relacionadas con los efectos de ese frigorífico averiado. Y esta es, igualmente, la emoción que se trasvasa *desde* la avería del frigorífico *hasta* la avería del matrimonio.

Viendo descomponerse las vidas que retrata el texto sentimos la misma repulsión que nos produce el inicio de la caducidad en cualquier producto orgánico.

Este es el efecto de la metáfora de situación.

Carver, por decirlo de un modo directo, llama «frigorífico» al matrimonio de su cuento —como Umbral llamaba «cocodrilo» al río—; y describiendo lo que ocurre dentro de ese frigorífico (se ha averiado definitivamente y todo lo que contiene empieza a descomponerse) nos hace sentir cómo se va deteriorando la intimidad de la pareja.

En la frase de Umbral aparecían juntas una palabra —río— y su metáfora: cocodrilo.

En el relato de Carver se dan a la vez una situación —el deterioro de una pareja— y también su «doble» metafórico: el estropicio de un frigorífico averiado.

De manera que enriquecer una narración —por volver ahora al principio— consiste en seleccionar con cuidado las acciones que componen la historia, atendiendo siempre a su valor de sugerencia, de significación, de doble sentido; buscando, en suma, el carácter y el posible valor metafórico de los elementos implicados en la trama.

Insistimos en que el procedimiento que tratamos en este capítulo está en el corazón del hecho narrativo mismo (no solo la literatura, sino también el cine se sirve abundantemente de él). E insistimos, sobre todo, en que se trata de un recurso de composición muy accesible; usarlo con acierto depende únicamente de la atención y la práctica.

DE *PULGARCITO* A *LA GUERRA DE LAS GALAXIAS*. LA MORFOLOGÍA DEL CUENTO DE PROPP

Juan Gómez Bárcena

> *Nadie ha pensado en la posibilidad de la noción y del término de morfología del cuento. Sin embargo, en el terreno del cuento popular, folklórico, el estudio de las formas y el establecimiento de las leyes que rigen la estructura es posible, con tanta precisión como la morfología de las formaciones orgánicas.*
>
> Vladimir Propp

A primera vista, clásicos como la *Odisea*, novelas como *La isla del tesoro*, cuentos como *La Cenicienta* o filmes como *La guerra de las galaxias* o *Matrix* parecen tener muy poco en común. Sin embargo, si hacemos abstracción de sus particularidades, comprenderemos que debajo de todas estas obras subyacen ciertos patrones narrativos comunes. Lo que nos proponemos en este capítulo es precisamente eso: despojar a las narraciones de sus elementos circunstanciales para descubrir un esqueleto común. Tal vez después de retirar el parche de los piratas de Stevenson, el casco de los soldados imperiales de George Lucas o los cuerpos virtuales de los agentes de Matrix descubramos que tienen en común mucho más de lo que parece, pues todos juegan el mismo papel en sus respectivas historias. Y tal vez a partir de ese descubrimiento seamos también más conscientes de la estructura narrativa de nuestros propios relatos.

El crítico ruso Vladimir Propp fue el primero en advertir estas coincidencias en su obra *Morfología del cuento*. Propp dirigió su análisis a un campo de estudio muy reducido: aproximadamente un centenar de cuentos populares rusos. Pronto descubriría que era capaz de reducir toda la riqueza de estas narraciones a una estructura básica muy concreta y, lo que es más importante, que esta estructura era también válida para tratar obras de diferentes géneros y épocas. Propp formuló tres reglas fundamentales:

1. En toda fábula existen ciertos elementos constantes e invariables, que denominamos *funciones* de los personajes.
2. El número de funciones que aparecen en los cuentos maravillosos es limitado (Propp identifica un máximo de treinta y un funciones distintas).
3. Aunque no todas las fábulas incluyen todas las funciones posibles, las que aparecen en cada caso sí tienden a seguir el mismo orden en todas las fábulas. Un cuento, por ejemplo, puede comenzar por la función número 1 y más tarde saltar a la número 12, pero en muy contados casos volverá atrás para incorporar las funciones «saltadas».

A continuación resumiremos las treinta y una funciones en el orden en que según Propp tienden a presentarse. A la hora de seleccionar ejemplos no recurriremos a los cuentos populares, sino a libros y películas más recientes; de este modo veremos también cómo la estructura que Propp detectó en los cuentos tradicionales sigue teniendo vigencia en todo tipo de narraciones, casi un siglo después de su estudio.

14.1. LAS FUNCIONES DE PROPP EN CREACIONES MODERNAS

Según Propp, el cuento popular tiende a comenzar con el alejamiento de uno de los miembros de la familia del héroe, o incluso del propio héroe (*Función 1: Alejamiento*). Esta ausencia puede ser simbólica —por ejemplo la muerte de uno de los personajes— o literal, como la marcha de Westley con la que da comienzo *La princesa prometida*.

A menudo este viaje entraña algún tipo de prohibición que recae sobre el héroe (*Función 2: Prohibición*). Con frecuencia acaba siendo violada (*Función 3: Transgresión de la prohibición*).

A veces esta transgresión tiene lugar por descuido o negligencia, como el accidente que hace que Frodo use el anillo por primera vez, o el hecho de que Billy alimente a su Mogwai después de medianoche en *Gremlins*, dado que los relojes de la casa han sido malignamente retrasados. En otros relatos, el personaje viola la prohibición consciente y deliberadamente, como el hackeo que Neo hace del sistema en *Matrix*.

Con la transgresión de la prohibición tiende a aparecer por primera vez el antagonista. Haciéndose pasar por otro, o disimulando sus verdaderas intenciones, puede intentar engañar al héroe o a sus aliados (*Función 4: Interrogatorio*) y obtener información valiosa para sus fines (*Función 5: Información*). Así, el Agente Smith interroga a Neo para conocer sus vínculos con Morfeo; Gollum engaña a Frodo y decide seguirlo para recuperar el anillo; una hermosa mujer —en realidad, una espía nazi— se aprovecha de su belleza para engañar a Indiana Jones en *Indiana Jones y la Última Cruzada*.

Con frecuencia este ardid (*Función 6: Engaño*) acaba teniendo éxito (*Función 7: Complicidad*), y la víctima ayuda inconscientemente al agresor. De este modo comienza, por ejemplo, la saga de *La guerra de las Galaxias*, con el senador Palpatine —en realidad Darth Sidius— engañando a la República para hacerse con el poder, o con el pirata Long John Silver, en apariencia un inocente cocinero, ganándose la confianza de Jim Hawkins y embarcando rumbo a la isla del tesoro.

> Para seros sincero he de decir que, desde que el caballero Trelawney mencionara por primera vez en su carta a John el Largo, se me había metido en la cabeza la idea de que pudiera ser el dichoso marinero cojo del que estuve tan pendiente en mi querida posada de Benbow. Pero me bastó echarle un vistazo al hombre que tenía delante. Yo había visto al capitán y a Perro Negro y al ciego Pew, y creía que era capaz de reconocer a un bucanero: alguien muy distinto, en mi opinión, de aquel tabernero aseado y cordial.
>
> *La isla del tesoro*
> Robert Louis Stevenson

Gracias a esta información que ha obtenido de la víctima, el antagonista agrede o causa algún tipo de daño a uno de los miembros de la familia del héroe (*Función 8: Fechoría*). Esta es, para Propp, una de las funciones más importantes; sin ella, la historia carece de conflicto —cuya centralidad vimos en el tema 2—.

En *La guerra de las galaxias*, Darth Maul mata al maestro Jedi Qui-Gon Jinn; en *La isla del tesoro*, los piratas comienzan a asesinar de la mano de John Silver a los marineros leales del barco; en *Gremlins*, una de las criaturas ataca —sin éxito— a la madre de Billy.

A raíz de esta agresión, se hace evidente que los personajes tienen una *carencia*, que Propp llamó *Función 8A*: Anakin debe ser formado como *jedi* para proteger a la Fuerza; Jim debe descubrir el complot de los piratas; Billy debe dominar a sus propias criaturas y remediar así el mal que ha causado.

Una vez consumada la fechoría, esta llega a los oídos del héroe (*Función 9: Mediación*), quien acepta su papel de redentor (*Función 10: Aceptación*) y finalmente parte para restaurar el bien o castigar el daño (*Función 11: Partida*). Anakin Skywalker es reconocido como salvador de la República y acepta convertirse en Jedi y alejarse de su madre. Jim Hawkins se entera accidentalmente del complot de Silver, y decide actuar. En *Matrix*, Morfeo ofrece la pastilla azul y roja a Neo; Neo decide tomar la roja, es decir, conocer la realidad tal cual es, mundo al que se traslada una vez es «desconectado» de Matrix.

> Si tomas la pastilla azul, la historia se acaba. Despertarás en tu cama y creerás en lo que quieras creer. Si tomas la pastilla roja, te quedas en el país de las Maravillas y te enseñaré hasta dónde llega la madriguera del conejo. Solo te ofrezco la verdad, nada más.
>
> *Matrix*
> Hermanos Wachowski

A lo largo de su viaje, el héroe puede enfrentarse a una prueba (*Función 12: Prueba*); en ocasiones logrará superarla y en otros casos fracasará en el intento (*Función 13: Reacción del héroe*). Cuando esta reacción es positiva, logra como premio la recepción de un objeto mágico o instrumento capacitador que será vital en su periplo (*Función 14: Recepción del objeto mágico*).

Por ejemplo, Neo es llevado ante el oráculo, prueba en la que —aparentemente— fracasa; Anakin logra instruirse como *jedi*, aunque por otro lado no supera las pruebas impuestas —se deja llevar por la ira arrasando el poblado de quienes asesinaron a su madre—; Frodo obtiene de Tom Bombadil ciertos objetos mágicos imprescindibles para el cumplimiento de su misión.

A continuación el héroe se dirige al lugar de encuentro con el antagonista (*Función 15: Desplazamiento*) y allí se enfrenta con él (*Función 16: Combate*). A veces este combate le deja al héroe una marca o herida (*Función 17: Marca*), pero finalmente se impone al agresor (*Función 18: Victoria*).

Frodo llega hasta el Monte del Destino donde se enfrenta a Gollum; este logra seccionarle un dedo, pero al final caerá al fuego junto con el anillo. Íñigo Montoya se enfrenta al asesino de su padre, y aunque está herido logra sobreponerse y vencerlo; Neo parece morir en su enfrentamiento con el agente Smith, pero se repone gracias al beso de Trinity y acaba con él. Otro ejemplo prototípico de marca es la mano que pierden tanto Darth Vader como Luke Skywalker en *La guerra de las galaxias*. Con su victoria sobre el antagonista, la fechoría es castigada (*Función 19: Reparación*), por lo que el héroe puede regresar a su casa (*Función 20: El regreso*).

En ocasiones, sin embargo, este regreso no es pacífico, sino que el héroe vuelve a ser perseguido, ya sea por el mismo agresor —solo vencido en apariencia— o por nuevos malhechores (*Función 21: Persecución*), requiriendo a veces la ayuda de otros (*Función 22: Socorro*). Es el caso de Jim Hawkins en *La isla del tesoro*: después de hacer varar *La Hispaniola* para desconcertar a los amotinados, regresa a lo que creía un lugar seguro —la empalizada que un par de días antes defendían sus amigos— y allí es apresado por los piratas.

Debido al peso de esta amenaza, el héroe no puede revelar su verdadera identidad y tiene que disfrazarse (*Función 23: Llegada de incógnito*). Puede suceder incluso que en su propio hogar alguien haya usurpado su posición y reivindique el premio para sus propias hazañas (*Función 24: Pretensiones engañosas*).

Para demostrar su auténtica identidad, el héroe afronta una prueba (*Función 25: Tarea difícil*) que logra superar (*Función 26: Tarea cumplida*). Gracias a su éxito, el héroe es reconocido (*Función 27: Reconocimiento*), descubriendo así a los impostores (*Función 28: Reconocimiento del falso héroe*). El ejemplo más evidente lo encontramos en *El señor de los anillos* o, de nuevo, *La isla del tesoro*. Acabada su misión en Mordor, Frodo y sus amigos regresan a la Comarca y deben enfrentarse al intento de ocupación de su hogar de un tal Zarquino, que resulta ser el malvado Saruman. Por su parte Jim Hawkins, que había sido considerado un traidor por sus compañeros, acaba revelando que de hecho él ha sido la clave de la derrota de los piratas.

—Si llegan a torturarme, puede que confiese dónde está el barco; porque me hice con el barco, en parte por suerte y en parte corriendo cierto riesgo, y se encuentra en la bahía del Norte, en la playa meridional, casi a nivel de pleamar. A media marea seguramente estará a descubierto y casi seco.

—¡El barco! —exclamó el doctor.

Rápidamente le conté mis aventuras y me escuchó en silencio.

—Hay como una especie de sino en todo esto —comentó cuando hube acabado mi relato—. En cada episodio, eres tú el que nos salva la vida. ¿Y acaso piensas que vamos a permitirte que pierdas la tuya? Mal pago te daríamos con ello, hijo mío. Descubriste la conspiración; encontraste a Ben Gunn, y esa es la mayor hazaña que has hecho y que harás jamás, aunque vivas hasta los noventa años.

La isla del tesoro
Robert Louis Stevenson

Un notable ejemplo, por último, donde la trama se apoya fundamentalmente en las funciones de la *Llegada de incógnito* y *Reconocimiento* es el que protagoniza Edmundo Dantés como Conde de Montecristo (y el resto de sus alias) en la obra homónima de Alejandro Dumas.

Gracias a sus hazañas, el héroe a menudo recibe algún tipo de transfiguración mágica; o bien es agasajado con un objeto lujoso que lo hace ascender de condición social (*Función 29: Transfiguración*), tal y como le sucede a Jim Hawkins al obtener el tesoro o a Neo al descubrir que es inmortal. Por su parte, el agresor es finalmente castigado (*Función 30: Castigo del antagonista*) y el héroe puede ascender al trono del reino, en muchas narraciones con un oportuno casamiento (*Función 31: Boda del héroe*).

En *La princesa prometida*, presumimos que Westley logra casarse con Buttercup pero no es nombrado rey; en *La guerra de las galaxias* no hay boda, y sin embargo Luke consigue restaurar la Fuerza; en *Indiana Jones y la Última Cruzada*, su amante-espía muere, y aun así él consigue poner a salvo el Santo Grial de los nazis.

14.2. Aplicando las funciones de Propp

Como acabamos de ver, multitud de textos modernos se basan en las llamadas funciones de Propp. Esto no quiere decir que debamos tenerlas todas en la cabeza a la hora de escribir nuestras obras; solo que tendemos a crear historias siguiendo unos esquemas comunes. Por tanto, conviene que tengamos claro cuáles son esas estructuras, de modo que podamos servirnos de ellas conscientemente, y así descubrir también cuándo es posible transgredirlas. A continuación plantearemos algunos consejos básicos que podéis seguir a la hora de aplicar lo aprendido en esta unidad a vuestros propios textos.

14.2.1. Economiza recursos

Que Propp haya identificado hasta treinta y una funciones diferentes no quiere decir que vayamos a encontrar todas en todas las historias. De hecho, son pocas las obras que reúnen las funciones al completo. Sirvámonos de ellas, por tanto, para ejercitar la mirada, y con entera libertad cuando se trate de nuestras propias creaciones. Por ejemplo, no son extrañas las historias que saltan de la Función 18 (*Victoria sobre el antagonista*) directamente a la Función 31 (*Boda del héroe y ascenso al trono*), sin ocuparse del regreso al hogar.

14.2.2. SÉ FLEXIBLE

Tampoco es aconsejable que sigamos de forma demasiado rígida el enunciado de cada una de las funciones. Por ejemplo, en las funciones 12, 13 y 14 Propp ponía en juego la presencia de un «objeto mágico» que debía servir de ayuda al héroe. Sin embargo, la palabra «mágico» no debe ser entendida necesariamente de manera literal. En ocasiones, esta ayuda que cae en manos del héroe puede no ser sobrenatural, sino tan solo consistir en un instrumento extremadamente útil o un aliado inesperado en la situación en la que se encuentra. Cumple por ejemplo este papel el hallazgo de Ben Gunn en *La isla del tesoro*, sin poder atribuirse su aparición a lo sobrenatural. Debemos recordar que no estamos obligados a introducir elementos fantásticos si no lo deseamos: basta con encontrar un elemento que cumpla esa función.

14.2.3. TRANSGREDE LOS TÓPICOS

Como acabamos de ver las funciones son relativamente estables y componen hasta cierto punto una estructura poco sorprendente para el lector. Por tanto, puede ser una buena idea que nos aprovechemos del esquema prototípico para superar algunos clichés. Este es, por ejemplo, el planteamiento de la saga de animación *Shrek*, que toma los ingredientes clásicos del cuento de hadas pero invierte los valores de sus personajes (el ogro es bueno; el príncipe y el hada madrina son perversos, etcétera). Gracias a esta simple vuelta de tuerca sobre las historias tradicionales consigue narrar una historia única y sorprendente.

Otro tópico que puede ser interesante transgredir es el maniqueísmo. Los cuentos tradicionales suelen operar con una estructura binaria claramente reconocible de separación entre el Bien y el Mal. Sin embargo, muchas narraciones actuales procuran difuminar un poco las fronteras entre ambos conceptos. Así sucede con *Canción de hielo y fuego,* de George R. R. Martin, que se esfuerza por dotar de humanidad al clan antagonista —los Lannister— y no olvida ensombrecer el papel de los supuestos héroes —los Stark—.

14.2.4. Defrauda las expectativas

George R. R. Martin es también un experto a la hora de defraudar las expectativas del lector e incorporar giros dramáticos inesperados en la trama. La clave de esta habilidad reside en su capacidad para nutrirse de los ingredientes del cuento tradicional y la epopeya clásica —que Martin demuestra conocer muy bien— y sondear el modo adecuado de transgredirlos.

En el esquema de Propp, el héroe siempre parece alzarse con la victoria y reparar así la fechoría inicial. Sin embargo, en *Canción de hielo y fuego* son muchos los héroes que, como el príncipe Oberyn Martell o Robb Stark, mueren justo antes de lograr su objetivo. Si el lector se siente sorprendido por estos giros narrativos no es solo porque viole un principio tácito —el bueno siempre gana—, sino porque defrauda las expectativas del esquema clásico de narración que todos tenemos en la cabeza, según el cual todo héroe que se embarca en una búsqueda o afronta un reto tiende a culminar esa búsqueda y superar su misión.

NÚCLEOS, CATÁLISIS, INFORMANTES E INDICIOS. ANÁLISIS ESTRUCTURAL DEL RELATO

Enrique Páez

El estructuralismo, desde Ferdinand de Saussure a Roland Barthes, ha estudiado distintas partes del lenguaje. Desde los fonemas (unidades mínimas de la lengua) hasta los morfemas (unidades mínimas de significado), las palabras y las frases. Barthes trató de aplicar este mismo método para llegar a comprender el relato en su conjunto, una información enormemente útil en este momento ya avanzado de nuestro manual.

La lingüística estructural partía de dos premisas:

1. Al igual que con la morfosintaxis, podemos analizar un relato en su materialidad: esto es, como un discurso formado por un grupo de frases o conjunto de enunciados.
2. La totalidad del conjunto de enunciados o frases cuenta una historia.

15.1. LAS PARTES PARA EL TODO

Debemos distinguir cuatro categorías en los enunciados, frases o grupos de frases:

15.1.1. NÚCLEOS

Son frases o grupos de frases que enuncian una *transformación* importante en la historia o en los agentes de la historia. Suelen coincidir con los puntos de giro de los guiones cinematográficos.

No es un núcleo que la pequeña Marcela de hermosas trenzas, protagonista de una posible historia, salga a dar un paseo por la ciudad y le pida a su madre que le compre una chocolatina. Ese hecho no supone una transformación importante de la historia (ni de Marcela). *Sí debe ser un núcleo* que a la pequeña Marcela de hermosas trenzas se le muera su padre, o sea secuestrada por ese señor tan simpático que abre la puerta del mercedes y le ofrece un caramelo, muera su amigo imaginario o la echen del colegio: cualquiera de esas cosas cambiará su vida y el desarrollo del relato a partir de ese instante.

15.1.2. CATÁLISIS

Son frases o grupos de frases que enuncian *acciones* y que llevan desde un núcleo hasta otro.

Por tanto, *son secuencias de acciones que conectan dos núcleos*.

Por ejemplo: Marta se arregla y se pinta antes de recoger a su novio en el aeropuerto, sale de casa, cierra la puerta, saca el coche del garaje, conduce hasta una gasolinera, llena el depósito, sonríe al ver pasar unos niños, sigue hasta llegar a la terminal.

Todas esas son *catálisis*.

Supongamos que cuando Marta se encuentra con Carlos en el aeropuerto, él le dice que se ha enamorado de otra y que solo ha regresado a Madrid para recoger sus pertenencias. Eso ya no es una catálisis, sino un núcleo, porque Marta tendrá que modificar el curso de su vida —y más aún si, por ejemplo, estuviera embarazada de Carlos y aún no se lo hubiera dicho—.

15.1.3. INFORMANTES

Son frases o grupos de frases que nos proporcionan *datos accesorios* de la acción o de los agentes de la acción.

Por ejemplo: cuando Marta sale de casa hace un día soleado, lleva una minifalda de pana roja y un prendedor de nácar en el pelo. El café que se toma en el bar está frío, y el suelo está lleno de cáscaras de mejillones que, por un momento, le recuerdan a la pescadería de su padre.

15.1.4. INDICIOS

Son frases o grupos de frases que nos hablan de las *cualidades* de la acción o de los *agentes* de la acción, es decir, de la trama o de los personajes.

Si Marta, antes de salir de casa, recoge los análisis médicos en los que se afirma que está embarazada, eso es un indicio, porque muestra una cualidad (embarazo) del personaje. Lo mismo ocurriría si su novio apareciera vestido de militar o con una guitarra al hombro y rodeado de una nube de fotógrafos: esos detalles no son solo informantes, sino que son indicios, ya que revelan aspectos cualitativos de los personajes.

15.2. ESCALA DE GRISES

No siempre encontraremos enunciados *puros*; muchos enunciados se nos presentarán como una mezcla de alguna de estas categorías.

Cuando Marta recoge los resultados del embarazo antes de salir al encuentro con su novio, es mitad *catálisis* (es una acción que se acerca a un núcleo: la ruptura con Carlos) y mitad *indicio* (ella está embarazada).

Tras eso, nuevas catálisis (además de algunos informantes e indicios) nos irán acercando a otro núcleo obligado: dar a luz o abortar.

Marta sufrirá una transformación haga lo que haga.

También es una mezcla, pero esta vez de informante y catálisis, si decimos que Marta, mientras espera a Carlos en el aeropuerto, bebe una Coca-Cola *light* y escucha música clásica en un iPhone: es catálisis porque es una acción que se acerca a un núcleo (la ruptura), y es a la vez informante porque habla de una forma de llenar el tiempo, de una sociedad de consumo, una época determinada y un cierto nivel adquisitivo y/o cultural.

15.3. EN EL PRINCIPIO FUE EL NÚCLEO

Las cuatro categorías antes mencionadas marcan la organización y estructura de un relato, y todas ellas cumplen su función. Es frecuente, de todos modos, encontrar en los escritos de autores primerizos una buena cantidad de informantes, algunas catálisis y pocos o ningún núcleo.

El problema está en que sin núcleo no hay organización, y tampoco hay historia. En realidad, casi cualquier narración, reducida a su mínima expresión, *estaría constituida por los núcleos, que son finitos e indispensables.* Las catálisis, informantes e indicios son expansivos: forman un relleno que puede llegar a ser casi infinito y que nos conduce de un núcleo a otro. Muchos de ellos (sobre todo informantes y catálisis puras, que no apuntan hacia ningún núcleo) son prescindibles, y no son más que floreros innecesarios en la historia.

En un cuento debería haber al menos uno o dos núcleos. Tampoco muchos más, o nos iríamos al encuentro de la novela. En las novelas puede haber, por ejemplo, dos grandes núcleos —puntos de giro— y unos cuantos subnúcleos —uno en cada capítulo—. No obstante, no es la única de las estructuras posibles. Un subnúcleo podría ser, por ejemplo, que Marta, al día siguiente de su ruptura con Carlos, se corta el pelo a cepillo. Pero para alcanzar ese subnúcleo, desde el comienzo del capítulo tiene que haber indicios y catálisis que nos lleven hasta ahí. De algún modo, lo que introduce tensión dentro de cada capítulo tiene que ver con que haya un subnúcleo, es decir, un cambio dentro de la historia.

Con respecto a los subnúcleos, hay que tener en cuenta tres aspectos:

1. El subnúcleo dentro del capítulo sirve para dar dirección a las catálisis, y de esa manera el lector tiene la impresión de que avanza hacia alguna parte, y que es, además, una progresión hacia algo importante.

2. También sirve para saber cuántos informantes tenemos que eliminar. Los informantes, dice nuestro profesor Ángel Zapata, son como las cucarachas: vemos una, pero al poco tiempo aparecen cientos.
3. Sirve también para tejer una red de indicios que apuntan hacia ese subnúcleo, aunque también encontremos indicios que apuntan a uno de los dos núcleos principales de la novela.

Os pedimos que consideréis el valor de esta teoría como un marco de trabajo, una brújula para una mejor escritura —y lectura—, pero nunca como una fórmula matemática que la escritura deba resolver. Vayamos ahora a la parte filosófica del tema.

15.4. QUÉ REFORZAR, QUÉ ELIMINAR, QUÉ MANTENER (LOS ÁTOMOS)

Si consideráramos un relato solo como un conjunto de acciones que van desde el planteamiento al desenlace, eso marcaría una línea horizontal (eje X) que se desarrolla en el tiempo de este modo:

Planteamiento   A   B   C   D   n...   Desenlace

Donde A, B, C, D, n... son acciones del relato.

Si así fuera, para construir una historia nos bastaría con emplear informantes y catálisis. Pero no es así, porque utilizando solo informantes y catálisis lo que podemos escribir no es una historia, sino un informe o un reportaje: en él se narran acontecimientos, una pura «lista» de pequeñas acciones encadenadas por un orden lógico (no dramático), pero no la esencia o el significado de esos hechos. El significado y los factores de causa-efecto en una historia se dan a través de los indicios y los núcleos.

Los indicios y núcleos, que marcan cualidades y significados importantes para la dimensión de la historia, forman un eje vertical Y, de ser como esencia, sincrónico y semántico.

Los indicios están en el eje diacrónico vertical porque «hacer» es «ser», y esos actos reveladores reflejan cualidades.

Los informantes y catálisis, que marcan el hacer y el suceder, forman un eje horizontal X, diacrónico y sintáctico.

Un relato es, en realidad, el entramado del eje X (el *hacer* y *suceder*) y del eje Y (el *ser*).

Este, gráficamente, sería el esquema estructural de nuestra historia:

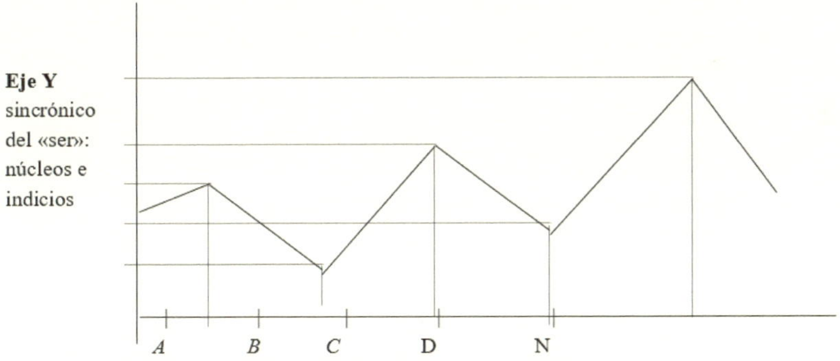

Eje X, diacrónico, del «suceder»: catálisis e informantes

Donde la línea serpenteante quebrada es el relato que nos cuenta tanto lo sucedido como su significado, el devenir y el ser.

Cuando leemos la novela *Plenilunio*, de Antonio Muñoz Molina, vemos que allí no se cuenta solo un asesinato (que sería un *reportaje* de informantes y catálisis), sino una verdadera historia, porque también sabemos a través de ella lo que es *ser* un asesino.

Si en un relato que estamos escribiendo no hay ningún núcleo ni subnúcleo y, por lo tanto, en la historia que estamos contando no cambia nada ni hay transformaciones, entonces la pregunta que debiéramos hacernos es: ¿para qué hemos escrito esas doce páginas? ¿Son realmente necesarias?

Un ejemplo muy particular para terminar, lleno de núcleos y subnúcleos, muchos indicios y prácticamente ningún informante superfluo. Es este relato del escritor mexicano Alberto Chimal.

La cara de su madre. La muñeca que arrojó por la ventana. El libro que quemó. La pecera que vació en la sala. La muñeca a la que arrancó las piernas. Su primer psiquiatra. El tazón con el que golpeó a su madre. Su niñera poco antes de marcharse. Su padre poco antes de marcharse. La cara de su madre. El gato al que metió en el horno. Su segundo psiquiatra. Su primer kínder. El niño al que pateó. Su tercer psiquiatra. La trenza cortada de su compañera. El rincón en el que estuvo castigada. La cara cortada de su compañera. Su cuarto psiquiatra. Su segundo kínder. El perro al que destripó. La silla a la que fue atada. El brazo en cabestrillo de su madre. El brazo en cabestrillo de su maestra. El brazo en cabestrillo de su quinto psiquiatra. Su tercer kínder. El niño que la golpeó. Un trozo de la oreja del niño que la golpeó. Su cuarto kínder. La denuncia en su contra. El bolso de su madre. El director de la primaria que no quiso admitirla. La cara de su madre. El director de

la segunda primaria que no quiso admitirla. La tarjeta
de débito de su madre. El director de la primaria que
aceptó admitirla. La niña a la que trató de ahogar en un
excusado. La niña a la que empujó por las escaleras. La
carta en su contra de los padres de sus compañeros.
La cara de su madre. Un hombro desnudo de su madre.
El director de la segunda primaria que decidió admitirla. El suéter de su compañero desaparecido. El cuerpo
de su compañero desaparecido. La cara de su madre.
La patrulla que fue a buscarla. La cara de su madre. El
autobús que abordó con su madre. El primer motel donde durmió con su madre. El incendio del primer hotel
donde durmió con su madre. El boletín con la foto de
su madre. La cara de su madre. El segundo motel donde
durmió con su madre. La cara de su madre. El tercer
hotel donde durmió. El teléfono que su madre trató
de usar. La cara de su madre. Un ojo de su madre. La
lengua de su madre. El otro ojo de su madre. El coche
del hombre que la recogió en la carretera. La primera
comentarista que habló de ella en la televisión. El coche
del segundo hombre que la recogió en la carretera.

«Álbum»
Alberto Chimal

QUIÉN CUENTA LA HISTORIA.
TIPOS DE NARRADORES

Matías Candeira

Decía Truman Capote aquella frase memorable, con enorme pesar hacia sí mismo: «Cuando Dios te entrega un don, también te está entregando un látigo». Si lo llevamos al terreno de nuestras herramientas básicas de escritura, bien podríamos decirnos: «Cuando tenemos una historia, tenemos también un problema». Para empezar, será obligatorio hacernos dos preguntas: *quién la cuenta* y *cómo elegimos la voz*.

Lo mismo que un pintor escoge cuidadosamente la gama de colores que quiere utilizar en la planificación de un dibujo, o el formato en el que lo abocetará, resulta esencial que, a la hora de abordar nuestros relatos, encontremos el *lugar* desde el que queremos contarlos. Pero ¿de qué hablamos realmente cuando nos referimos al punto de vista? Por supuesto, hablamos de narradores, la hormiga reina que distribuye sus poderes, secretamente, en nuestro cuento.

Así que será esencial que lo elijamos bien, pues sus atribuciones, sus «poderes» —lo que puede y no puede hacer—, influirán en el recorrido que haga el lector. Y si el narrador estorba, los problemas se multiplicarán y no lograremos levantar el relato.

Puede que, de pronto, nos sintamos como si sobre nosotros recayera un infinito saco de posibilidades. Pero, en realidad, la habilidad de elegir el narrador más adecuado se aprende con la práctica y la empatía hacia lo contado. Sencillamente, tenemos que intentar ponernos en el lugar más eficaz, con el que el relato tendrá más recorrido; reflexionar sobre qué punto de vista es mejor para producir un efecto determinado, y sobre todo, tener cuidado de no otorgarle infinitas habilidades que harían el relato inverosímil. ¿Sabe el narrador mucho o poco de la historia? ¿Es el protagonista o la ha escuchado de oídas? ¿Queremos sonar más objetivos y seguir al personaje desde la distancia, o necesitamos la cercanía de una voz que nos hable como si estuviera susurrándonos al oído?

Veamos ahora una clasificación sencilla de los narradores más importantes, que vais a entender sin mayores problemas.

16.1. Narradores externos (a la historia)

La elección de un narrador externo, como la propia palabra indica, nos obligará a situarnos fuera de la narración —con una distancia mayor o menor—, y a observarla como si fuera un pájaro al que tenemos que indicarle cómo volar. Es lo que se conoce como la *tercera persona*.

Esta elección será fundamental en el cómo se cuentan los hechos. Nuestro papel, en principio, estará reducido a relatar la historia desde fuera de los personajes, sin juicios de ninguna clase y sin las interferencias de una voz autoral con su propia opinión (luego veremos que, con esto, hay excepciones). Si queremos objetividad —una objetividad «artística»—, la elección de alguna modalidad de este narrador será nuestra prioridad.

16.1.1. El omnisciente o *narrador Dios*

El narrador omnisciente fue muy utilizado por los grandes escritores del XIX, cuando la literatura era un arma fundamental para entender el mundo y se daba por asumida su capacidad de representarlo en su totalidad. Con la crisis del sujeto, el cambio de paradigma cultural y la adopción de la subjetividad y la relatividad, el uso de este tipo de narrador fue perdiendo importancia. Digamos que el narrador se hizo humano, quiso cometer errores y librar a los escritores de esa enorme responsabilidad: contar hasta el más mínimo detalle.

Si, a pesar de todo, somos valientes y queremos que el lector sepa todo sobre la historia, el presente y pasado de todos los personajes, la descripción de todos los espacios —en fin, todo, *absolutamente todo*—, seguramente escogeremos un narrador omnisciente, lo que nos permitirá controlar cualquier aspecto que queramos y suministrar la máxima cantidad de información posible. En lo que concierne al género del cuento, su utilización es bastante rara. Contarlo todo implica espacio y tiempo, y ya sabemos que un relato breve suele apostar por la eficacia, la brevedad y la economía.

En esta escena, al comienzo de *El vino del estío,* una de las novelas más hermosas de Ray Bradbury, vemos cómo el pequeño Douglas Spaulding se levanta justo antes de que amanezca y, al modo de un director de orquesta, se para frente a la ventana. Cuando mueve las manos, pasa algo sensacional. El asombro del lector es el mismo que el del personaje.

> El verano henchía el aire, el viento soplaba adecuadamente, el aliento del mundo era largo, tibio y lento. Bastaba levantarse y asomarse a la ventana para saber que este era realmente el tiempo de la libertad y la vida, que esta era la madrugada primera del estío.
>
> [...]
>
> De pie, ante la ventana abierta en la oscuridad, Douglas aspiró profundamente y sopló. Las luces de la calle se apagaron como velas en una torta negra. Sopló otra vez y otra vez, y las estrellas empezaron a desvanecerse. Sonrió. Apuntó con el dedo.
>
> Aquí y aquí. Ahora aquí, y aquí.
>
> Las luces de las casas parpadearon lentamente y unos cuadrados amarillos se recortaron en la pálida tierra matinal. Un rocío de ventanas se encendió de pronto, a lo lejos, en el campo del alba.
>
> *El vino del estío*
> Ray Bradbury

Bradbury elige un tono poético, con una cadencia musical y un progresivo cambio de punto de vista. Su *narrador Dios* irá entrando y saliendo de las vidas de los diferentes personajes de la novela. Como leemos aquí, comienza con una voz que lo sabe todo y va sobrevolando un espacio narrativo —el pueblo de Douglas—, acercándose a uno de los protagonistas de la historia. La manera de hacernos entrar en la narración usa un doble juego, de cierto aire metaliterario. Casi podríamos decir que el personaje de Douglas es un Dios de seis años, que dispone y mueve a su antojo las piezas del mundo que formará parte de la trama del libro.

16.1.2. NARRADOR CUASIOMNISCIENTE

Una modalidad más humana del omnisciente y, aun así, con ciertas atribuciones celestiales, el narrador cuasiomnisciente se basa en el mismo principio que el anterior pero, aunque sigue manejando mucha información, su cercanía ante la historia es algo mayor. Con él, limitamos el punto de vista y no lo sabemos todo del mundo, sus personajes o sus quehaceres; pero sí que lo sabemos de ciertos personajes importantes. Por ejemplo, de dos, la modalidad más habitual. Veamos cómo lo hace Eudora Welty en uno de sus relatos. Seguimos a una pareja de amantes, de excursión por una zona selvática de Mississippi.

> Si hubieran estado a punto de sobrepasarse, habría sido ahora, mientras él la atraía más hacia sí y le hacía dar vueltas, y ella cayó en la cuenta de que él no podía evitar verle el cardenal en la sien. Él lo tenía a menos de quince centímetros de los ojos, y ella tuvo la sensación de que resaltaba como una estrella maligna (le estaba bien empleado, por la mano que le había puesto en la cara, cuando había tratado de mostrarse comprensiva y le había preguntado por su mujer). Siguieron bailando cuando cambió el disco.

La tensión sexual, siempre adivinándose. El narrador pivotará sobre la mujer y el hombre a su antojo, tejiendo una red entre ambos, sin soltarlos. El mundo se ve a través de los ojos de ella, otras veces, de él, y otras muchas, es la mirada de ambos la que predomina.

> Por fin detuvo de nuevo el coche, le pasó un brazo alrededor de los hombros y la besó…, sin saber nunca si lo había hecho con delicadeza o brusquedad. Fue la pérdida de esa distinción lo que le dijo que era el momento.
>
> «No hay sitio para ti, amor mío»
> Eudora Welty

16.1.3. Narrador equisciente

Entramos aquí en la modalidad de narrador en tercera persona más común. El narrador equisciente suele adoptar el punto de vista del protagonista de nuestro relato. Lo sigue, tan pegado a su nuca como un ángel guardián. Es un narrador mucho más cercano que el *narrador Dios*, y nos permite saber lo que el protagonista piensa, lo que siente; y, con todo, mantener cierto grado de aparente imparcialidad.

Aimee Bender, en su relato «El protagonista», utiliza un narrador equisciente más convencional. El protagonista tiene una característica física bastante peculiar.

> Aquel muchacho había nacido con los dedos en forma de llave. Todos excepto uno, el meñique de la mano derecha, tenían relieves afilados en el lado interno, a todo lo largo, y un círculo plano en el extremo. Estaban hechos de carne, con nervios y poros, pero con una

textura más firme, más dura y contundente. De niño lo pasó mal aprendiendo a sostener la pluma y a usar unas tijeras, pero era perseverante y se inventó enseguida un método propio.

Un día, este chico no puede entrar en su casa —su madre está en un taller de cerámica—, y así es como descubre que sus dedos en forma de llave tenían que servir para algo. A partir de aquí, la búsqueda de las cerraduras en las que encajan los dedos de su mano organizarán la trama del cuento.

Lloró durante un rato, pisoteó algunos pensamientos como venganza y se sintió tan frustrado al contemplar la cerradura, aquel trozo tan sencillo de metal que lo separaba del palacio donde encontraba comida, cama, televisión y teléfono, que metió el dedo índice de la mano derecha. Se le hundió mucho en la cerradura, tropezándose con los lados, mientras los relieves trataban de encontrar una correspondencia espacial perfecta. No encajaba. Pero había disfrutado con la sensación y lo intentó con el dedo corazón.

«El protagonista»
Aimee Bender

Quim Monzó, con su habitual estilo irónico, lo utiliza en una sátira al cuento clásico de Hans Christian Andersen. El narrador se centra en la vendedora de cerillas que muere congelada. Monzó nos cuenta cómo revive cada año en las mismas fechas, siempre descalza, con la misma ropa y exactas probabilidades de sobrevivir al crudo invierno: ninguna en absoluto. Morir y resucitar para morir otra vez, sin posibilidad de salvarse, el peor destino para cualquiera (y cierta ironía hacia el narrador, que, como el personaje, no es libre).

> Cada 24 de diciembre, la muchacha que vende cerillas como último recurso para ganar cuatro duros con los que sobrevivir abre los ojos sabiendo que la ciudad, o cuando menos esta parte de la ciudad en la que repetirá su particular *via crucis*, está cubierta de nieve. Para protegerse del frío, la muchacha cerraría los postigos y correría las cortinas, pero no puede hacerlo porque no tiene cortinas ni postigos, ni ninguna habitación en la que cobijarse.
> [...]
> Su resurrección anual tiene lugar en la calle, y ya en ese momento va descalza y con los pies brillantes y morados como berenjenas.

«La cerillera»
Quim Monzó

Las ventajas de este narrador son evidentes y es por eso que se usa tanto: es dúctil, porque puede permitirse ser subjetivo y objetivo a la vez. Nos deja pivotar entre el personaje, su flujo mental —a través del estilo indirecto libre— y la mirada externa, con sus acciones.

16.1.4. Narrador limitado, o cámara

La extrema objetividad del narrador (aunque sea solo aparente; al fin y al cabo está eligiendo qué entra y qué queda fuera de la historia) es nuestra mejor arma en este caso. Renuncia a casi todos los poderes, aunque mantiene uno: la descripción.

El narrador cámara es un narrador de gran poder visual. Su uso es infrecuente porque nos obliga a renunciar a «lo que sabemos» y, en cambio, al registrar lo que el lector ve, dotará a la historia de un efecto de veracidad con el que ningún intermediario la manipula. Narraremos las escenas limitándonos a la información objetiva, sin considerar los pensamientos de los personajes. Suele ser un narrador frío, quirúrgico, cuyo efecto es muy notable para generar atmósferas. Es el que usa Richard Matheson en muchas partes de su estupendo relato «Grillos».

> Detrás de ellos, la puerta del porche del hotel se abrió y se cerró. Alguien bajó por el camino de grava en dirección al lago. Jean echó un vistazo por encima del hombro.
> —¿Quién es? —preguntó Hal sin volverse.
> —El hombre que vimos en el comedor —dijo ella.
> Al cabo de unos momentos, el hombre estaba en pie junto a la orilla. Ni hablaba ni les miraba. Se quedó mirando los bosques distantes, al otro lado del lago.
> —¿Deberíamos hablar con él? —susurró Jean.
> —No lo sé —susurró él.
> Volvieron a mirar el lago y el brazo de Hal se deslizó alrededor de su cintura.
> De pronto, el hombre preguntó:
> —¿Los oyen?
> —¿Perdone? —dijo Hal.
> El hombrecillo se volvió y los miró. Sus ojos parecían brillar bajo la luz de la luna.
> —Les preguntaba si los oyen —dijo.
> Hubo una breve pausa antes de que Hal preguntara:
> —¿A quiénes?
> —A los grillos.

Los dos se quedaron en silencio. Entonces Jean se aclaró la garganta.

—Sí, son agradables —dijo.

—¿Agradables?

El hombre se dio la vuelta. Al cabo de un momento, se dio la vuelta otra vez y se acercó hasta ellos.

—Me llamo John Morgan —dijo.

—Hal y Jean Galloway —le dijo Hal, y se produjo un silencio incómodo.

—Hace una noche maravillosa —tanteó Jean.

—La haría si no fuera por ellos —dijo el señor Morgan—. Los grillos.

«Grillos»
Richard Matheson

16.2. NARRADORES INTERNOS (A LA HISTORIA)

La elección de un narrador interno implica al lector de una manera radical en nuestro relato. Y nada mejor que hacerlo renunciando por completo a saberlo todo, y eligiendo en su lugar saber *unas pocas cosas* que ha vivido de primera mano. Es lo que conocemos como un *narrador en primera persona*. Un narrador que nos confiesa algo y pone a nuestra disposición sus propias vivencias.

Unas veces querrá contarnos la historia que ha vivido o que conoce sin juzgarla demasiado, limitándose al papel veraz del cronista.

Tendremos entonces un narrador en *primera persona objetivo*, como en *El extranjero*, de Albert Camus. Acaba de morir la madre del narrador. Él ha acudido al asilo de ancianos donde la mujer pasaba sus últimos días. Para él, los hechos son los hechos y así pretende contarlos. Hay subjetividad, pero es ciertamente fría y distante.

> Quedamos un largo rato así. Los suspiros y los sollozos de la mujer se hicieron más raros. Sorbía mucho, luego calló por fin. Yo no tenía más sueño, pero me sentía fatigado y me dolía la cintura. Ahora me resultaba penoso el silencio de todas esas gentes. Solo de vez en cuando oía un ruido singular y no podía comprender qué era. A la larga acabé por adivinar que algunos de los ancianos chupaban el interior de las mejillas y dejaban escapar unos raros chasquidos. Tan absortos estaban en sus pensamientos que ni se daban cuenta. Tenía la impresión de que aquella muerta, acostada en medio de ellos, no significaba nada ante sus ojos. Pero creo ahora que era una impresión falsa.
>
> *El extranjero*
> Albert Camus

Otras veces, tendremos un narrador en *primera persona subjetivo*, absolutamente parcial y personal. Nos ofrecerá sus opiniones y sus pensamientos. Un ejemplo paradigmático es *El guardián entre el centeno*, de J. D Salinger, que seguramente habéis leído.

También podemos detectarlo en este espectacular relato de George Saunders, «Escapar de la cabeza de la araña». Un preso —aunque esto lo sabemos más tarde— está siendo usado como sujeto de pruebas de una farmacéutica. Al narrador acaban de suministrarle una droga que distorsiona su percepción, al igual que a la mujer con la que está intimando. Ambos forman parte del experimento, como dos ratones. De parecerle que ella tiene un físico más bien corriente, pasamos a una opinión mucho más favorable hacia la chica.

> Al parecer nos gustábamos más o menos lo normal, es decir, no había ninguna gran atracción o sensación de repudio por parte de ninguno.
>
> [...]
>
> Lo que ocurrió fue que Heather pronto empezó a estar muy pero que muy bien. Y me di cuenta de que ella pensaba lo mismo de mí. Nos sobrevino esta sensación tan deprisa que empezamos a reír. ¿Cómo no nos dimos cuenta? ¿Cómo es que no vimos lo bueno que estaba el otro? Por suerte había un sofá en la Sala. Tuve la sensación de que nuestro gotero contenía, además de lo que fuera que estuvieran probando, un poco de ED556, que te reduce la vergüenza a más o menos ninguna. Porque, al poco tiempo, estábamos en ello, sobre el sofá. La cosa se estaba poniendo muy caliente entre los dos. Y no me refiero solo a un plano cachondo.

«Escapar de la cabeza de la araña»
George Saunders

16.2.1. La confianza en el narrador

Con el narrador en primera persona, al ser un narrador basado exclusivamente en el yo, encontramos variaciones que pueden sernos de mucha ayuda para desarrollar nuestro cuento. Ambas se basan en la «veracidad» de su relato; mayor o menor, según queramos jugar con este concepto, las expectativas del lector y el sentido de la historia.

Narrador no-confiable: el narrador deficiente o no-confiable es un narrador en primera persona cuya autoridad cuestionamos. Lo que nos cuenta puede ser puesto en entredicho o corregido. Comete errores, a veces sabe muy poco o incluso cuenta las cosas de manera engañosa. En definitiva, su punto de vista no es de fiar. Encontramos este tipo de narrador en las historias narradas por el personaje de un niño, o de un loco.

En el relato que hemos visto de George Saunders, tendríamos un caso muy claro a medida que el texto avanza. Los dos personajes siguen enredados en el sexo. El preso —al que ahora le han suministrado otra droga para aumentar exponencialmente su vocabulario— empieza a cambiar su lenguaje de forma radical.

> Pronto, al experimentar los beneficios del flujo de Ver-basuel™ en nuestros goteros, no solo estábamos follando rematadamente bien, sino que, además, no hablábamos nada mal. Vamos, que en vez de decir las cosas sexuales que habíamos estado diciendo (como «Ay» y «Oh, Dios» y «Joder, sí» y demás), empezábamos a improvisar sobre nuestras sensaciones y pensamientos, con una dicción elevada, con un vocabulario incrementado en un ochenta por cien. Nuestras ideas, tan bien articuladas, se grababan para un análisis futuro.
>
> Para mí la sensación era, aproximadamente: embeleso ante la materialización en mi conciencia de que esta mujer estaba siendo creada en tiempo real, directamente de mi propia mente, por medio de mis anhelos más profundos.

Esto produce un efecto cruel y desternillante, todavía más siniestro en el clímax de la narración, cuando el efecto de otra droga le cause tal depresión a los sujetos de pruebas que empiecen a suicidarse golpeándose brutalmente la cabeza contra las paredes.

Narrador testigo: ese narrador que no se refiere solo a él, sino, sobre todo, a otros personajes. Lo usaremos cuando haya tenido un papel secundario en la narración, o haya acompañado al verdadero protagonista. Un ejemplo paradigmático es el eminente Dr. Watson, el personaje de Conan Doyle que cuenta las andanzas de Sherlock Holmes. El narrador testigo se considera a sí mismo —porque se lo han encargado, o por ser el custodio de los papeles de un difunto, con el que tuvo trato…— la persona que debe ofrecernos la narración. A menudo, con él podremos cuestionar al personaje del que estamos hablando, o elaborar reflexiones *a posteriori* sobre los hechos acaecidos. En el justamente famoso relato de Roberto Bolaño, «Sensini», el protagonista, un escritor curtido en premios literarios de provincias, siente fascinación por otro escritor concursante, bastante misterioso, del que había oído hablar y ha leído algún libro.

> La forma en que se desarrolló mi amistad con Sensini sin duda se sale de lo corriente. En aquella época yo tenía veintitantos años y era más pobre que una rata.

Tiempo después, el narrador recibe una carta de Sensini, cuyo hijo Gregorio ha desaparecido en Latinoamérica cuando realizaba trabajos humanitarios. La relación ya ha ganado varios enteros.

> Dos o tres meses después, me llegó la noticia de que probablemente habían encontrado el cadáver de Gregorio en un cementerio clandestino. En su carta Sensini era parco en expresiones de dolor, solo me decía que tal día, a tal hora, un grupo de forenses, miembros de organizaciones de derechos humanos, una fosa común

con más de cincuenta cadáveres de jóvenes, etcétera. Por primera vez no tuve ganas de escribirle. Me hubiera gustado llamarlo por teléfono, pero creo que nunca tuvo teléfono y si lo tuvo yo ignoraba su número.

«Sensini»
Roberto Bolaño

El narrador conoce —cómo no, por carta— la situación familiar de su colega escritor. Y, al igual que él, nosotros sabremos, o más bien intuiremos, muy poco sobre ese personaje que es Roberto Sensini. Gran parte permanecerá en la sombra. Ese es uno de los atractivos del narrador testigo. La cercanía humana, *falible*. La voz de estos dos narradores parciales —testigo y no-confiable— no solo es subjetiva. El rasgo más importante, a potenciar y trabajar, es que su conocimiento de la historia que relata es secundario, parcial, en definitiva, aún más limitado. Es un narrador que se presenta ante nosotros de la forma más humana posible: sabe lo que sabe, y lo que sabe no es, ni mucho menos, todo.

OTROS MODOS DE CONTAR. DISTANCIA EMOCIONAL EN EL NARRADOR

Ignacio Ferrando

Como hemos visto en el tema precedente, para elegir un correcto punto de vista, debemos atender al nivel de información que maneja el personaje y al grado de subjetividad / objetividad que queremos obtener sobre la acción dramática. Sin embargo, dentro de ese consenso generalizado, en este tema vamos a matizar el concepto de distancia emocional que nos va a permitir manipular el punto de vista para enriquecer la tonalidad del narrador y ampliar las posibilidades de la paleta de emociones.

17.1. ELEGIR EL PUNTO DE VISTA

Vamos a empezar examinando algunos ejemplos de primera persona. Con ellos nos haremos una idea de la importancia que tiene elegir un punto de vista que facilite la inmersión del lector y atienda al nivel de información que maneja.

Por ejemplo, si nuestro protagonista es un asesino o está ocultando cualquier tipo de información relevante, *a priori* no parece muy acertado usar una primera persona. Y si lo hacemos, de algún modo, estaremos escamoteando información. Si esa intriga se prolonga en el texto, cuando se produzca «la revelación» el lector se preguntará (dado que el narrador es el asesino) por qué no lo ha dicho antes. Por ello, en las novelas de detectives, aparece el «escudero» —del *doppelgänger* o doble caminante—, el doctor Watson que narra en primera persona y acompaña a Sherlock Holmes y es el verdadero artífice de la peripecia policial. Así, el narrador puede usar las bondades de la primera persona (cercanía, empatía, subjetividad…) y mantener, al mismo tiempo, una coherencia absoluta con el nivel de información que manejan sus personajes.

Sí parece lógico, sin embargo, usar una primera persona cuando buscamos una cierta subjetividad, o una percepción alterada o mermada de la realidad, como es el caso de los narradores Benji Compton en *El ruido y la furia* (William Faulkner, 1929) o el Christopher Boone de *El curioso incidente del perro a medianoche* (Mark Haddon, 2003), por poner dos ejemplos similares, alejados en el tiempo, pero basados en la misma técnica de punto de vista.

También suele decirse que un punto de vista interno, en el que el narrador se identifica con uno de los personajes de la historia (bien sea protagonista o secundario), genera una mayor subjetividad. Mientras que un punto de vista externo (especialmente el que llamamos narrador cámara) genera una mayor objetividad. Y así es. La primera persona protagonista refuerza los mecanismos empáticos entre protagonista y lector, y dota al narrador de una calidez y una confidencialidad de la que carecen otros puntos de vista.

Aquí tenemos un caso donde el narrador casi parece estar cuchicheándonos al oído, por más que, como lectores, nunca sepamos si el protagonista realmente está engordando o es solo una percepción condicionada por su estado mental:

> Estoy engordando. No me estoy haciendo más grande, solo más pesada. No se ve en el peso: técnicamente estoy igual. La ropa me sigue cabiendo, por lo que no es cuestión de tamaño, digan lo que digan sobre eso de que la grasa ocupa más espacio que el músculo. La pesadez que siento es la energía que quemo moviéndome de un sitio para otro: por las aceras, escaleras arriba, a lo largo del día. Es la presión sobre mis pies. Es una densidad celular, como si hubiese estado bebiendo metales pesados.
>
> «Peso»
> Margaret Atwood

El narrador cámara, sin embargo, busca precisamente alimentar la objetividad para generar un «silencio semántico», es decir, un espacio entre lo que el autor dice y lo que el lector debe interpretar. Es el caso del relato «Mecánica Popular» de Raymond Carver:

> —¡Me alegro de que te vayas! ¡Me alegro de que te vayas! —empezó a llorar—. Ni siquiera me puedes mirar a la cara, ¿verdad?
>
> Entonces vio la foto del bebé sobre la mesa y la cogió.
>
> La miró y se limpió los ojos y le devolvió la mirada antes de girarse y volver al salón.
>
> —Devuelve eso —dijo él.
>
> —Limítate a coger tus cosas e irte —dijo ella.

Él no respondió. Cerró la maleta, se puso el abrigo, miró alrededor de la habitación antes de apagar la luz. Entonces salió al salón.

Ella estaba de pie apoyada en el marco de la puerta de la pequeña cocina, con el bebé entre los brazos.

—Quiero el bebé —dijo él.

—¿Estás loco?

—No, pero quiero el bebé. Mandaré a alguien a recoger sus cosas.

—Tú no vas a tocar a este bebé —dijo ella.

«Mecánica popular»
Raymond Carver

Una advertencia: estos axiomas tan extendidos sobre el punto de vista no siempre se cumplen. A veces, asistimos a primeras personas que, lejos de buscar la subjetividad, persiguen un cierto desapego y desafección con el lector. Y del mismo modo, otras veces encontramos narradores externos, aparentemente cámaras, que, sin llegar a la omnisciencia, adquieren una calidez que los vuelven altamente subjetivos. En ambos casos, podríamos decir, estamos ante la excepción que confirma la regla, y precisamente por ello, estos narradores dotan a la historia de una atmósfera y de una singularidad poco frecuente.

En el siguiente punto vamos a explorar esas otras formas de narrar, las que están en el límite de la convención y, muchas veces, la contravienen.

17.2. La «distancia emocional»

Antes de entrar a describir estos narradores limítrofes, es necesario introducir un concepto estrechamente vinculado a lo dicho hasta ahora. Se trata de lo que Valerie Vogrin, en *Escribir ficción*, llama «distancia emocional», y que vendría a ser «la separación afectiva entre el narrador y el protagonista».

Podríamos distinguir tres planos, atendiendo a una progresiva reducción de esta distancia:

- *Plano general* o más distante: *El hombre corrió en la noche fría.*
- *Plano medio*: *El hombre corrió en la noche y entrecerraba los ojos contra el frío.*
- *Primer plano* o más cercano: *Mientras el hombre corría en la noche, sintió en sus labios el sabor amargo del aire frío.*

Aunque lo recomendable parece ser mantener esa distancia emocional constante en nuestro narrador, lo normal, sobre todo en textos de una cierta extensión, es que se produzcan variaciones, muchas veces de forma imperceptible, obedeciendo a las necesidades «afectivas» de cada escena.

En un relato, por ejemplo, podemos iniciar el texto con una escena de vocación ambientativa o descriptiva, y eso nos llevará a trabajar en un plano general; mientras que, conforme avance la acción dramática, puede interesarnos reducirla hacia el primer plano para favorecer los mecanismos empáticos con el protagonista. Esto es precisamente lo que le sucede a Meursault, el protagonista de *El extranjero*, de Albert Camus. Se trata de una primera persona cuya entrada en la novela es arisca y carente de toda sensibilidad.

Hoy, mamá ha muerto. O tal vez ayer, no sé. Recibí un telegrama del asilo: «Falleció su madre. Entierro mañana. Sentidas condolencias». Nada quiere decir. Tal vez fue ayer.

El extrajero
Albert Camus

Esta carencia emotiva en la primera persona sirve para presentar al personaje. Sin embargo, conforme avanza la acción y se resuelve el juicio, el narrador se vuelve mucho más digresivo y cálido, llegando a un grado de subjetividad considerable en la parte final, durante la visita del sacerdote. Nadie reconocería al Meursault atribulado de esa parte final, mucho más discursivo y afectado, que al comienzo de la narración. Este otro es completamente distinto:

> Ante esta noche cargada de signos y de estrellas me abría por primera vez a la tierna indiferencia del mundo. Al encontrarlo tan semejante a mí, tan fraterno al cabo, sentí que había sido feliz y que lo era todavía. Para que todo sea consumado, para que me sienta menos solo, no me queda más que desear en el día de mi ejecución la presencia de muchos espectadores que me acojan con gritos de odio.

El extrajero
Albert Camus

Simplemente, lo que ha variado es la distancia emocional de la voz narrativa. O dicho de otra forma: esta característica del punto de vista puede manipularse para buscar ese acercamiento / alejamiento entre narrador y protagonista y regular, de manera indirecta, el grado de subjetividad / objetividad del texto. Veamos las características de este abanico de posibles modulaciones en el siguiente cuadro sintético.

17.2.1. Características en el empleo de la distancia emocional

Característica	Plano general	Plano medio	Primer plano
Emotividad	baja	media	alta
Percepción	objetiva	objetividad media	subjetividad
Categoría gramatical predominante	sustativos	sustativos adjetivados	sustantivos, adjetivos y adverbios
Estructuras oracionales	simples, con tendencia a la repetividad	simples y compuestas coordinadas de uno o dos elementos	compuestas, coordinadas y subordinadas
Técnica	showing (mostrar)		telling (contar)
¿Refuerza la psicología del personaje?	no		sí

17.2.2. Primera persona «desafecta»

Podríamos decir que es aquel narrador protagonista en el que se mantiene una gran distancia emocional (plano general) sobre las emociones. Sería el narrador de Camus en la primera parte de *El extranjero*, pero también el de toda una familia de novelas.

Los desposeídos, de Szilárd Borbély, por ejemplo, tiene por protagonista a un joven de once años que vive en un pueblo fronterizo de Hungría:

> El gato tiembla de miedo, pero aun así se escabulle dentro de la habitación. Lo que más teme es la escoba que está junto a la puerta que da al exterior. Siempre con hambre, el gato. Siempre hurgando en busca de algo para comer. Mi madre lo soporta dentro de casa por los ratones que no se pueden eliminar de las paredes de

adobe, pero no lo quiere. Los gatos son raros. Toleran a las personas, pero no las quieren. Mi madre tampoco quiere al gato. Pero cuando está en la caja de la leña no lo molesta. Se calienta en la caja puesta debajo del fogón. Mi madre lo deja entrar por la mañana y lo echa por la noche. Le da asco. A veces al gato se le hincha la tripa y va suelto de vientre. Y entonces se caga en la habitación. Mi madre siente el olor y agarra al gato.

—Hay que meterle la nariz en la mierda —nos dice. Lo coge por el cuello y, con cara de asco, hunde la cabeza del gato en su propia mierda. El animal quiere largarse, patalea. Mi madre no lo suelta.

—¡Suéltelo, madre! ¡No le haga daño al pobre bicho! —gritamos. Pero ella no ceja.

—Tendrá que aprender para toda la vida que aquí no se caga —chilla. Le repugna el gato. Y a mí me repugna la mierda.

Solo suelta al gato cuando empieza a arañar y a gemir. Entonces lo persigue con la escoba. Le da con todas sus fuerzas.

—A ver si la palmas ya, a mí no me vengas a cagar aquí —va diciendo mientras lo golpea con la escoba.

El gato corretea por la habitación. Mi hermana consigue abrir la puerta a tiempo, y el animal sale a toda leche.

Siempre con hambre. A los gatos se les da poco de comer.

—Que se las apañen —dice mi madre—. Hay ratones a punta pala. Pájaros e insectos en el jardín. Que los atrapen.

Están hechos unos esqueletos. Una vez vi a uno en el huerto, entre las coles, emitía ruidos extraños. No se dio cuenta de que me había acercado. Le veía el lomo, se retorcía. Ese gato jamás se tomaba la leche ni comía lo que se le daba. Me acerqué a él, que seguía retorciéndose, y vi entonces lo que estaba haciendo. Estaba inclinado para vomitar.

Intentaba tragarse una rana, cuyas patas traseras le colgaban de la boca. Luchaba por tragar. No oía ni veía nada. Estaba enfrascado en la rana. *Me vinieron ganas de echar las entrañas, tan pasmado me dejó lo que vi*. Pero no podía apartar la vista de aquello. Luchó durante un rato y luego se rindió y comenzó a devolver. Gemía mientras basqueaba. Todo el cuerpo se sacudía al ritmo de las bascas. Poco a poco aparecieron las patas delanteras de la rana. De vez en cuando, el gato se tomaba un descanso. Tardó mucho en volver a sacar por la garganta estrechada ese bocado demasiado grande. Después de que la rana cayera al suelo, se zangoloteó y desapareció saltando entre las coles [La cursiva es nuestra].

Los desposeídos
Szilárd Borbély

Tanto en la novela de Camus como en este fragmento, vemos que el protagonista, a pesar de narrar en primera persona, se limita a ser un cámara de lo que ve. Jamás muestra sus emociones, excepto en la oración que hemos destacado: *Me vinieron ganas de echar las entrañas, tan pasmado me dejó lo que vi.*

Cualquier narrador en primera persona que contemplara el atragantamiento del gato (y que se sintiera identificado con él, como se desprende del argumento de la novela) tendría una opinión y la daría con un determinado grado de subjetivismo. Como vimos en la primera parte, la primera persona nos brindaría todas las facilidades para hacerlo. Pero ni Meursault, ni este chico, expresan emoción alguna, creando ese «silencio semántico» del que hablábamos en el narrador cámara.

¿Qué puede sentir un muchacho de once años que contempla tal atrocidad? ¿Qué puede sentir si él mismo se ve identificado con ese gato que debe tragarse una rana a sabiendas de que no podrá? La respuesta a estas preguntas se produce en ese terreno de lo connotativo, nunca de lo explícito.

El siguiente elemento común que vemos en este tipo de narradores es que suelen emplear oraciones simples y de estructuras sintácticas sencillas, muchas veces repetitivas. Están ausentes los moderadores de certeza, los coloquialismos y las expresiones (tan características de la primera persona) que puedan inducir a la duda o la contrariedad. Asimismo, el texto premia la sustantivación sobre la adjetivación y los adverbios en -mente. Tanto una como otra categoría gramatical suponen un carácter muchas veces subjetivo. Este minimalismo gramatical en una primera persona favorece la frialdad / objetividad de lo que se está contando.

Como consecuencia, los personajes construidos sobre este tipo de narrador adquieren en pocos párrafos un aura cruel, no empática, con tintes de *outsider*, como si esa falta de emociones ante lo que presencian les convirtiera en una suerte de monstruos. De ese modo, si el protagonista llega a expresar emociones —como realmente sucede en la parte final de *El extranjero*— estas se cargan de emotividad por el efecto de contraste. Es el caso, por ejemplo, del narrador autista de *El curioso incidente del perro a medianoche*:

> Pasaban siete minutos de la medianoche. El perro estaba tumbado en la hierba, en medio del jardín de la casa de la señora Shears. Tenía los ojos cerrados. Parecía estar corriendo echado, como corren los perros cuando,

en sueños, creen que persiguen un gato. Pero el perro no estaba corriendo o dormido. El perro estaba muerto. De su cuerpo sobresalía un horcón. Las púas del horcón debían de haber atravesado al perro y haberse clavado en el suelo, porque no se había caído. Decidí que probablemente habían matado al perro con la horca porque no veía otras heridas en el perro, y no creo que a nadie se le ocurra clavarle una horca a un perro después de que haya muerto por alguna otra causa, como por ejemplo de cáncer o por un accidente de tráfico. Pero no podía estar seguro de que fuera así.

Donde, más adelante, se reduce esa distancia emocional creando una emotividad inesperada e impactante en el lector:

Y cuando miras al cielo sabes que estás viendo estrellas que están a cientos de miles de años luz. Y algunas de las estrellas ni siquiera existen ya porque su luz ha tardado tanto en llegar a nosotros que ya están muertas, o han explotado y han quedado reducidas a enanas rojas. Y esto te hace sentir muy pequeño, y si en tu vida tienes cosas difíciles es agradable pensar que son lo que se llama insignificantes, es decir, que son tan pequeñas que no tienes que tenerlas en cuenta cuando haces un cálculo.

El curioso incidente del perro a medianoche
Mark Haddon

No pocas veces, los narradores que emplean este punto de vista «desafectado» son niños. Su presunta inocencia enfatiza la crueldad de los narradores desafectados como Meursault.

Una variante de este narrador es el que emplea Agota Kristof usa en su novela *El gran cuaderno*, donde, además de usar una primera persona desafecta, lo hace en plural. Los protagonistas son dos hermanos gemelos (de nuevo niños) abandonados por su madre durante la ocupación comunista de Hungría. A los elementos «objetivizantes» vistos hasta ahora, se une la primera persona del plural que aumenta, más si cabe, esta distancia emocional.

La abuela nos pega a menudo con sus manos huesudas, con una escoba o un trapo mojado. Nos tira de las orejas, nos da tirones del pelo.

Otras personas también nos dan bofetadas y patadas, no sabemos muy bien por qué.

Los golpes hacen daño, nos hacen llorar.

Las caídas, los arañazos, los cortes, el trabajo, el frío y el calor también son causa de sufrimiento.

Decidimos endurecer nuestro cuerpo para poder soportar el dolor sin llorar.

Empezamos por darnos bofetadas el uno al otro, después puñetazos. Viendo que llevamos la cara tumefacta, la abuela nos pregunta:

—¿Quién os ha hecho esto?

—Nosotros mismos, abuela.

—¿Os habéis pegado? ¿Por qué?

—Por nada, abuela. No te preocupes, es un ejercicio.

—¿Un ejercicio? Estáis completamente chiflados. Bueno, si eso os divierte…

Vamos desnudos. Nos golpeamos el uno al otro con un cinturón. Nos vamos diciendo, a cada golpe:

—No ha dolido.

Nos golpeamos fuerte, cada vez más y más fuerte.

Pasamos las manos por encima de una llama. Nos cortamos con un cuchillo el muslo, el brazo, el pecho, y nos echamos alcohol en las heridas. Cada vez, nos decimos:

—No ha dolido.

Al cabo de un cierto tiempo, efectivamente, ya no sentimos nada. Es otro quien siente dolor, otro el que se quema, el que se corta, el que sufre.

Nosotros ya no lloramos.

Cuando la abuela está enfadada y grita, le decimos:

—No grites más, abuela, y péganos.

Y cuando ella nos pega, decimos:

—¡Más, abuela! Mira, ponemos la otra mejilla, como dice en la Biblia. Péganos en la otra mejilla, abuela.

Ella responde:

—¡Idos al diablo con vuestra Biblia y vuestras mejillas!

El gran cuaderno
Agota Kristoff

17.2.3. Narrador cámara «afectivo»

También podemos crear un narrador cámara subjetivo utilizando las mismas técnicas, pero en sentido contrario. Esto colocaría al narrador muy cerca de la omnisciencia parcial, pero con la diferencia de que este narrador nunca llega a introducirse dentro del personaje (no siente ni piensa como él).

Es el caso, por ejemplo, del narrador que usa Katherine Mansfield en el relato «La fiesta en el jardín». La cámara en tercera persona parece filtrar los preparativos de la fiesta a través de un objetivo nítido y cargado de subjetividad.

Y después de todo hacía un tiempo ideal. Ni hecho a medida hubiesen podido tener un día más adecuado para la fiesta en el jardín. No hacía viento, lucía el sol, y no se divisaba una sola nube en todo el cielo. El azul solo estaba velado por una calina de luz dorada, como ocurre a veces a principios de verano. El jardinero andaba atareado desde muy temprano, cortando el césped y rastrillándolo bien, hasta dejar recién bruñidos la hierba y los oscuros y llanos rosetones donde habían estado las margaritas. Y uno tenía también la sensación de que las rosas habían comprendido que eran las únicas flores que realmente impresionan a la gente que acude a una *garden party*; las únicas flores que todo el mundo reconoce sin miedo a equivocarse. Cientos, sí, literalmente cientos de ellas, se habían abierto durante la noche: los verdes rosales se doblaban bajo su peso como si aquella noche hubieran sido visitados por los arcángeles.

Todavía no habían terminado de desayunar cuando llegaron los hombres que debían instalar la carpa.

—Mamá, ¿dónde quieres que levanten la marquesina?

—¡Hijita, no me lo preguntes a mí! Este año he decidido…

«La fiesta en el jardín»
Katherine Mansfield

La continuación del relato nos muestra los preparativos de esa fiesta en el jardín (escaparate de la clase media inglesa de los años veinte) sin que la narradora llegue a introducirse en Laura Sheridan, la protagonista. Por lo demás, el relato avanza a través de escenas y de un diálogo a varias voces, tal y como suele suceder con el narrador cámara.

La estética modernista de Mansfield se ve reforzada por estructuras sintácticas compuestas y por una adjetivación de aliento poético: «Los verdes rosales se doblaban bajo su peso como si aquella noche hubieran sido visitados por los arcángeles», y el uso de expresiones de carácter coloquial: «Cientos, sí, literalmente cientos de ellas». Aunque este narrador nunca se introduce dentro de la protagonista, el modo en que la cámara filma las escenas sirve como reflejo del estado emocional de los personajes. Mientras la protagonista y su familia organizan la fiesta, un carretero muere en la casa de enfrente, al otro lado de la carretera. Laura, consciente del dolor por el que debe estar atravesando su viuda, duda si debería anular la fiesta y hacerse cargo de las nuevas circunstancias, algo que finalmente no sucederá. Al final del texto decide ir a ver a la viuda para llevarle una cesta de comida y el narrador cámara cambia: de la luminosidad que vimos al comienzo avanzamos hacia las sombras de este descenso «al infierno»:

> Allí empezaba el callejón oscuro, lleno de humo. [...] Un leve zumbido se elevaba de todas aquellas míseras casas. En algunas se veía un destello de luz, y una sombra, como un cangrejo, moviéndose de un lado a otro de la ventana. Laura bajó la cabeza y apretó el paso. [...] Aquella era la casa. Tenía que serlo. Afuera se había formado un lóbrego grupito de gente. Junto al portillón había una anciana muy vieja con una muleta, sentada en una silla, mirando. Tenía los pies envueltos en papel de periódico. Las voces se fueron acallando a medida que Laura se aproximó.

«La fiesta en el jardín»
Katherine Mansfield

Es decir, que aunque no asistimos a los pensamientos de Laura, a través de la descripción «filmada» por la cámara es fácil deducir cuál es el estado emocional del personaje.

Terminaremos con una última reflexión: es importante hacer notar que un exceso de subjetividad en este narrador comporta la inminente aparición de la voz autoral. Es el caso del narrador usado por Lorrie Moore en «Gente así es la única que hay por aquí: farfullar canónico en oncología pediátrica», donde la protagonista describe así a una madre que va a ver a su hija al hospital:

> La madre estudia los árboles y los peces que hay a lo largo del borde del techo en el reborde de papel de la pared de Salvemos el Planeta. Salvemos el Planeta. ¡Sí! Pero las ventanas de este edificio no se abren y, a través del sistema de ventilación, se están filtrando a su interior gases de diésel, ya que a su lado, en el exterior, hay aparcado un camión de reparto. El aire resulta nauseabundo y viciado
>
> «Gente así es la única que hay por aquí:
> farfullar canónico en oncología pediátrica»
> Lorrie Moore

VIDAS MINÚSCULAS.
LOS PERSONAJES EN EL RELATO

Rubén Abella

El centro de interés de la mayor parte de los cuentos que leemos —y lo mismo debería poder decirse de los que escribimos— es la relación que en ellos mantienen los personajes; lo que hacen y dicen; y la influencia que unos tienen sobre los otros. En esta «lucha» se centra, en esencia, nuestro trabajo de escritores. Antes de sentarse a escribir es importante tener una idea de los personajes que van a habitar el cuento y del papel que van a desempeñar en él. Su personalidad acabará de perfilarse a medida que la escritura avanza.

18.1. ¿Qué sabemos antes de que nazcan?

Hay escritores que afirman que a veces sus personajes adquieren vida propia y crecen hasta tal punto que desbordan la historia. Esto está bien siempre y cuando ese desarrollo inesperado enriquezca el tema inicial del relato o aporte uno mejor. Pero debemos tener en cuenta que, por lo general —en literatura nada está grabado en mármol— los personajes de los relatos breves suelen intuirse más que percibirse en tres dimensiones. Si «crecen» de una forma desproporcionada, quizás no estén destinados a vivir en un cuento, sino en una novela.

Es inevitable que a menudo los personajes de nuestros cuentos se basen en nosotros mismos o en personas que hemos conocido. Gracias a nuestra imaginación —una de las herramientas más poderosas del narrador— podemos combinar los rasgos de personas diversas para crear un individuo nuevo. Con frecuencia el subconsciente nos ayuda en esta tarea. Lo importante es que nuestros personajes nos parezcan reales, que no sean solo nombres a los que hemos asignado unos rasgos psicológicos. Si un personaje nos parece real a nosotros, lo más probable es que también se lo parezca a los lectores.

Independientemente de la voz narradora que usemos, lo más habitual es que un relato breve se perciba a través de uno de los personajes: el protagonista. En este sentido los narradores tenemos también un poco de actores. Para escribir con solvencia, debemos meternos en la piel de nuestros protagonistas y ver el mundo que los rodea a través de sus ojos. Hemos de adoptar su personalidad y, al mismo tiempo, mantener la distancia justa para poder contar bien su historia —que es, en esencia, lo que hacen los actores sobre el escenario—. Tenemos que esforzarnos por pensar como piensan ellos, sentir lo que sienten, percibir lo que perciben. Eso no quiere decir que tengamos que parecernos a ellos. Ni, desde luego, ellos a nosotros.

18.2. Describir o no describir

Un personaje es, no lo olvidemos, la representación de una persona, un retrato literario, por decirlo de algún modo, y los mejores retratos son aquellos que logran que el lector *vea* en su imaginación a la persona retratada completa. Para ello no es necesario abrumar al lector con una avalancha de detalles, porque así solo conseguiremos confundirlo y, lo que es peor, desdibujar nuestra creación. Es mucho más efectivo —y tanto más necesario en el ámbito de la narrativa breve— mostrar unos pocos rasgos bien elegidos, verdaderamente característicos, y dejar que la imaginación del lector haga el resto.

Cabría decir incluso que no siempre es necesario describir a nuestros personajes. Como todos los demás elementos de nuestros cuentos, la caracterización solo es útil si añade algo relevante a la historia. En muchos casos, es más eficaz usar las acciones y las palabras —*mostrar* antes que *decir*, como señalábamos en los temas 4 y 5 de este manual—. Así es, al fin y al cabo, como se nos da a conocer en el mundo real la gente de carne y hueso. En la escritura de cuentos, como en la vida, la economía es una regla básica.

Veamos cómo en «Una rosa para Emily» William Faulkner sintetiza en unas pocas líneas el carácter de la protagonista y la relación que mantiene con su entorno, todo ello sin aportar un solo rasgo físico:

Mientras vivía, la señorita Emily había sido para la ciudad una tradición, un deber y un cuidado, una especie de obligación heredada que databa del día de 1894 en que el coronel Sartoris, el alcalde —el mismo que impulsó el edicto que prohibía a las mujeres negras salir a la calle sin delantal—, la eximió de sus impuestos, dispensa que habría de hacerse efectiva desde el fallecimiento de su padre a perpetuidad. La señorita Emily jamás habría aceptado la caridad de nadie. Pero el coronel Sartoris inventó una historia según la cual el padre de la señorita Emily había hecho un préstamo al pueblo, que el pueblo prefería satisfacer de esta forma. Solo un hombre de la generación y del modo de pensar del coronel Sartoris habría sido capaz de inventar una historia semejante, y solo una mujer como la señorita Emily podría haberla creído.

«Una rosa para Emily»
William Faulkner

18.3. Personajes interesantes

Los personajes más interesantes son aquellos que son internamente sólidos, consecuentes y, al mismo tiempo, capaces de sorprendernos. No hay recetas para crear personajes potentes, pero es raro encontrar ejemplos que no revelen al menos uno de los siguientes rasgos:

- Una ambición o deseo
- Una necesidad
- Un secreto
- Una contradicción
- Un punto vulnerable

Los personajes quieren algo y, cuanto más lo quieren, más atrayente es su historia. Esto se debe, insistimos, a que el deseo genera conflicto, que es el motor de toda narración y lo que, en el fondo, da la medida de los personajes.

Tomemos como ejemplo «Colinas como elefantes blancos», de Ernest Hemingway. Una pareja joven espera la llegada del tren en el bar de una pequeña estación del valle del Ebro. Beben cerveza y anís mientras mantienen una conversación aparentemente banal. Poco a poco, en los resquicios de sus palabras, el lector empieza a entrever el dilema que los desgarra. Ella se ha quedado embarazada. Él quiere que se someta a un aborto y trata de convencerla de que es una operación muy sencilla. El conflicto está servido.

Narrativamente hablando, un secreto es alguna inclinación o rasgo natural —una tendencia oculta a la deshonestidad, por ejemplo; la violencia, los excesos sexuales, el abuso del alcohol o las drogas—; o algún incidente del pasado que, si saliera a la luz, podría alterar para siempre la posición que el personaje ocupa en su micromundo, entre sus compañeros de trabajo, vecinos, amigos, familia o ante su pareja o amante. Los secretos son un indicador infalible de cuánto tienen que perder nuestros personajes.

Pensemos en «El protector», de Manuel Rivas. En Uz, un pueblo sombrío y húmedo, una mujer se queja ante un guardia civil de que cada noche, a la misma hora, alguien arroja piedras sobre su tejado. Es artista —pintora— y recientemente se ha mudado al pueblo desde Madrid. No sabe que es el propio guardia civil quien arroja las piedras porque se ha enamorado de ella, y, consciente de que nunca podrá conseguirla, prefiere que se marche para siempre, que desaparezca, antes que verla cada día. Veamos lo que le dice a la mujer aterrorizada:

Todo se arreglará. Esta noche volveré por allí. Haré unas rondas. Quienquiera que sea, acabaré atrapándolo.

Y volvió. Toda la noche. Primero, piedras pequeñas, como canicas. Luego, cantos rodados. Como un reloj de péndulo que golpea la noche con sus pesas. ¿Por qué no te vas? ¿Por qué no te marchas de este maldito infierno?

«El protector»
Manuel Rivas

Ese es el secreto del personaje. Su acto inconfesable.

El ser humano está lleno de contradicciones. Podemos ser tímidos y maleducados al mismo tiempo, crueles pero graciosos, intolerantes a la vez que amables. Esta complejidad, que suele manifestarse especialmente en momentos de conflicto o estrés, nos hace impredecibles. Y los lectores se sienten atraídos por lo impredecible. Les gusta preguntarse qué va a ocurrir a continuación. Esa es, a menudo, la razón principal por la que siguen pasando las páginas. Al leer, buscan instintivamente irregularidades: pequeñas cosas que no encajan, detalles que no parecen tener sentido, cambios apenas perceptibles. Se preparan para lo inusual, para el enigma, para la sorpresa.

La contradicción —la lucha de impulsos encontrados— ocupa el centro de «Un día de estos», de Gabriel García Márquez. En la silla de dentista de don Aurelio Escovar se sienta una mañana el odiado alcalde del pueblo, responsable de muchas muertes, aquejado por un insoportable dolor de muelas. Don Aurelio, de pronto en una situación de poder, se debate entre el deber y la venganza.

La vulnerabilidad hace también que un personaje resulte interesante. Nos sentimos atraídos de forma instintiva hacia quienes parecen heridos o necesitan ayuda. La vulnerabilidad puede asustarnos o repelernos. En cualquier caso, el dolor de los otros, el saber que alguien sufre, nunca nos deja indiferentes. La vulnerabilidad puede ser física, como ocurre con Hulga Hopewell, la protagonista de «La buena gente del campo», de Flannery O'Connor, cuyo rasgo físico más sobresaliente es que tiene una pierna ortopédica.

Puede también derivarse del secreto del personaje, que teme que lo descubran. O puede ser resultado de la intensidad de su deseo porque querer algo con fuerza puede dejarlo emocionalmente desnudo. Un personaje puede verse fortalecido por la intensidad de su deseo, pero también debilitado porque el temor de perder lo que más desea, o la mera necesidad de tenerlo, tienen la capacidad de hacerlo vulnerable.

Es el caso del joven protagonista de «A&P», de John Updike, quien decide dejar su trabajo de cajero en un pequeño supermercado costero cuando su jefe riñe a tres muchachas adolescentes por entrar a comprar en bañador. «Renuncio», dice de pronto. «No le hagas esto a tus padres», contesta su jefe.

> Pero creo que una vez que empiezas un gesto es fatal no llevarlo hasta el final. Doblo el delantal —lleva mi nombre, «Sammy», bordado con hilo rojo en el bolsillo—, lo dejo sobre el mostrador y tiro la pajarita encima. La pajarita es de ellos, por si se lo estaban preguntando. «Lo lamentarás el resto de tu vida», dice Lengel, y sé que eso también es cierto. Pero cuando me acuerdo de cómo le ha sacado los colores a esa muchacha tan guapa se me revuelven las tripas y le pego un puñetazo a la tecla Sin Venta y la caja tintinea y el cajón se abre con un «plaf». Es una suerte que esta escena se produzca en verano: puedo salir inmediatamente sin

preocuparme de más; no tengo que ir a coger el abrigo ni los chanclos de goma. Me limito a cruzar despacio la célula fotoeléctrica con la camisa blanca que mi madre me planchó anoche, y la puerta se abre sola y fuera el sol patina sobre el asfalto.

«A&P»
John Updike

18.4. LAS LIMITACIONES DEL CUENTO

Al contrario que en la novela, donde hay extensión suficiente para desarrollar en detalle la personalidad de los personajes, el cuento impone al escritor unas limitaciones evidentes. Un cuento, para serlo, no puede sobrepasar un determinado número de páginas. En esta constricción está el reto esencial del género, contar mucho en poco espacio, pero también la mayor de sus virtudes y la razón fundamental de su belleza.

Como es lógico, la brevedad tiene un impacto directo sobre el tratamiento de los personajes y, en consecuencia, sobre la elaboración de las tramas. Aunque algunos relatos breves alcanzan a contener la vida entera de su protagonista —«Una rosa para Emily» es un ejemplo de ello—, la mayoría suele centrarse en unos pocos episodios de la misma, a veces en uno solo. Se trata de narrar momentos decisivos que arrojen luz sobre las sombras, instantes cardinales en los que, para bien o para mal, la vida de los personajes cambie de rumbo.

El desafío que plantea la escritura de un relato breve es mostrar esa transformación de forma verosímil en un puñado de páginas, lo que nos obliga a ser implacablemente selectivos con nuestro material narrativo. Debemos conocer a fondo a nuestros personajes para poder dibujarlos con los trazos imprescindibles y lograr hacerlos cambiar en unos pocos párrafos.

Así lo hace John Cheever en «El tren de las cinco cuarenta y ocho». Una tarde, al salir de trabajar, Blake, el protagonista, ve en el *hall* del edificio a la señorita Dent, una secretaria suya a la que ha despedido hace seis meses tras tener una brevísima aventura con ella.

Aquí debemos destacar la importancia de los nombres: *Dent*, en inglés, significa «abollado», «marcado». Una vez en la calle, Blake se da cuenta con inquietud de que la mujer lo está siguiendo. Recuerda pocas cosas de ella. Que no era inteligente. Que, aunque era competente, puntual y buena mecanógrafa, tenía una letra muy fea. Que era sensible y, por tanto, debía de sentirse sola… Al subirse al tren, la distingue sentada en el mismo vagón y la inquietud se convierte en temor. Ella se acerca a él y le habla. Él trata de cambiarse de vagón, pero ella le dice que lleva una pistola y no quiere tener que matarlo. Cuando el tren llega a la estación de Blake, la señorita Dent se baja con él, lo conduce a un paraje apartado y le obliga a tumbarse y poner la cara contra el suelo de grava. Blake rompe a llorar. Luego oye cómo los pasos de ella se alejan.

> Levantó la cabeza. Vio cómo la mujer subía la escalera del puente de madera y cómo lo cruzaba para bajar al otro andén, donde su figura bajo la luz mortecina de las lámparas resultaba pequeña, insignificante e inofensiva. Blake se levantó del polvo, con cautela al principio, hasta que se dio cuenta, por su actitud, por su aspecto, de que la señorita Dent se había olvidado de él; que había terminado de hacer lo que se había propuesto,

y que estaba a salvo. Entonces se incorporó del todo, recogió el sombrero de donde había caído y se dirigió hacia su casa.

«El tren de las cinco cuarenta y ocho»
John Cheever

Faltan detalles, como es lógico, pero el resumen da una idea de la esencia del conflicto y nos ayuda a entender que, a partir de esa tarde, ni Blake ni la señorita Dent volverán a ser los mismos.

LA PRIMERA FRASE. CÓMO COMENZAR

Virginia Ruiz

Érase una vez. Los cuentos populares comenzaban con esa fórmula que tantas veces hemos escuchado recitar cuando éramos niños y que, según dice Juan Bosch, tiene para la gente un valor de conjuro:

> La manera natural de comenzar un cuento fue siempre el «había una vez» o «érase una vez». Esa corta frase tenía —y tiene aún en la gente del pueblo— un valor de conjuro; ella sola bastaba a despertar el interés de los que rodeaban al relatador de cuentos. En su origen, el cuento no comenzaba con descripciones de paisajes, a menos que se tratara la presencia o la acción del protagonista; comenzaba con éste, y pintándola en actividad. Aún hoy, esa manera de comenzar es buena. El cuento debe iniciarse con el protagonista en acción, física o psicológica, pero acción; el principio no debe hallarse

a mucha distancia del meollo mismo del cuento, a fin de evitar que el lector se canse.

Apuntes sobre el arte de escribir cuentos
Juan Bosch

A lo largo de muchos siglos, la evocación de esta frase nos trasladaba en una alfombra voladora al lejano Oriente; o nos ponía delante de un reptil que lanzaba llamas por la boca; o a lomos de un caballo hasta llegar a un castillo, donde debíamos rescatar a una princesa.

El comienzo de un cuento es tan importante como su final: de él dependerá que el lector continúe leyendo o aparte el texto de su vista y busque otro libro cuya historia le interese más. Por eso, parte del oficio del escritor consiste en buscar esa fórmula mágica que sumerja al lector en la ficción y le haga olvidarse hasta de qué está leyendo. En la primera frase reside gran parte de la magia del relato.

19.1. Calentar motores

Decía Cortázar, a propósito de los comienzos:

Tomen ustedes cualquier gran cuento que prefieran, y analicen su primera página. Me sorprendería que encontraran elementos gratuitos, meramente decorativos. El cuentista sabe que no puede proceder acumulativamente, que no tiene por aliado al tiempo; su único recurso es trabajar en profundidad, verticalmente, sea hacia arriba o hacia abajo del espacio literario. Y esto, que así expresado parece una metáfora, expresa sin embargo lo esencial del método. El tiempo del cuento y el espacio del cuento tienen que estar como condenados, sometidos a una alta presión espiritual y formal para provocar esa «apertura» a que me refería antes. Basta preguntarse por qué un determinado cuento es malo. No es malo por el tema, porque en literatura no hay temas buenos ni temas malos, solamente hay un buen o un mal tratamiento del tema. Tampoco es malo porque los personajes carecen de interés, ya que hasta una piedra es interesante cuando de ella se ocupan un Henry James o un Franz Kafka. Un cuento es malo cuando se lo escribe sin esa tensión que debe manifestarse desde las primeras palabras o las primeras escenas.

Clases de literatura
Julio Cortázar

Como sugiere Cortázar, el principio de un cuento tiene que despertar el interés del lector, es decir, *debe* contar algo que dispare el mecanismo de la historia. Para eso, muchas veces necesitamos escribir la historia entera, sacárnosla de dentro para entender qué es lo que queremos decir y a dónde vamos a ir a parar con ella. Descubierto el camino, es más fácil volver al principio y retomar el inicio del relato con el que captaremos la atención del lector.

En ocasiones no sabemos bien qué es lo que queremos contar, así que nos sentamos en nuestra mesa de escritores y empezamos a llenar folios partiendo de una imagen, un recuerdo o de una frase que hemos escuchado por la mañana en el metro; y divagamos, nos dejamos llevar como un barco por la corriente, hasta que por fin vemos un pedazo de tierra que llama nuestra atención. Entonces nos damos cuenta de que era allí a donde queríamos llegar y que, muy probablemente, hemos añadido información irrelevante.

¿Para qué vamos a hablar del cuadro que hay colgado en el salón si el cuadro no aparecerá más en la historia? Volvemos al principio para pulir la primera frase, y dejarla limpia de todo aquello que no sea necesario para la historia. Escribir un buen cuento es como cuidar de un jardín, hay que liberarlo de malas hierbas para que las flores crezcan radiantes.

Vamos a ver algunos de esos elementos que le sientan bien al principio de un relato, qué clase de detalles o estrategias suelen ayudar.

19. 2. ESTRATEGIAS DE ENGANCHE

19. 2.1. PRESENTAR AL PROTAGONISTA EN LAS PRIMERAS LÍNEAS

Los humanos nos identificamos con otros seres humanos. Por eso, para lograr esa empatía con el lector, muchas veces es necesario presentarle al protagonista en las primeras líneas del relato. Hemos visto en el tema precedente la importancia de dibujarlo con su debido relieve. No siempre es necesario que el personaje sea un ser extraordinario, que posea el don de convertir en oro lo que toca, ni tampoco que sea un desgraciado sublime a cuyo paso todo se convierte en basura; a veces nos basta con que sea un ser humano, con que posea características humanas, ya que será así como el lector se identifique, se enfade, lo odie, lo ame o lo comprenda.

Veamos cómo comienza este relato de Claudia Ulloa Donoso, «Pajarito»:

Kokorito es un gato de pelo negrísimo, huraño y de siete kilos de peso. Cada cierto tiempo trae en su hocico respingado pájaros en agonía o ya muertos a la casa. Dicen que los gatos traen animales muertos a las casas de sus dueños como una forma de regalo o de trofeo. Quién sabe. Kokorito nunca se come a los pájaros: los tortura, juega con ellos como si jugara con su pelota de lana y al final los deja siempre en mi cama, lugar desde donde últimamente suelo hacer todo, hasta comer.

Kokorito, con sus siete vidas en América y nueve en la península escandinava, me regala la muerte, pero yo ya le he visto la cara varias veces y me basta por ahora.

Sin embargo, a veces creo que mi gato insiste en que debería ver aún más de cerca a la muerte para que no me pese tanto.

«Pajarito»
Claudia Ulloa Donoso

Claudia Ulloa nos presenta al gato Kokorito y con él, el tema de la muerte, que ahora le está tocando tan de cerca a esta narradora. Gracias a los elementos concretos y visibles con los que nos presenta a su gato y, al mismo tiempo y de forma muy sutil, su intimidad, podemos acercarnos a ella y sentirla. Y podemos empatizar, pues, ¿a quién no le toca el tema de la muerte? La narradora de este relato nos va dejando caer pistas, como pequeñas migas de pan, de su situación: últimamente hace la vida en la cama, a la muerte ya le ha visto la cara bastantes veces, pero su gato insiste en que la mire aún más de cerca. Con estas tres pinceladas, nos está abriendo las puertas de su vida y de su mundo interior. Estos detalles se fijan en la memoria del lector, y a la vez dotan al personaje de unas peculiaridades que tendrán que ver con la trama, que tendrán una función en la historia. Y a nosotros, como lectores, ya nos tiene enganchados, nos queremos quedar leyendo para saber qué le pasa, qué le ocurre a esta mujer y qué más va a pasar.

Un poco más adelante, seguirá dándonos pistas acerca de lo que intuye que el gato le quiere enseñar:

> Intuyo también que Kokorito intenta darme un regalo único y extraordinario, pretendiendo que contemple las agonías de esos animales tan pequeños y frágiles y que todo sea un gerundio de latidos, respiraciones, movimientos que se vuelven de pronto pretéritos indefinidos para siempre. Quizá se empeña en que entienda y aprecie (en todo el sentido de la palabra) que ese preciso segundo en que la vida desaparece es único en todo ser vivo y no puede repetirse más.

«Pajarito»
Claudia Ulloa Donoso

Y de aquí pasará a contarnos lo que le sucedió ese día, el día del relato cuando, poco antes de salir a una entrevista de trabajo, encontró un pajarito agonizando y se lo llevó envuelto en un papel en el bolsillo derecho de su abrigo a la entrevista. Os recomiendo que lo leáis para que viváis en primera persona la experiencia de acudir a una entrevista de trabajo en Noruega llevando un pajarito a punto de morir cobijado en tu mano dentro del bolsillo.

19.2.2. Abrir un conflicto

El conflicto, cuya importancia como motor de cualquier narración apuntábamos ya en el tema 2, tendrá que estar presente en un relato breve desde los primeros párrafos.

Puede consistir en sacar de la rutina al personaje o ponerle en aprietos; es decir, cualquier situación estable que se desestabiliza y que, necesariamente, nos interesa, apela a nuestro deseo de descubrir lo que va a suceder a continuación.

En este relato de la escritora Samanta Schweblin, «Un hombre sin suerte», la narradora abre el relato presentándonos directamente el conflicto:

> El día que cumplí ocho años, mi hermana —que no soportaba que dejaran de mirarla un solo segundo— se tomó de un saque una taza entera de lavandina. Abi tenía tres años. Primero sonrió, tal vez por el mismo asco, después arrugó la cara en un asustado gesto de dolor. Cuando mamá vio la taza vacía colgando de la mano de Abi, se puso tan blanca como ella.
>
> —Abi-mi-dios —eso fue todo lo que dijo mamá— Abi-mi-dios —y todavía tardó unos segundos más en ponerse en movimiento.

«Un hombre sin suerte»
Samanta Schweblin

La narradora de este relato, recordando este episodio de su infancia, nos pone en tensión desde la primera frase del relato. Su hermana de tres años se ha tomado una taza de lavandina, un desinfectante cuya ingesta —y más para una niña de tres años— es bastante tóxica. Con estos pequeños gestos —la taza vacía colgando de la mano de Abi, su cara blanca y el balbuceo de la madre, *abi-mi-dios*—, la narradora nos mete de lleno en la situación y en la gravedad del asunto.

Nuevamente, la narradora ha logrado atraparnos, para que nos quedemos con ella. Nos ha despertado preguntas: ¿qué va a pasar con Abi? ¿Lograrán sobrevivir Abi y su madre a esto? Y al mismo tiempo, también queremos saber de esa otra niña que hoy cumple ocho años y a la que, según parece, su hermana ha vuelto a dejar sin mirada.

19.2.3. PONER AL PERSONAJE EN ACCIÓN

Existen varios factores disuasorios para los comienzos de nuestros relatos. Por ejemplo, las descripciones largas y detalladas harán pensar al lector que la historia que se va a contar es lenta, que al narrador le va a costar acercarse y acechar el verdadero corazón de la narración. Por el contrario, comenzar con una escena que podemos ver, como si estuviéramos en el cine, seducirá al lector y le meterá de lleno en la trama. El movimiento, como hemos dicho, despierta el interés.

En este relato de Andrés Neuman, «Teoría de las cuerdas», observamos cómo los verbos de movimiento ponen en acción al personaje y nos meten de lleno en su vida (y en la de sus vecinos de patio):

Vivo sentado en mi escritorio, frente a la ventana. Las vistas no son lo que se dice un paisaje alpino: patio estrecho, ladrillos sucios, persianas cerradas. Podría leer. Podría levantarme. Podría dar un paseo. Pero nada es comparable a esta generosa mediocridad que contiene el mundo entero.

Estos ladrillos míos son toda una universidad. Me dan, por empezar, lecciones de estética. La estética comunica la observación con la comprensión, el gusto individual con el sentido general. La estética vendría a ser, entonces, lo contrario de la descripción. Cuando uno solo tiene un patio interior para llenarse los ojos, ese matiz se convierte en una cuestión de supervivencia.

O lecciones de semiótica. Hablar con los vecinos me dice menos de ellos que su ropa tendida. He comprobado que las palabras que cruzamos con el prójimo son fuente de malentendidos, más que de conocimiento. En cambio, su ropa es transparente (en algunos casos tal cual). No puede malinterpretarse. Como mucho, se desaprueba.

«Teoría de las cuerdas»
Andrés Neuman

Poco a poco, el narrador nos irá descubriendo su propia teoría de las cuerdas en las que cuelgan sus vecinos ropas e intimidades.

19.3. LAS CLAVES DE LECTURA

19.3.1. UNA REALIDAD DISTINTA

El ambiente mágico o irreal, las situaciones imposibles, las atmósferas extrañas o no del todo realistas —si esos fueran los contextos en que se va a desarrollar el relato—, también deben aparecer, explícitas o sugeridas, al principio de la historia. Esto es absolutamente imprescindible, porque el lector necesita llegar a un «acuerdo» con el narrador. En esencia, es una operación de seducción del primero hacia el segundo. Si ese pacto se respeta, el lector creerá y aceptará las reglas que el narrador ha dispuesto y seguirá con gusto la historia.

En una narración que juega con reglas distintas a las de la realidad aparente, este mecanismo se conoce como *pacto ficcional*. Veamos como ejemplo el comienzo del relato «Las interioridades», de Félix J. Palma:

> Conocí a Moncada en el armario de Silvia Cotrina. Era la primera vez que me encontraba con alguien dentro de un armario y, francamente, el verlo allí encogido, con el rostro medio cubierto por los faldones de una gabardina y tratando de no quemar nada con el cigarrillo, no hacía presagiar el comienzo de ninguna gran amistad. Pero así ocurrió.

«Las interioridades»
Félix J. Palma

Aquí el lector sabe, desde las primeras líneas, que el escritor le propone un cuento que se desarrollará en un espacio anómalo: el armario donde el amante de una mujer se ha escondido; allí, por sorpresa, se encuentra con *el otro* amante de la misma mujer. Pero el escritor no puede defraudarnos con esta idea tan estupenda, así que enseguida se encarga de hacer verosímil y visible el funcionamiento de este mundo de armarios conectados en una red invisible de galerías y puertas, dejada a la imaginación del lector. ¿Cómo lo hace? Otorgándole unas reglas «distintas», pero absolutamente congruentes dentro de ese espacio ficcional que se ha encargado de hacer elástico. Unas normas que rigen nuestra realidad y que, con un juego legítimo, se rompen sin que nuestro lector proteste. Solo las rompe un poco, sí, pero fijaos de qué modo más efectivo:

Una vez superé la tensión inicial y asimilé lo extraordinario del encuentro, Moncada y yo *entablamos una conversación que, si bien al principio resultó algo tópica, como esas que se mantienen con los barberos o los taxistas, no tardó en interesarnos.* Dado que él ya se encontraba allí cuando yo llegué, Moncada asumió el papel de anfitrión de un armario que a ninguno de los dos pertenecía. *Con una carta de amor que encontró en una caja con forma de corazón que no le dejaba estirar los pies, fabricó un cenicero, y luego me ofreció tabaco.* Descargando la ceniza sobre aquellos ripios de enamorado, hablamos de fútbol, de música, de los hijos, de las cosas de fuera, con la extraña sensación de que no solo estábamos matando la espera, sino que de alguna forma nos estábamos reconociendo como afines. *Fueron los primeros balbuceos fraternales de dos almas que se aproximan la una a la otra con pudorosa lentitud, disimulando el entusiasmo, puede que la desesperación, como si no quisiéramos desvelar al contrario una vida desprovista de amistades tan profundas como la que parecía querer romper entre nosotros.* [La cursiva es nuestra]

«Las interioridades»
Félix J. Palma

En el inicio también ha de quedar claro el género y la atmósfera en que se desarrollará la trama. Si comenzamos un texto con un principio de naturaleza extraña o insólita, continuaremos el relato en la misma línea, sin que desaparezca la fantasía. Si las respetamos, las reglas son sagradas, y por qué no decirlo, maravillosas.

Otro ejemplo de un encuentro en un armario, lo podemos leer en este relato de Claudia Ulloa Donoso, titulado «Cosa de dos»:

—¿Podría cerrar la puerta, por favor?

Cerré la puerta, y por un momento todo fue oscuridad. Luego él encendió la luz del armario. Él, sentado en su lado junto a sus camisas finísimas y a su discman. Yo, en mi lado, con un libro, rodeada de mis vestidos y perfumes.

Un domingo durante el desayuno, me dijo: «Tiene que ser en el armario. Es el lugar más personal, tú y yo separados por el espejo que nos muestra tal y como somos».

Transcurrieron unos meses desde que pasábamos nuestras tardes en el armario. Una vez se lo conté a Silvia y me dijo que estábamos locos. Yo seguía pensado que Víctor perdía la razón, a pesar de que él insistía en que esto era una especie de terapia.

«Cosa de dos»
Claudia Ulloa Donoso

19.3.2. Mantener la voz

La voz narrativa, la que cuenta la historia, tiene que sonar verosímil —antes que real—, como acabamos de ver con el relato de Félix J. Palma y como veremos ahora con el relato «Axolotl», de Julio Cortázar. Afortunadamente, la ficción es el terreno en el que todo puede ser real, podríamos decir que escribir tiene que ver con hacer reales algunas mentiras. Para que el lector sienta que le están contando algo, y que merece la pena quedarse leyendo ese cuento, necesitará que le hablen con un lenguaje comprensible, natural, coherente con la historia. Esta voz narrativa ha de sonar real, y su tono y matices específicos tienen que estar definidos desde las primeras líneas.

Leamos este inicio del relato de Julio Cortázar, «Axolotl», donde ya en el primer párrafo se nos anuncia que el personaje se ha convertido en un axolotl.

> Hubo un tiempo en que yo pensaba mucho en los axolotl. Iba a verlos al acuario del Jardín des Plantes y me quedaba horas mirándolos, observando su inmovilidad, sus oscuros movimientos. Ahora soy un axolotl.

El narrador se ha convertido en un axolotl, ya lo sabemos, y seguiremos leyendo para saber cómo ha sido la transformación y tambien —quizás— para descubrir qué es un axolotl.

Al leer, le concedemos al narrador, del mismo modo que lo hicimos con Gregor Samsa en *La metamorfosis* de Kafka, el beneplácito de la credibilidad. Nos vamos a creer que es cierto lo que afirma, ahora solo esperamos que nos cuente una historia verosímil, como es el caso. Cortázar nos llevará al acuario, nos enseñará a los axolotls y podremos ver, con nuestros propios ojos, cómo lo que nos cuenta este narrador es cierto: se ha convertido en uno de ellos. Esto lo logrará en gran parte, gracias a la voz del narrador y a todos los detalles concretos que nos ofrece sobre su experiencia:

> El azar me llevó hasta ellos una mañana de primavera en que París abría su cola de pavo real después de la lenta invernada. Bajé por el bulevar de Port Royal, tomé St. Marcel y L'Hôpital, vi los verdes entre tanto gris y me acordé de los leones. Era amigo de los leones y las panteras, pero nunca había entrado en el húmedo y oscuro edificio de los acuarios. Dejé mi bicicleta contra las rejas y fui a ver los tulipanes. Los leones estaban

feos y tristes y mi pantera dormía. Opté por los acuarios, soslayé peces vulgares hasta dar inesperadamente con los axolotl. Me quedé una hora mirándolos, y salí incapaz de otra cosa.

«Axolotl»
Julio Cortázar

19.3.3. LA TENSIÓN NARRATIVA

Como hemos visto con detenimiento en el tema 12, la tensión narrativa es otro de los mecanismos más importantes a la hora de favorecer el interés del lector. Una vez que ya hemos logrado un buen comienzo que muestre al personaje, su conflicto, las claves de lectura y la voz narrativa, tenemos que mantener ese pulso por la atención del lector. Para ello, echaremos mano de la *tensión narrativa*. Si quisiéramos resumir estos últimos islotes de técnica, podríamos decir que la tensión narrativa se beneficia, en buena medida, de estos factores:

- *Claridad*: si el lector siente que se ha metido en un laberinto al que no sabe ni por qué ha llegado ni cómo salir, porque el cuento no sigue de forma lógica las pautas que en principio se le han dado, no se sentirá a gusto con la historia, por mucho que las primeras frases le hayan cautivado. Abandonará la lectura.
- *Mantener lo prometido*: el lector nos abandona si, después de prometerle grandes expectativas con el inicio, la historia se estanca, no avanza o se vuelve repetitiva.

- *Progresión*: es fundamental no empezar con un nivel de tensión muy alto que nos pueda resultar difícil mantener. Es mejor dejar que la intensidad de la tensión vaya subiendo hasta llegar al clímax de la historia, que será el punto álgido de tensión. Si, por el contrario, el comienzo tiene una tensión demasiado baja, puede quedarse estático y será muy difícil que lo llevemos luego al clímax.

- *Economía*: otro punto importante es que no pongamos en el principio elementos que después no vayan a tener ninguna función en el relato, como advierte el célebre precepto de Chéjov y que vimos en el tema 11: si presentamos al protagonista en el salón de su casa con un cuchillo en la mano, el cuchillo será un elemento de tensión e intriga y el lector estará esperando que suceda algo con él. Si el personaje no lo utiliza en todo el relato, el lector se sentirá defraudado, y no porque esté especialmente interesado en el uso y manejo del cuchillo, sino porque no entenderá para qué ha aparecido. Sin embargo, el cuchillo bien empleado, con alguna función (y no necesariamente la de matar o cortar) será un buen aliado para mantener la tensión narrativa.

Regular la tensión tiene que ver con la buena distribución de los elementos de intensidad dramática en el transcurso del relato. Una vez escrito el cuento y conocido el final, habrá que disponer los puntos de tensión dramática —de acción o de significación para el personaje— de forma encadenada y lógica, en una sucesión clara de causa/efecto que conduzca hasta el desenlace, consecuencia lógica de todo lo anterior.

Veamos este relato de la escritora Ana María Matute, magistral ejemplo de brevedad:

Todos los días, cuando volvía del colegio, el niño que soñaba miraba aquella gran ventana del palacio. Dentro de la ventana había un árbol. El niño no lo podía comprender, y ni siquiera en sueños podía explicárselo. Alguna vez le decía a su madre: «En ese palacio, dentro de la habitación, al otro lado del cristal de la ventana, tienen un árbol». La madre le miraba con ojos serios y fijos. De pronto, parecía que tenía miedo, y le ponía la mano en la cabeza: «No importa, niño», le decía. Pero el recuerdo del árbol perseguía al niño fuera de sus sueños. «Vi el árbol ayer por la mañana y ayer por la tarde, dentro de la habitación. Los de ese palacio tienen un árbol en el centro de la sala. Yo los he visto. Es el árbol gemelo del que vive en la acera, dentro de su cuadrito de tierra, entre el cemento. Sí, madre, es el árbol gemelo, les vi ayer hacerse muecas con las ramas». Como no podía ya pensar en otra cosa, hasta sus sueños le abandonaron. Cuando llegaron los días sin mañana, sin tarde, ni noche, cuando la mano de la madre se quedaba mucho rato en su frente, para frenar su pensamiento, el niño buscaba afanosamente en el suelo de su cuartito y debajo de la cama: «Tal vez el árbol me vaya buscando por debajo de la tierra, y vaya empujando la tierra, y vaya empujando la tierra, y me encuentre». El miedo de la madre le llegaba al niño a la garganta y sus dientes castañeaban. «No importa, niño».

Por fin, un día, vino la noche. Entró en el cuarto y se lo llevó todo. «Madre, qué árbol tan grande», dijo el niño, perdido entre sus ramas. Pero ni siquiera oía ya la voz que repetía: «No importa niño, no importa».

«El árbol»
Ana María Matute

Para terminar, quedémonos con lo que dice Raymond Carver a propósito de su relato «Póngase en mi lugar»:

Durante días y más días, sin embargo, pensé mucho en esa frase: «Él pasaba la aspiradora cuando sonó el teléfono». Sabía que la historia se encontraba allí, que de esas palabras brotaba su esencia. Sentí hasta los huesos que a partir de ese comienzo podría crecer, hacerse el cuento, si le dedicaba el tiempo necesario. Y encontré ese tiempo un buen día, a razón de doce o quince horas de trabajo. Después de la primera frase, de esa primera frase escrita una buena mañana, brotaron otras frases complementarias para reforzarla.

Puedo decir que escribí el relato como si escribiera un poema: una línea; y otra debajo; y otra más. Maravillosamente pronto vi la historia y supe que era mía, la única por la que había esperado ponerme a escribir.

Me gusta hacerlo así cuando siento que una nueva historia me amenaza. Y siento que de esa propia amenaza puede surgir el texto. En ella se contiene la tensión, el sentimiento de que algo va a ocurrir, la certeza de que las cosas están como dormidas y prestas a despertar; e incluso la sensación de que no puede surgir de ello una historia. Pues esa tensión es parte fundamental de la historia, en tanto que las palabras convenientemente unidas pueden irla desvelando, cobrando forma en el cuento. Y también son importantes las cosas que dejamos fuera, pues aun desechándolas siguen implícitas en la narración, en ese espacio bruñido (y a veces fragmentario e inestable) que es sustrato de todas las cosas.

«Póngase usted en mi lugar»
Raymond Carver

CORBATAS PARA EL FUNERAL.
LA IMPORTANCIA DEL TONO

Juan Carlos Márquez

> *Nunca juzgo a un hombre por lo que dice,*
> *sino por el tono en que lo dice.*
>
> Charles Peguy

En nuestra vida cotidiana el tono sale a menudo en las conversaciones. Aparece en frases como «No vuelvas a hablarme en ese tono» o «Me lo dijo con un tonito…». Desde pequeños aprendemos de manera casi instintiva y por puro interés a manejar los tonos. Los niños, pronto, se dan cuenta de que existen más posibilidades de obtener una galleta o unas chuches diciendo: «Por favor, mamá, ¿me das una galleta?», antes que «¡Quiero una galleta ahora mismo!». De la misma forma, cuando quieren obtener los favores de los adultos se muestran especialmente lisonjeros y comentan, de manera espontánea en apariencia, lo guapos que son sus padres o sus abuelos y lo muchísimo que los quieren.

Desde nuestros primeros escarceos con el lenguaje, los humanos manejamos dos clases de tono: el natural o auténtico, y el fingido o ficcional. El primero nos sale solo, psicopatías aparte, porque sí. Forma parte de nuestra naturaleza emotiva y supone una reacción emocional ante un estímulo. Si nos pisan, nos quejamos; sufrimos un enfado que se manifiesta en la manera de expresar esa queja o ese malestar. Si nos hacen cosquillas en la espalda, ronroneamos.

El segundo tono, al que hemos llamado ficcional, y del que nos ocuparemos en este tema, es una creación y, como tal, una elección. El tono de un relato, por tanto, podría definirse como la *actitud emocional* que el narrador mantiene hacia el argumento y hacia los protagonistas.

20.1. Una elección

Contar una historia es un proceso de elecciones. Lo primero que debemos decidir es qué vamos a narrar; eso que llamamos argumento y que desarrollamos, de acuerdo a una estructura más o menos preconcebida, en nuestros textos. El contenido de nuestro relato, en definitiva. Cómo nuestra prima Asunción terminó de bailarina de *streap-tease* en un bar de carretera, la llegada del primer hípster a la Luna en bicicleta o el día que vomitamos sobre la colección de sellos de papá. Una vez definido el *qué* habremos de decidir también *quién* lo contará. ¿Lo hará un narrador omnisciente?, ¿lo contaremos nosotros?, ¿se lo dejaremos a nuestra prima o a nuestra abuela?, etcétera. Las posibilidades son muchas, como venimos viendo desde el tema 16, y debemos elegir.

La tercera elección fundamental es la del tono. El tono se relaciona con el punto de vista, desde dónde vamos a contar la historia, pero sobre todo marca nuestra posición emotiva o afectiva en relación a los hechos narrados, el grado de intimidad, de cercanía, de involucramiento; toda una serie de emociones entre las que primará, por lo general, una concreta. Eso sí, rara vez se manifestará en exclusiva.

A lo largo de las siguientes páginas, iremos viendo con ejemplos ilustrativos un muestrario de diferentes *tipos* de tono. Es imposible abarcarlos todos, pero sí podemos hacer un recorrido por los más reconocibles. Con todo, hemos de insistir en algo: elegir un tono no es como elegir una sola corbata que nos sofoque el cuello. En realidad, sería una especie de corbata mutante. Pueden predominar los lunares, pero a veces nos saldrán rayas, o cuadros, o la corbata adquirirá de repente un negro luctuoso o un fucsia encendido. Habrá un tono *predominante* en un cuento breve, pero es raro que sea único. De hecho, nuestro modelo más cercano, nosotros mismos, estamos llenos de sentimientos encontrados. Podemos ser irónicos e incluso tener un arranque de lirismo. Y con más razón nuestros narradores, sobre todo si queremos que la literatura no se vea reducida al estereotipo y en cambio nos empeñamos en que se parezca a la vida.

O, por qué no, a la muerte.

20.2. Cinco tonos para dar muerte a un personaje

Tan importante es lo que se cuenta como el tono en que se narra. De hecho, a menudo lo que le da verdadero interés a un texto literario es la manera en que se expresan los hechos a través del tamiz personal del narrador, un particular modo de mirar de acuerdo con un estado de ánimo determinado y la cercanía o distancia a lo acontecido. Todos sabemos que ver cómo muere una persona es un espectáculo muy poco edificante, pero incluso ante un suceso tan desagradable, caben diferentes maneras de afrontar los hechos. Ese va a ser precisamente el fúnebre ejemplo con el que vamos a ilustrar esta cuestión del tono.

20.2.1. EL PLACER MORBOSO

Fijaos en el comienzo del siguiente relato:

> Linda y yo vivíamos justo frente al parque McArthur, y una noche que estábamos bebiendo vimos por la ventana que caía un hombre. Una visión extraña. Parecía un chiste, pero no era ningún chiste. El cuerpo se estrelló en la calle. «Dios mío», le dije a Linda, «¡se ha espachurrado como un tomate pasado! ¡No somos más que tripas y mierda y material pegajoso! ¡Ven!, ¡ven!, ¡míralo!». Linda se acercó a la ventana, luego corrió al baño y vomitó. Luego volvió. Me giré y la miré. «Te lo digo de veras, querida, es un gran cuenco de espaguetis y carne podrida, aderezado con una camisa y un traje rotos». Linda volvió corriendo al baño y vomitó otra vez.

«Tres mujeres»
Charles Bukowski

El texto de Bukowski resulta desagradable, incluso molesto. Está escrito desde la visceralidad de un borracho, con un humor muy negro y una selección de palabras y de símiles muy pensada. Por una parte invitan a retirar la mirada, por otra son capaces de producir una risilla nerviosa. Solo con ese párrafo, el escritor presenta al narrador como un nihilista, un tipo descreído, de vuelta de todo, que disfruta recreando su mirada en lo escabroso, e incluso invita a hacerlo a quienes no tienen su mismo estómago. El párrafo también es un libro abierto en lo que concierne a la relación entre el narrador y Linda, que parece escorada al sadomasoquismo.

20.2.2. Perder el respeto

El ejemplo anterior es extremo y se refiere a la manera en que un narrador observa una muerte muy ajena, de una persona con quien no tiene ninguna relación. Hay otras posibilidades: a veces los narradores se enfrentan a muertes colectivas ajenas y pueden hacerlo también de manera muy peculiar y muy distinta a lo que puede esperarse.

En el siguiente texto, el protagonista, un joven español, se ha masturbado frente a la tele pensando en Britney Spears y Christina Aguilera mientras los aviones se estrellaban contra las Torres Gemelas. Este narrador en tercera persona que es la conciencia del personaje nos lo cuenta con un sentido del humor tan irreverente como efectivo:

Se derrumba una de las Torres Gemelas y él eyacula avergonzado, mecánicamente, sin disfrutarlo, como un pervertido, como un enfermo sexual que se arrepiente de haber tocado a un niño. Se limpia a toda prisa, se sube los pantalones, y apoyado en el lavamanos de su cuarto de baño, mirándose al espejo, se repite a sí mismo: «¿Cuál es tu problema? ¿Cuál es tu puto problema? ¿Tú estás mal de la cabeza o qué?». Ahora, piensa, cada vez que alguien le pregunte dónde estaba el 11 de septiembre de 2001 tendrá que mentir. Tendrá que inventarse algo. Tendrá que decir, por ejemplo, que estaba en el campo, o tomando apuntes, o en una reunión, y que en cuanto conoció la noticia dejó todo lo que tenía entre manos, y se abrazó a la persona más próxima, y todos se llevaron las manos a la cabeza, y se taparon la boca, y luego lloraron, porque estaban ante un hecho histórico, el tipo de suceso que se recuerda toda la vida, algo único en la historia, como la llegada del hombre a la Luna o la muerte de Franco o el asesinato de Kennedy. Es consciente de ello, y por lo tanto tendrá que mentir.

11-S
Carlo Padial

El mérito principal del tono elegido por Padial reside en que muestra el negativo de una fotografía. Un suceso como el narrado, un ataque terrorista con miles de muertos, precisaría gravedad, un tono luctuoso. En cambio, el autor se sirve de esos hechos, una vez que el paso del tiempo los ha convertido en «históricos», como marco para contar un historia particular, muy gamberra y provocadora.

Es evidente que el relato de Padial no hubiera hecho gracia a nadie o casi nadie el día posterior a la tragedia. Es muy posible incluso que el relato escociera hoy a un lector norteamericano, como le puede parecer fuera de lugar a muchos lectores de otros países. No obstante, su intención es evidentemente paródica; y bajo la apariencia provocadora del relato, subyace una cierta crítica a la manera predecible en que afrontamos las grandes tragedias y las convertimos en iconos al servicio de nuestra propia historia personal. Lo importante no es tanto lo que pasó sino lo que nosotros hicimos el día que pasó. Hay una derivación en el protagonismo, bastante ridícula, que Padial ha explorado sin ponerse límites.

20.2.3. Nuestro fin

Hasta ahora hemos visto las reacciones de narradores ante la muerte de otros. ¿Qué pasa cuando es tarea del narrador afrontar su propia muerte, especular o fantasear sobre ella? Aquí también cabe un crisol de tonos para abordar el asunto: el drama existencial, el dolor profundo de dejar de existir, la aceptación natural, etcétera. El narrador de este relato de Kjell Askildsen se enfrenta a la muerte con una sinceridad seca y, a su vez, conmovedora. Su acento está más en lo físico y en lo simbólico que en lo trascendental.

> Soy terriblemente viejo. Ya me resulta casi tan difícil escribir como andar. Voy despacio. No logro más que unas cuantas frases al día. Y hace poco me desmayé. Se estará acercando el final. Fue mientras estaba resolviendo un problema de ajedrez. De repente, me sentí extenuado. Tuve la sensación de que la vida misma se estaba extinguiendo. No dolía. Solo era un poco incómodo. Y luego debí de perder el conocimiento, porque cuando lo recobré, tenía la cabeza sobre el tablero de ajedrez. Reyes y peones tirados. Es exactamente como desearía morirme. Será pedir demasiado, supongo, poder morirse sin dolores. Si cayera enfermo con muchos dolores y supiera que la enfermedad y los dolores iban a ser para siempre, me gustaría tener un amigo que pudiera facilitarme la entrada en la nada. Es cierto que las leyes lo prohíben. Desgraciadamente, las leyes son conservadoras, de modo que los médicos alargan los dolores del ser humano, incluso cuando saben que no hay esperanza. Eso se llama ética médica. Pero nadie se ríe. Las personas que tienen dolores no suelen reírse.

El mundo no es misericordioso. Se dice que, durante las grandes depuraciones en la Unión Soviética, a los condenados a muerte se les mataba de un tiro en la nuca, camino del tiempo de espera en las celdas. De repente, sin previo aviso. A mí eso me parece un atisbo de humanidad en medio de tanta miseria. Pero el mundo protestó: al menos habrían de tener derecho a morir cara a un pelotón de ejecución. El humanismo religioso no es poco cínico, ay, o el humanismo en general.

Thomas
Kjell Askildsen

Podría hablarse en este caso de un tono generacional. El tono está relacionado también de manera íntima con la percepción que la edad nos ofrece sobre el mundo. Morirse no puede significar lo mismo para alguien que tiene tan cerca la muerte que casi la toca como para alguien que la ve aún lejana.

20.2.4. LA MUERTE EN SOLEDAD

Igual que los indios van a morir a la montaña, el resto de nosotros, cada vez más, vamos a morir a los asilos o a los pisos tutelados. La residencia es, en ese sentido, una antesala de la muerte. De la residencia se va al hospital o al cementerio. No suelen existir otras posibilidades.

Durante varios años, el escritor Quim Monzó tuvo que bregar con la vejez y las enfermedades de sus padres en hospitales y residencias, y ese período quedó reflejado en varios relatos de su libro *Mil cretinos*. El resultado es de una dureza tangible, cosificadora, que causa estremecimiento.

Aquí —dice—, cuando alguien muere dicen que *se ha ido*. Sabes que alguien ha muerto porque, de pronto, deja de estar aquí. De repente ya no está nunca: no está en el jardín, ni en el comedor ni en la sala de la tele, no está en ninguna parte, y hasta el día anterior siempre estaba. El primer día, pase: puede que esté enfermo. Pero si hace días que no está en ninguna parte y preguntas qué le ha pasado, te dicen que se ha ido. Se ha ido, ¿adónde? No te lo aclaran. La semana pasada *se fue* otro. A veces, por las noches, oyes ruidos en los pasillos. De repente todo son pasos de un lado para otro. Rápidos, con prisa. Deben de llevar un cadáver, pienso siempre, y es lógico que se lo lleven a medianoche para no preocupar a los demás que vivimos aquí.

«El señor Beneset»
Quim Monzó

La muerte está presente desde nuestros primeros años de vida. Nacemos con esa etiqueta puesta. No es necesario, pero los adultos se empeñan en que lo sepamos en lugar de mentirnos como hacen, por ejemplo, con los Reyes Magos o sobre cómo se hacen los bebés.

El caso es que, desde muy niños, nos arrojan la muerte encima como una manta de Ikea. A edades tan tempranas suele convertirse en una obsesión: «Papá, ¿tú te vas a morir? ¿Cuándo te vas a morir? ¿Y yo también tengo que morirme?». Con posterioridad, se va difuminando en una sensación que podemos llamar de *naturalidad* ante la muerte. No deja de ser una naturalidad un tanto ficticia, porque se trata de una naturalidad nacida de la distancia, del hecho de que, en principio, nos queda una vida larga por delante.

Para terminar el tema, veamos cómo observa la muerte una niña en este relato de Iban Zaldua. Su madre contesta a las preguntas con cierta frialdad, como si la muerte no fuera con ellos, pero es que, en realidad, no va con ellos. El relato de Zaldua es distópico y ocurre en un futuro en que la población se divide entre mortales e inmortales (aquellos que desean serlo y pueden pagarse un programa de inmortalidad). La familia de la niña ha optado por la segunda opción.

—Mamá: a los muertos, ¿adónde se los llevan?

La madre hace como que no ha oído, con la esperanza de que su hija no vuelva a repetirle la pregunta.

—Mamáaa. Que te he preguntado una cosa…

—¿Qué, cariño? Perdona, no te he oído bien. De todas formas, ¿no te parece que vas un poco lenta con tu merienda? Venga, ánimo; cuando termines con el bocadillo te hago un zumo de naranja.

—Te he preguntado que a ver adónde llevan a los muertos, mamá.

—¿A los muertos? Pues, bueno, a algunos los entierran. Los cementerios son para eso; ya sabes, ese jardín que está de camino al parque del Norte… Pasamos a menudo por ahí.

—¿Que los entierran?

—Sí, los entierran, los meten bajo tierra.

—Bajo tierra… ¿desnudos?

—No, no, vestidos. Primero los colocan dentro de una caja de madera, y lo que meten en el agujero es la caja; eso se llama tumba. Después la cubren de tierra y la dejan allí.

—A algunos los entierran. ¿Y a los otros?

—A otros los incineran.

—¿Incinerar?

—Sí, los queman, se convierten en ceniza. En unos hornos especiales.

—¿Y qué hacen con las cenizas?

—Pues… algunas veces las arrojan al viento, por ejemplo en algún lugar que le gustara al muerto. Otras, sin embargo, las guardan en unos recipientes especiales.

—Ah…

—Pero dime, Ixiar, ¿quién te ha hablado de los muertos?

—Iñaki.

—¿Iñaki?

—Sí, Iñaki, el de la escuela, el de mi clase.

—Pero ¿por qué te ha contado nada acerca de los muertos?

—Porque su padre le ha dicho que algún día se morirá.

«Porvenir»
Iban Zaldua

EL RITMO DE LA PROSA

Ángel Zapata

La narrativa es, en su dimensión más inmediata, un uso artístico del lenguaje. Dentro de un texto de ficción, las palabras se emplean no solo atendiendo a su valor informativo, sino tomando en cuenta, también, el disfrute estético que puede derivarse de su selección y sus combinaciones.

Hay razones para ello. Históricamente, la poesía fue la matriz y el origen de la escritura literaria. Y esto hace que en la elaboración de géneros tan dispares como puedan serlo la narrativa o el ensayo artístico no sea recomendable desatender ciertas cualidades que, en principio, nos parecerían más ligadas al territorio de lo poético.

La musicalidad, la cadencia o el ritmo son —en efecto— rasgos distintivos del lenguaje de la poesía. Y en la historia de la literatura no han faltado movimientos y escuelas muy relevantes (Romanticismo, Simbolismo) que colocasen sobre la prosa narrativa una exigencia de armonía sensible y poder de evocación idénticos a los que son propios de la escritura de un poema.

En un sentido opuesto, buena parte de las corrientes realistas han tendido a poner el acento sobre los valores informativos y comunicativos del texto de ficción, en detrimento de otras cualidades más acusadamente estéticas.

Más allá de preferencias personales y disputas de escuelas, dentro de la tradición de la teoría literaria hay, sin embargo, un consenso suficiente en torno al hecho de que una prosa narrativa debe *sonar* bien. No se espera de un narrador el tacto para las cualidades sensibles de las palabras ni el virtuosismo rítmico de un poeta (ocurre, más bien, que el exceso en este sentido puede ser percibido como amaneramiento). Pero a la vez sí es exigible de un narrador que su prosa se despliegue con fluidez y elegancia, y que allí donde esta fluidez y esta elegancia falten sea porque se ha dado prioridad a otras necesidades de expresión más congruentes con la naturaleza del texto mismo.

21.1. Algunas preguntas sobre el ritmo

¿De qué depende, pues, la cadencia de la prosa? ¿Qué es lo que da elegancia y ritmo al fraseo de una narración?

Como en tantos otros aspectos de la técnica literaria, también aquí los factores que intervienen son múltiples, y difíciles de aislar y describir. Sí hay, en cambio, un recurso básico que contribuye eficazmente a subrayar el carácter de discurso organizado que es inseparable del texto narrativo. Y sobre ello vamos a hablar en este tema.

Para acercarnos a este procedimiento, empezaremos por leer —por *escuchar* con un oído alerta, más bien— este párrafo de Gabriel García Márquez, incluido en *Cien años de soledad*:

En mayo terminó la guerra. Dos semanas antes de que el gobierno hiciera el anuncio oficial, en una proclama altisonante que prometía un despiadado castigo para los promotores de la rebelión, el coronel Aureliano Buendía cayó prisionero cuando estaba a punto de alcanzar la frontera occidental disfrazado de hechicero indígena. De los veintiún hombres que lo siguieron en la guerra, catorce cayeron en combate, seis estaban heridos, y solo uno lo acompañaba hasta el momento de la derrota final: el coronel Gerineldo Márquez. La noticia de la captura fue dada en Macondo con un bando extraordinario. «Está vivo», le informó Úrsula a su marido. «Roguemos a Dios para que sus enemigos tengan clemencia». Después de tres días de llanto, una tarde en que batía un dulce de leche en la cocina, oyó claramente la voz de su hijo muy cerca del oído. «Era Aureliano», gritó corriendo hacia el castaño para darle la noticia al esposo. «No sé cómo ha sido el milagro, pero está vivo y vamos a verlo muy pronto». Lo dio por hecho.

Cien años de soledad
Gabriel García Márquez

Como puede observarse en una primera lectura, el texto de García Márquez está dotado de una excelente sonoridad. La escritura fluye; la prosa tiene cadencia, equilibrio, armonía. El ritmo del texto, su avance, se va ajustando, incluso, a la naturaleza de los hechos que narra. ¿Cómo se consigue este efecto?

Mediante varios procedimientos, claro está. Pero el principal de ellos —y el que va a ocuparnos en las páginas que siguen— es la estrategia que consiste en *distribuir de un modo equilibrado la cantidad y la duración de los periodos*.

21.2. ¿Qué son los periodos?

Para explicar este recurso con el detalle preciso, habrá que decir de entrada que se llama «periodo» a cualquier palabra, o grupo de palabras, comprendido entre dos signos de puntuación, ya sean coma, punto, dos puntos, punto y coma, guion, signo de interrogación, etcétera.

Una frase como la que escribo aquí consta de un único periodo.

Esta otra frase, en cambio, se compone de tres.

Y esta última frase de ejemplo —entrecortada por los incisos— tiene, como puede apreciarse a simple vista, cinco periodos.

Volviendo ahora al ejemplo de García Márquez, vemos que la combinación de que se sirve el autor a lo largo del párrafo es rítmica y variada. De hecho, al contar los periodos de que consta cada una de las frases nos sale una secuencia como esta: 1, 3, 5, 1, 2, 1, 3, 2, 2, 1.

Lo primero que nos indica esta secuencia es que la cantidad de periodos que tiene cada frase se va combinando a lo largo del párrafo de un modo variado (no es, por ejemplo, una secuencia como 5, 5, 5, 3, 3, 3, 3, 2, 2, 2).

Y lo segundo que podemos observar es que todo el párrafo está construido con frases de 1, 2, 3, y 5 periodos.

Sin perder de vista esta forma de organizar el ritmo de un texto presente en el trabajo de García Márquez, vamos a estudiar ahora un ejemplo distinto.

Nada más lejos del universo encantado de Macondo que la sobriedad y hasta la crudeza hiperrealistas que nos salen al paso en los cuentos de Raymond Carver. Sin embargo, enseguida veremos cómo también en su escritura emplea Carver una distribución de periodos similar. Prácticamente al azar, tomamos un párrafo de uno de sus relatos titulado «Fiebre». Este es el texto:

> Carlyle estaba en apuros. Había estado así todo el verano, desde que le dejó su mujer a principios de junio. Pero hasta hacía poco, justo unos días antes de empezar las clases en el instituto, Carlyle no había necesitado a nadie que le cuidara los niños. Él se había ocupado de ellos. Los había atendido día y noche. Su madre, les dijo, estaba haciendo un largo viaje.

«Fiebre»
Raymond Carver

Y si ahora contamos una vez más los periodos de las frases, nos encontramos con que la secuencia es la siguiente: 1, 2, 3, 1, 1, 3.

Es verdad que los dos textos, el de García Márquez y el de Carver, tienen en el oído de los lectores una respiración y una sonoridad muy distintas. Obviamente, no podría ser de otro modo. El universo épico de García Márquez necesita una prosodia de aliento largo, mientras que a la representación hiperrealista de Carver le conviene una prosa mucho más contenida y sincopada.

Desde el punto de vista formal, la diferencia estriba en que los periodos que usa el autor de *Cien años de soledad* son notablemente más largos —es decir: cada uno contiene mayor cantidad de palabras— que los periodos que emplea Carver.

Aun así, no dejemos de observar que los dos estructuran el desarrollo del párrafo dando preferencia a las frases de 1, 2, y 3 periodos.

Hay que insistir, sin duda, en que estamos comparando dos tipos de ficción enteramente distintos. Y, con todo, a la hora de organizar rítmicamente el avance de la narración, ambos autores —Carver y García Márquez— se sirven de una misma estrategia.

21.3. ALGUNOS CONSEJOS PARA USAR BIEN EL RITMO DE LA PROSA

A estas alturas, tenemos en mente ya tanto el concepto como el valor de la combinación armónica de los periodos. Lo que sigue son una serie de recomendaciones prácticas —podríamos decir que puramente artesanales— acerca de cómo usarlos en el contexto de un relato breve.

21.3.1. COMBINA TODO LO POSIBLE

Dentro de un párrafo, serán siempre buenas combinaciones las que estén construidas con alternancia y variedad. Esta por ejemplo: 1, 3, 2, 4, 1, 3, 5, 1, 3, 1.

Y es muy probable, en cambio, que no funcionen rítmicamente combinaciones del tipo: 2, 2, 2, 2, 3, 3, 3, 3, 3, 5.

O cualesquiera otras combinaciones donde se usen de un modo recurrente frases con la misma cantidad de periodos. En estos casos, hay un riesgo muy alto de que el «fraseo» del texto sea percibido como insistente y monótono.

21.3.2. PARA EL CUENTO, MEJOR EN CORTO

Conviene dar preferencia al uso de periodos cortos, sin una excesiva cantidad de palabras; y muy especialmente en un género como el cuento.

En efecto: si en una narración corta utilizamos una prosodia de aliento largo —es decir: una prosodia construida sobre frases cuyos periodos tienen una extensión notable—, el resultado que se produce es el de una inadecuación entre la «respiración» de la escritura y la duración misma del texto. De un modo subliminal, el lector se quedará con la impresión casi física de una ficción jibarizada: una narración que apuntaba hacia un universo imaginario de amplio desarrollo, y que ha concluido cuando apenas se disponía a empezar.

Por un motivo análogo, las frases construidas sobre periodos largos connotan muchas veces el sentido y la experiencia de lo inabarcable: ya sea la solemnidad de la prosa meditativa y filosófica, ya el mundo vasto y tumultuoso de las narraciones épicas. En los dos casos se utiliza lo que podríamos llamar una prosa «en modo mayor», que resulta evidentemente inadecuada para las dimensiones y la finalidad estética de un relato breve.

Tal como hemos visto en el trabajo de Carver y de García Márquez, conviene tomar como elementos básicos del párrafo las frases de 1, 2, 3, y 4 periodos, y combinarlas con variedad.

Si en algún relato necesitáramos emplear abundantemente frases de 6, 7, 8 o más periodos, hay que procurar que los periodos mismos no sean muy largos; y/o que alternen, dentro de la frase misma, periodos largos y breves.

Una vez más: una frase que estuviera compuesta por ocho periodos largos (5, 7, 8, 9, 6, 7, 5, 8), lo más probable es que resultara pantanosa y detuviera completamente el ritmo de la narración.

21.4. Las dos frases básicas

21.4.1. Un solo periodo

La frase de un único periodo merece una mención aparte en este tema, tanto por su vigor expresivo, como por su carácter estructurante en el desarrollo de la narración.

En efecto: la frase de un único periodo es la frase discursiva por antonomasia.

Es el enunciado.

La unidad mínima del discurso.

Tal como afirma Cicerón en su *Retórica*, este tipo de frases «son agradables de oír, por su rotundidad breve y completa».

Pero además de esto, las frases de un único periodo actúan casi como una puntuación prosódica en relación con el párrafo, y por eso se utilizan a menudo como descansos, como pequeños rellanos que segmentan, organizan e imprimen ritmo al avance del texto.

Cuando en un relato percibimos que un párrafo se hace pesado y lento, la solución, muchas veces, es «almohadillarlo» con tres o cuatro frases de un único periodo y de extensión muy breve.

21.4.2. Tres periodos

Si la frase de un periodo es la unidad discursiva mínima, la frase de tres periodos, a su vez, es la «frase narrativa» por excelencia. ¿Por qué? Porque al componerse de tres periodos, este tipo de frase permite articular ya una secuencia completa, o —lo que es igual— una pequeña unidad de acción cerrada sobre sí misma, y compuesta por un planteamiento, un nudo y un desenlace. El efecto podemos observarlo en esta microsecuencia, extraída también de *Cien años de soledad*, que se articula con extrema precisión en una frase de tres periodos:

> Tantas flores cayeron del cielo, que las calles amanecieron tapiadas de una colcha compacta, y tuvieron que despejarlas con palas y rastrillos para que pudiera pasar el entierro.

En la frase hay, efectivamente, un primer suceso que es el detonante de la acción (*planteamiento*):

> *Tantas flores cayeron del cielo,*

El suceso se desarrolla ahora, y termina en una situación que abre en los lectores una expectativa en torno a su resolución final (*nudo*):

> *que las calles amanecieron tapiadas de una colcha compacta,*

Y esta dificultad representada en el segundo periodo se resuelve por fin en el tercero (*desenlace*), a la vez que se manifiesta el núcleo significante del episodio —el entierro que debía tener lugar—, y se abre la situación que da paso a la frase siguiente:

> *y tuvieron que despejarlas con palas y rastrillos para que pudiera pasar el entierro.*

Respecto de las frases de tres periodos se puede añadir una observación igualmente artesanal, y es que en ellas conviene que el último periodo sea el más largo.

Esto no es preceptivo en absoluto, claro. Pero sí podría decirse que las frases de tres periodos donde el último es el más extenso dejan en el lector una impresión de amplitud y elegancia, o —expresado metafóricamente— que son frases que «respiran bien».

En el mismo sentido —y ya por último—, conviene no pasar por alto la impresión dinámica y de avance que transmiten las frases de tres periodos en construcción *creciente*, es decir: aquellas frases donde la extensión de los periodos va aumentando de uno a otro.

Podéis observarlo en la frase de García Márquez que acabamos de tomar como ejemplo.

Con todos estos datos e indicaciones a la vista, la impresión más inmediata podría ser la de que organizar prosódicamente un párrafo requiere por parte del escritor o la escritora una pericia de virtuoso y una paciencia de monje benedictino. Pero el hecho es que no es así.

Sí es imprescindible, claro, practicar este recurso durante un tiempo razonable, a fin de asimilarlo.

Una vez asimilado, sin embargo, el procedimiento se automatiza, se vuelve espontáneo. Y a partir de ahí, ya no nos es posible escribir de otro modo que llevando en la cabeza, y en la punta de los dedos, esa *música* característica que siempre reconocemos y disfrutamos en una buena narración.

LOS BUENOS DIÁLOGOS [I]. PRINCIPIOS BÁSICOS

Matías Candeira

En la novela y el cuento, el diálogo es uno de los recursos narrativos básicos, además de uno de los más placenteros de escribir. Con ellos podemos imprimirle ritmo a la narración, transmitir la psicología de un personaje a través de sus palabras, hacer que nuestro protagonista interactúe con otros, dar velocidad a la historia o, por el contrario, introducir un tiempo de respiración diferente.

Hay quien dice que los diálogos son todo un arte, y no le falta razón: la construcción de un buen diálogo requiere de destreza técnica, mucho oído (el personaje debe quedar bien caracterizado en su manera de hablar) y una capacidad de síntesis suficientemente poderosa como para que suene natural, verosímil y, al mismo tiempo, sea expresivo y rico en matices. Cuando escribimos un diálogo, debemos tener en cuenta que estamos transcribiendo algo que *se parece* al habla entre dos personajes, a una conversación, pero convenientemente estructurada, depurada de ruido y exceso de coloquialismos y, al mismo tiempo, fluida y musical.

Un buen diálogo se recuerda y se graba en el lector porque es la forma más cercana a la desaparición del artificio literario, además de una de las más vivas y memorables. Supone viajar al cerebro y a la boca de nuestros personajes. Cuando tiene garra, la sensación es la de absoluta veracidad, como si estuvieran hablándonos al oído y apresáramos la esencia interior de quien habla.

Vamos ahora a detallar los primeros aspectos técnicos básicos que deberemos tener en cuenta a la hora de escribirlos.

22.1. FORMAS BÁSICAS DEL DIÁLOGO

22.1.1. EL ESTILO DIRECTO

El estilo directo reproduce la conversación de dos personajes *en vivo*. Por supuesto, el tiempo de la narración debe mostrar la conversación en presente, ya que se mantiene en ese momento. No importa que el tiempo verbal que el narrador usa para la historia sea el pretérito perfecto simple («dijo»). Los personajes no se hablarán el uno al otro en pasado. Sonaría tan extraño como el ejemplo que sigue:

> —Tuviste que venir aquí hace una semana e ibas a pedir que Elena se casara contigo. Te cuento que el otro día el carnicero también vino con la furgoneta…

Para mantener un diálogo es imprescindible acercarse a escuchar. Sucede, claro, a través de las palabras en vivo (a excepción, como decíamos, del «dijo» que solo reproduce el tiempo verbal que el escritor está utilizando para contar toda su historia):

> —Si vienes a buscar a Elena —dijo Jonás—, se te ha adelantado el carnicero. Ha estado aquí hace un rato rondando con la furgoneta. Es más guapo y tiene más pasta que tú.
> —Pero yo la quiero —contestó; y se quitó la gorra. Jonás estaba ya cerrando la ventana.
> —Tienes que buscar otra manera de conseguir que ella te diga que sí.

22.1.2. Cómo se puntúa correctamente el estilo directo

Un diálogo mal puntuado queda automáticamente desactivado en la mente del lector. Pierde su capacidad sugestiva. Vamos a detallar ahora las reglas imprescindibles de ortotipografía.

- Cada diálogo va con sangría de primera línea, como un párrafo normal de la narración cuando introducimos punto y aparte.
- Salvo en casos muy específicos, los diálogos *no* deben ir en cursiva:
  > —Me estás dando frío, Jeremy.
- Su unidad de puntuación básica es el guion largo (—). Usar un guion corto (-, la tecla *menos* del teclado numérico) es siempre incorrecto.
- El guion de diálogo se utiliza para abrir las acotaciones entre parlamentos, y para cerrarlas, si el diálogo continúa después.

- Siempre va pegado a la primera palabra del parlamento, sin espacio:

    —Tienes los dedos en forma de garra, cariño.

- A su vez, debe haber un espacio entre el final del parlamento y la acotación, si la introducimos:

    —Tienes los dedos en forma de garra, cariño —dijo Clarisa.

- En caso de que el personaje vaya a seguir hablando, la acotación siempre irá enmarcada por los guiones largos, sin espacio. Y el punto, la coma o los dos puntos, después del guión de cierre de la acotación:

    —Tienes los dedos en forma de garra, cariño. Escucha —dijo Clarisa—: a mí no me importa, te quiero igual.

- Las acotaciones que indican una acción independiente del diálogo; es decir, que no entra dentro de los términos de respuesta como «dijo», «contestó», etcétera, serán puntuadas como una frase corriente. El punto cerrará el diálogo, la acotación de acción irá en mayúsculas y la puntuación, en este caso, también será parte del enunciado acotado:

    —Tu padre no te quería. —Ella se movió de un lado a otro, luego lo miró.— Yo sí te quiero, y si necesitas que te lo diga más veces, lo haré.

22.1.3. Acotaciones en el estilo directo

La mayoría de los escritores primerizos sienten una especie de picor furioso con este asunto de acotar, incidir o pausar los diálogos, y están convencidos de que es necesario utilizar una infinita variedad de marcas de diálogo para que la narración no suene repetitiva. Hay muchísimos casos de historias que se van desmembrando en acotaciones cada vez más delirantes: dijo / propuso / contestó / inquirió / repuso / susurró / adujo / conminó / sentenció…

Nos parece un grave error. Un diálogo, ante todo, tiene que sonar natural, verosímil y adaptado a la eficacia de la historia. El tono, la información y el estado de ánimo del personaje se deben intentar transmitir en el parlamento, no en la acotación.

Un diálogo que varía permanentemente sus acotaciones acabará por sonar como un alarde marrullero del escritor, sin sentido ni propósito. Se sentirá extraño y muy poco natural. Redicho:

—Su sonrisa es preciosa —adujo él, tocando el laúd con un par de florituras de piernas.
—Usted también me parece un ser de luz —repuso ella.
—Vaya, ¿y qué más ve en el interior de mi alma? —inquirió él inquisitivamente.
—El paraíso —sentenció la mujer, con voz vivaracha y cortés.

La forma más recomendable de utilizar las acotaciones en el diálogo es la que sirva al propósito de la conversación: *ser escuchada*, sin intermediación excesiva del narrador en el parlamento del personaje. Por eso es deseable que se utilicen pocas fórmulas para marcar las acotaciones —«dijo», «contestó», «respondió»—, y que, llegado cierto punto de la conversación, los personajes estén tan bien caracterizados al hablar que no sea necesario acotar más que lo imprescindible, lo justo para que el lector pueda deducir quién está hablando en ese momento.

La acotación suele ser más necesaria cuando necesitamos que el lector visualice una acción que el personaje realiza mientras habla, o porque queremos hacer una pausa en la narración y nos parece imprescindible marcarlo:

—Cállate de una vez. —Iba cerrando las puertas tras de sí. Yo lo seguía—. Si él es mi padre, voy a pedirle mi parte de la herencia.

También será necesaria si no puede entenderse por el contenido del diálogo. Por ejemplo, si nosotros queremos que un personaje se ruborice y tartamudee, utilizaremos ambas cosas: un diálogo, con sus puntos suspensivos, para el titubeo, y una acotación para marcar el gesto físico que apoya su nerviosismo al hablar.

—Pero tú… Tú me habías dicho que… —Jonás se giró para ocultar que se había puesto rojo—. No me mientas.

22.2. Estilo indirecto

La presencia de conversaciones en un relato o una novela no significa, en cualquier caso, que se deban transcribir literalmente todo el tiempo. Si ya conocemos esa información por escenas anteriores, sería una pérdida de espacio importante que un personaje se la repitiera a otro. A veces, tampoco necesitamos que los personajes digan todo lo que está en juego, pero sí nos es imprescindible aportar una especie de «pie» narrativo que nos permita llegar a la parte capital de la conversación. Por tanto, nos basta con sintetizar ese diálogo mediante sencillas fórmulas narrativas.

Haremos avanzar rápidamente la escena de diálogo hacia la parte que nos interesa enfocar y ampliar.

El *estilo indirecto* es la segunda manera de introducir información dialogada, condensarla y, con todo, seguir haciendo avanzar a la narración sin que el lector pierda detalle. Técnicamente es mucho más sencillo de utilizar que el estilo directo. Parte, además, del mismo principio que los resúmenes narrativos: condensa lo que dice un personaje; de hecho, lo condensa para dejar paso a la parte importante de la conversación y ahorrarle tiempo al lector.

Nuestro narrador puede, por tanto, resumir lo que un personaje dice, es decir, citarlo de forma indirecta. Esta forma narrativa se utiliza en el mismo tiempo verbal que el resto de la narración. La fórmula es muy sencilla: usaremos un verbo introductor, por ejemplo, «dijo» o «me contó». Le seguirá una partícula o frase conjuntiva (*que*) para formular esa parte de diálogo que queremos relatar de forma indirecta.

Imaginemos un relato donde se plantea una situación de guerra. Un consejero entra en la alcoba del rey a conversar con él. Es muy posible que el lector ya haya conocido, por informaciones anteriores del narrador, que están a punto de asediar el castillo. En tal caso, necesitaríamos, seguramente, algo de estilo indirecto (en cursiva) para avanzar rápido, y algo de estilo directo para que la escena se pause y se enfoque.

> El rey estaba desnudo. Me había girado para no turbarle, aunque oía el roce de su ropa contra el cuerpo. Tenía el cuerpo blanco, lleno de cicatrices. Parecía uno de esos bivalvos gelatinosos que vivían en las peceras del corredor principal. Se vestía ante mí rápidamente,

sin ceremonia, como un soldado. Era la primera vez que le veía temblar. *Le pregunté* qué había querido decir en el banquete con los emisarios.

—A veces no quiero decir nada. Solo menciono lo evidente. No tenemos soldados para esto. Y no llega material suficiente para reforzar las defensas. Nadie quiere hablar conmigo.

—Majestad… —traté de decir. Luego me callé. El rey tenía una horca en uno de los patios, y mal carácter.

Siguió hablando durante un rato más, *mencionando* las pérdidas de dinero del palacio y luego *diciéndome* que no me preocupara. La solución aparecería tarde o temprano. Solo tenía que dormir un poco.

22.3. PARA QUÉ PUEDE Y DEBE SERVIR UN DIÁLOGO

Para hacer avanzar la acción: el diálogo sucede en el tiempo interno de la narración y, por supuesto, la hace progresar. A través de esta herramienta podemos asistir a un clímax, comprender un cambio, revelar una información importante o alcanzar momentos de intensidad dramática.

Para expresar el pensamiento o la opinión de un personaje: si dialoga con otro, no nos será necesario explicar sus disquisiciones en el transcurso de la acción o abusar de la reflexión por parte del narrador. Oírle hablar es oírle pensar.

Para saber quién habla, y cómo es: el diálogo es extremadamente valioso para transmitir información sobre la psicología de un personaje *en acción*. Con su manera de hablar, sus inflexiones, sus omisiones, su opinión, su vehemencia, su timidez (sea el que sea el sentimiento desde el que hable), le comprenderemos mejor. Es otro de los elementos que le aportan tono a la narración.

Para hacer que los personajes interactúen: Sería extremadamente rara esa narración en la que nuestro protagonista no habla con nadie y vaga permanentemente solo con sus ensoñaciones y reflexiones (las hay, pero no abundan). A menudo, el personaje funciona y se nos muestra «real», también, porque se integra en la lógica de las relaciones humanas, vive en sociedad, habla, es *en los otros*.

Para producir variedad compositiva: es una pieza más de todas las que usamos para «componer» un relato o una novela. Necesitamos muchas para dar la impresión orgánica de tener una verdadera historia entre las manos.

22.4. Para qué no debe servir un diálogo (o los errores más comunes)

No sirve para informar de las ciencias y los saberes. Como escritores, debemos documentarnos, pero nunca dar clase de astrología o biología molecular a nuestro lector. Corremos el riesgo de estar narrando un documental de los leones del Serengueti en lugar de escribiendo un relato. Lo que el personaje dice debe ser acorde con su manera de hablar y estar subordinado al contexto eficaz de la historia. Resultaría pesado y pedante que, si está arreglando el motor de un coche, le explicara a otro personaje el principio científico del funcionamiento de las bujías.

No sirve para escuchar jerga. Quien abusa de los coloquialismos, del *slang*, en fin, de la extrema (y forzada) naturalidad que trata de otorgarle a su personaje, estropeará su diálogo. Hay muchas maneras de construir una conversación, todas válidas si ayudan a contar nuestra historia.

Más neutras, más cercanas, más musicales, más coloquiales o más humorísticas.

Lo que es evidente es que el diálogo tiene que estar adecuado a la manera de hablar del personaje (un niño no hablará igual que una bruja, ni una bruja igual que un campesino). Debe sonar natural y comprensible, fluido y, con todo, ser la cristalización y depuración del parlamento del personaje que habla. Debemos eliminar ruido para llegar al corazón de la conversación. Un exceso de coloquialismo y de jerga enmaraña el diálogo, y la información importante se opaca dentro de toda esa jerigonza.

No sirve para explicar información obvia. El diálogo es la transformación, síntesis y sugerencia de lo que se dice y, más importante, de lo que se quiere decir. El error más común del principiante parte del mismo principio: querer congraciarse demasiado por el lector y tratarlo como un bebé que no puede deducir nada por sí mismo. Esto nos lleva al quinto punto de este tema: los niveles del habla.

22.5. LOS NIVELES EN LOS DIÁLOGOS

No existe un buen diálogo que no posea distintos niveles de lectura.

El *primer nivel* es el de la información objetiva. Cuando nos iniciamos en la escritura solemos abusar de la reiteración y subrayar lo obvio. Lo obvio en una narración es lo que ya se ha dicho —o debería haberse dicho— mediante el propio relato. Os pondré un ejemplo cómico, con acento delirante y pasado de coloquialismo. Imaginemos la clásica escena de telenovela donde el personaje que habla nos explica sus intenciones:

—José Romualdo, tú mataste a mi padre y despreciaste a tu hijo. Llevo toda la vida amándote. Ah, José Romualdo, voy a impugnar el testamento, los papeles de la granja y todas las vacas que poseemos. Sufrirás mi venganza.

La razón de cometer este pecadillo es muy sencilla. Nuestra inseguridad y falta de familiaridad con el personaje que «habla» nos empuja a servirnos de él, transmitiendo toda la información que tenemos en la cabeza tal y como queremos que la diga, como si tuviéramos los hemisferios cerebrales helados. Pensamos que si no decimos todo lo que tiene que confesar faltarán elementos importantes para entender la historia. No confiamos en ella.

En este primer nivel, nuestros personajes dicen «te quiero» y explican por qué quieren a esa persona. Los sentimientos son puros y, a menudo, los parlamentos son largos y poco naturales. Bloques enteros de charla aplastan la paciencia del lector. Todo es perfectamente entendible, claro, meridiano. No hay lugar para la sombra del habla humana, el malentendido y la ocultación.

A menudo, al estancarnos en este nivel, no existen matices en la voz del personaje, que es un mero instrumento o canal de datos. Tampoco hay silencios u omisiones valiosas de detalles narrativos importantes, donde podamos jugar y deducir por nosotros mismos o percibir la intensidad de la escena. El efecto es muy parecido al de imaginarse un altavoz de megafonía de un supermercado que transmite rutinariamente determinada información.

En el primer nivel no hay posibles matices en lo que el personaje dice, y por eso, es un personaje que se percibe como «explicante». Nunca es redondo y, si nos ponemos estrictos, ni siquiera podríamos considerarle como nada en absoluto; más bien como un jarrón, un continente de información meramente decorativo que habla y habla y habla, hasta que lo que dice se pierde en el vacío.

Un *segundo nivel* de diálogo es el que empieza a ser útil, aunque todavía se puede llegar a percibir demasiado «diseñado».

En literatura, las técnicas que usamos deben ayudar a la historia, pero es deseable que, como todo buen truco de magia, sean seductoras y no se noten. En un posible segundo nivel, los personajes parlamentan con cierto sentido de la escena —que se dirige hacia un fin—, se interrogan, las voces están matizadas y cada personaje tiene una manera de hablar más o menos reconocible. En definitiva, el lector percibe que el diálogo es útil porque la información que está recibiendo en el intercambio está medida, transformada y dramatizada.

Uno de los errores más frecuentes consiste en «filtrar» a través de los personajes una información que el lector necesita conocer, pero siempre partiendo de un error de verosimilitud importante. Los personajes *ya* la conocen. El mal escritor de diálogos es ese que pone a dos policías caminando por un bloque de apartamentos. Los hace pararse ante la puerta del sospechoso y sacar sus armas reglamentarias. Y entonces uno de ellos, de pronto, dice: «¡No podemos entrar, Bob! ¡Necesitamos una orden de registro!».

Visto este diálogo al microscopio, ¿no es un poco absurdo? Dos profesionales, con muchos años de registros de apartamentos de sospechosos a sus espaldas, que han pedido ya muchas órdenes de registro y que, por lógica, ya saben que no pueden entrar en ese apartamento, van y se explican el uno al otro que no, que no pueden entrar ahí sin una orden.

Si ya conocen esa información, que se la cuenten otra vez es ilógico y artificial, y denota poca destreza narrativa.

Como ya hemos dicho que estamos en el segundo nivel, las cosas se complican para nosotros. Hay que estrujarse el cerebro para saber cuál es la verdadera conversación que podrían mantener.

Un personaje que le indica a otro cómo desactivar una bomba nunca dirá:

> —Según el manual debes empalmar el tercer cable con la bujía y esperar que todo vaya bien.

Probablemente, la utilidad del diálogo dicte que el personaje muestre lo que sabe, no que lo explique. Lo que diría podría parecerse a esto:

> —¿Ves la bujía? Arráncala. Tapa la fuga. Los cables de abajo tienen que empaparse.

Un *tercer nivel* es aquel en el que el diálogo es tan natural que hemos conseguido la intensidad, el ritmo, la tensión y todo el *swing* que nos da el buen hablar. Pocas cosas hay mejores en una novela o en una película. Los personajes, además, ya tienen una propia manera de hablar, tanto en los parlamentos que cumplen una sencilla función en la escena como en aquellos donde pueden explicar su visión del mundo, caracterizarse psicológicamente, manifestar oposición, pelear; en fin, allí donde adquieren presencia, cuerpo y peso. En este nivel están redondeados.

Este, por ejemplo, es de la película *Perdición*, de Billy Wilder. Tanto el ritmo como los dobles sentidos, la caracterización de los personajes y la tensión sexual están perfectamente sincronizados para alcanzar un nivel superior. Elegancia narrativa en estado puro:

> Neff: Quisiera saber qué hay grabado ahí [se refiere a un brazalete de oro que ella lleva en el tobillo].
> Phyllis: Mi nombre.
> Neff: ¿Cuál?
> Phyllis: Phyllis.
> Neff: Phyllis, ¿eh? Creo que me gusta.
> Phyllis: Pero no del todo, ¿eh?
> Neff: Suelo pensar las cosas antes de decidirme.
> Phyllis: Señor Neff, ¿por qué no viene mañana noche a eso de las ocho y media? Estará aquí.
> Neff: ¿Quién?
> Phyllis: Mi marido. Tiene usted interés en hablar con él, ¿no?
> Neff: Así es, pero… Se me están pasando las ganas, créame.
> Phyllis: En este estado hay un límite de velocidad: 70 km/h.
> Neff: ¿Y a cuál iba, agente?
> Phyllis: Yo diría que a 140 km/h.
> Neff: Pues bájese de la moto y póngame una multa.
> Phyllis: Mejor dejarlo en advertencia por esta vez.
> Neff: ¿Y si no da resultado?
> Phyllis: Le daré con una regla en los nudillos.
> Neff: ¿Y si me echo a llorar y pongo la cabeza en su hombro?
> Phyllis: ¿Y por qué no intenta ponerla en el de mi marido?

Por supuesto, los diálogos no son nada sin acción y omisión, en cualquier nivel. Lo que callan nuestros sujetos —aunque resulte un cliché recordarlo— puede ser tan importante como lo que dicen. Pero en este tercer nivel, si los personajes están bien perfilados, ya adivinamos las intenciones y disfrutamos de los dobles sentidos y las sugerencias con toda la libertad que nos da la ficción. En el tercer nivel la variedad de posibilidades es enorme:

- Un personaje que dice una cosa y en realidad está diciendo otra.
- Un personaje que usa más el silencio y entendemos perfectamente qué intenciones trae.
- Una conversación con una carga erótica de implícita tensión sexual.
- Una réplica o discurso que nos conmueva.
- Un diálogo hablado por un niño con las iluminaciones y asociaciones insospechadas propias de un niño.
- Un diálogo que provoque una carcajada…

23

LOS BUENOS DIÁLOGOS [II]. HABLAN LOS PERSONAJES

Elena Belmonte

La siguiente frase de Gustave Flaubert muestra cómo piensan muchos escritores y guionistas, que ven en los diálogos un obstáculo mayor que en el empleo de otros recursos literarios:

> Qué difícil es el diálogo, sobre todo cuando uno quiere que tenga carácter.

Puesto que ya nos acercamos a los principios básicos de esta técnica literaria en el tema anterior, aquí abundaremos en algunas de esas maneras de aproximarnos todo lo posible a la excelencia del diálogo.

23.1. ALGUNOS TRUCOS PARA ESCRIBIR BUENOS DIÁLOGOS

23.1.1. CON LA VERDAD Y LA SONORIDAD

Si tuviéramos que dar una clave de la que partir para *escribir cómo hablan* nuestros personajes, esa sería la *emoción*: ser capaces de entenderlos y de sentirlos para darles su auténtica voz. Toda la riqueza que se esconde en ellos depende de que encontremos el modo preciso en que hablan y cómo pueden mostrarse de verdad ante el lector. Equilibrar entre lo dicho y lo callado, el pensamiento puro o el subterfugio.

Es posible escribir un diálogo aparentemente inocuo que, sin embargo, provoque un escalofrío en la espina dorsal del lector. Incluso un simple parlamento, dicho en voz alta por el personaje, puede producir un efecto de inmensa satisfacción.

Ocurre en este relato de Salarrué, y es tan sencillo como usar una frase que, en principio, ese mismo personaje nunca diría. Pero el ambiente, y lo que está haciendo, lo ablandan. Surge la paradoja cuando cuatro asesinos se emocionan escuchando una canción:

> Cantaba un hombre de fresca voz, una canción triste, con guitarra.
>
> Tenía dejos llorones, hipos de amor y de grandeza. Gemían los bajos de la guitarra, suspirando un deseo.
>
> Cuando paró el fonógrafo, los cuatro asesinos se miraron. Suspiraron.
>
> Uno de ellos se echó a llorar en la manga. El otro se mordió los labios. El más viejo miró al suelo, donde su

sombra le servía de asiento, y dijo después de pensarlo muy duro:

—Semos malos.

Cuentos de barro
Salarrué

Este momento no habría resultado igual de contundente si hubiera sido el narrador quien nos lo hubiera contado así: «Uno de ellos reconoció que eran malos». Así pues, aprendamos a que su voz aparezca en el momento justo.

23.1.2. Con el narrador (nuestro Pepito Grillo)

La materia prima del teatro y del cine es el diálogo; los personajes deben explicarse por sí mismos y conducir al espectador a lo largo de la trama. Para ello no cuentan con intermediarios. En narrativa, sin embargo, disponemos de la voz del narrador. Él puede ser una presencia sólida en medio de una conversación, donde nos avise de que un personaje está diciendo eso por tal o cual razón. Puede mostrarnos lo que sucede mediante gestos o movimientos, o detener un diálogo para introducir un pensamiento o reflexión. En ocasiones, ayuda mucho a que el lector pueda tener dos versiones de un mismo personaje: lo que piensa, por un lado; y lo que dice, por otro.

En cualquier caso, una vez que echamos mano de los diálogos y estos pasan a ocupar la primera línea, el narrador actuará como el dramaturgo, escondido tras la cortina, ejerciendo la función de moderador de la acción. Ya conocemos cómo se usan las acotaciones de manera «técnica», así que ahora tenemos que aprender a usarlas para producir efectos dramáticos en esas conversaciones de nuestros personajes.

Fijaos en que este diálogo no funcionaría de la misma manera si el narrador no compensara los parlamentos:

> Miró a Virginia y se rio. Ella comprendió que él sufría. Le tocó la mano.
>
> —Te entiendo. A veces, es malo estar solo.
>
> —No me quejo —dijo él—. Me las arreglo bien. Para los hombres es diferente que para las mujeres. En cuanto una mujer se queda sola empieza a buscar a alguien.
>
> —Los hombres también.
>
> Robert apartó su mano de la de Virginia.
>
> —Algunos hombres —dijo.
>
> [...]
>
> Él la miró con repentino pánico y ella comprendió que en ese momento estaba decidiendo estar solo para siempre. Salió de sí misma, se volvió enorme en su compasión por él.
>
> —No renuncies, Robert. No renuncies solo porque conmigo no ha salido bien.
>
> Hubiera querido decir más, pero él ya la había dejado, había regresado a su herida.

«Cara a cara»
Tobias Wolff

O este otro:

> —Entonces, ¿me quieres? —dijo la mujer.
>
> —Sí —dijo José.
>
> Hubo una pausa. José siguió moviéndose con la cara vuelta hacia los armarios, todavía sin mirar a la mujer. Ella expulsó una nueva bocanada de humo, apoyó el

busto contra el mostrador y luego [...], como si hablara de puntillas:

—¿Aunque no me acueste contigo? —dijo.

Y solo entonces José volvió a mirarla:

—Te quiero tanto que no me acostaría contigo —dijo.

Luego caminó hacia donde ella estaba. Se quedó mirándola de frente, los poderosos brazos apoyados en el mostrador, delante de ella, mirándola a los ojos:

—Te quiero tanto que todas las tardes mataría al hombre que se va contigo.

«La mujer que llegaba a las seis»
Gabriel García Márquez

23.1.3. SIN EL NARRADOR

En algunas ocasiones es al contrario. Podemos prescindir de todo apoyo narrativo. Para dialogar bien es imprescindible «detectar» cuándo la conversación no precisa más que el parlamento. El narrador desaparecerá por completo para potenciar la presencia de los personajes y dejar que sean ellos los que nos cuenten algo desde su propia voz.

—Ten cuidado con lo que dices. Los muertos siempre nos miran.

—Qué van a mirar los muertos. Los muertos están acostumbrados a quedarse quietos. Los muertos son una mierda.

—¿Cómo que son una mierda?

—Lo único que hacen es joderle la paciencia a los vivos.

—Siento disentir, yo por los finados siento demasiado respeto.

—Pero nunca vas al cementerio. [...] A ver: ¿cuándo es el día de los muertos?

—Ahí me pillaste… Yo voy cuando me da la gana.

«Detectives»
Roberto Bolaño

En este relato de Bolaño, la voz del narrador no aparecerá ni una sola vez. ¿Para qué, si estos personajes —y nosotros— no lo necesitamos?

23.1.4. CON EL DINAMISMO Y LA VELOCIDAD

En el habla no siempre se produce la alternancia monótona de preguntas y respuestas: a veces se responde con otra pregunta o con un gesto o un silencio. Hay muchos recursos para favorecer el dinamismo en nuestros diálogos. No están todos los que son, ni son todos los que están, pero aquí os proponemos algunos ejemplos:

- Contestar a una pregunta con una respuesta que no corresponda:

    —¿A dónde vas?

    —Te he dejado comida en el horno.

- Contestar a una pregunta con otra:

    —¿Por qué llegas tan tarde?

    —¿Te has pasado todo el día ahí tirado?

- Repetir una parte de lo que el otro ha dicho:

    —Dijo que llamaría a las ocho.

    —Dijo que llamaría a las ocho y ya son las diez y media.

- Sustituir la respuesta con un silencio:

    —¿Por qué no llama de una vez?

—…
—Lo mismo está enfadada.
* Sustituir la respuesta con un gesto:
    —¿Estás enfadada?
    Laura se encogió de hombros.
    —Lo estás.

A continuación tenemos un fragmento donde tanto la naturalidad como el dinamismo están presentes. Los dos amigos que dialogan no solo lo hacen de forma rápida y viva, sino que no hay ninguna artificiosidad en sus frases:

—Agarré a uno en el arroyo y al otro a la entrada del Estrecho —dije—. No van a volver a hablar como hablaron.
—¿Les diste una buena zurra?
—Ahora ya saben lo que es una pelea.
—¿Todavía vas a tomar el PEG ese?
—El viernes.
—Yo voy a comprarme un televisor que funciona con pilas.
—¿Para qué?
—Para sentarme y mirar.
—Eso es lo que yo quisiera, Warren. Eso es lo que yo quisiera.

«Aserrín»
Chris Offut

23.1.5. CON MUCHO OÍDO

José Luis Sampedro decía que los diálogos eran una cuestión de oído.

Si tengo dos personajes corrientes en un tranvía y uno de ellos va y dice: «¿Tiene usted la bondad de indicarme hacia dónde conduce aquesta amplia avenida?», sonaría artificial, además de idiota. Hay que meterse en la piel de los personajes para conseguir la naturalidad. Si te metes en su piel, el personaje diría: «¿Va esto a Cibeles?»

No hay buen diálogo que no preste atención al oído. El propio tono de la narración exige que sean los personajes los que nos relaten su historia. Las inflexiones de su voz, sus gestos, aportan a veces más información sobre aquello que les sucede que cualquier explicación del narrador.

El diálogo literario mantiene un complejo equilibrio entre la lengua escrita y la hablada. Participa de las dos y es una mezcla de ambas. Se acerca a la espontaneidad del modo de hablar de la calle, pero sin caer por ello en los defectos o en el desorden que se producen habitualmente en la charla real.

Debemos tomar en consideración que si dos personajes dialogan quizá ambos no puedan hablar igual y, por lo tanto, tendremos que buscar tonos diferenciados para ellos. Que el lector los escuche de manera diferente.

Pese a su función informativa, sería de desear que esas informaciones que los personajes nos proporcionan no se noten demasiado para no caer en algo parecido a este ejemplo sacado del teatro:

SRA. SMITH: ¡Vaya, son las nueve! Hemos comido sopa, pescado, patatas con tocino y ensalada inglesa. Los niños han bebido agua inglesa. Hemos cenado bien esta noche. Eso es porque vivimos en los alrededores de Londres y nos llamamos Smith.

La cantante calva

Eugène Ionesco

En el siguiente ejemplo, la narradora es una niña que quiere escapar de casa con su amiga Verónica, pero ambas tienen miedo y quieren que Iris escape con ellas. Iris es una mujer retrasada mental; este dato es introducido a través del diálogo y del modo en que Iris se expresa:

—Tienes que venirte con nosotras, quieras o no.
—¿Por qué?
—Porque somos pequeñas.
—Yo también soy pequeña —dice Iris.
—Tú no eres pequeña —le digo—, solo eres retrasada, pero eres cocinera y sabes llevar cuentas y comprar en el mercado, no sabes leer, pero eres gorda y si alguien se mete con Verónica o conmigo, puedes asustarle.
—Soy pequeña —insiste ella.
—Un día me contaste un secreto, me dijiste que tenías cuarenta años o más.

«Verónica en la calle»
Elena Belmonte

La actitud de un personaje que interviene en una conversación tiene que darnos muchas pistas sobre su carácter —si es tierno, violento o envidioso—, sobre su actitud hacia aquellos con los que dialoga, sobre sus metas o motivaciones y sobre sus estados de ánimo.

Escuchemos otro ejemplo de Carson McCullers, la nostalgia que caracteriza a esa Frankie adolescente. Oigamos cómo vierte sus preocupaciones sobre la criada, quien, por otra parte, no la comprende:

—Cuando vas por la calle y te encuentras con alguien, con cualquiera, hay un intercambio de miradas, pero tú eres tú y él es él, y aún cuando parecéis comunicaros algo con los ojos, tú te vas por tu lado y él por otro. Ambos os dirigís a zonas diferentes del pueblo, y tal vez nunca más os volváis a ver, nunca más en toda vuestra vida. ¿Comprendes lo que quiero decir?

—No exactamente —dijo Berenice.

—Hablo de este pueblo —dijo Frankie en un tono de voz más alto—. Aquí hay mucha gente a la que no conozco ni de vista ni de nombre. Nos cruzamos y no tenemos ninguna comunicación. Ellos no me conocen y yo no los conozco. Y ahora me marcharé del pueblo y no los conoceré jamás.

—¿Pero a quién quieres conocer? —preguntó Berenice.

—A todos. A todos en el mundo entero.

Frankie y la boda
Carson McCullers

También tendremos que usarlos como forma de ambientación, ya que pueden dar cuenta de las circunstancias sociales de los personajes. La forma de expresarse en ellos indicará, en muchos casos, su extracción social.

En el siguiente diálogo entre el narrador protagonista y uno de los personajes, se utilizan muchas palabras pertenecientes al argot de la marginalidad. De este modo, proporcionamos una información valiosa sobre el ámbito social que ocupan dichos personajes.

—Tienes que sacarme de este cacao. Dime de algún golpe para que me largue a provincias.

—Me pillas desprevenido. No siempre se tiene un golpe a la vuelta de la esquina.

—Cualquier cosa, Jeannot. Liquido a un tío, si hace falta. Soy capaz de cepillarme a un chorbo por veinte verdes.

Diario del ladrón
Jean Genet

23.1.6. Con secretos

Ya sabemos de sobra que los diálogos propician que la acción avance. Puesto que el diálogo se utiliza siempre para que ocurra algo, irremediablemente provocan tensión y movimiento. Es decir, que cuando el diálogo ha terminado, el lector no se ha quedado indiferente.

No es su único uso. Pueden tener una gran influencia en la intriga, porque los personajes no lo cuentan todo. Esa es una información que podemos manejar a nuestro favor cuando escribamos nuestras propias tramas: cosas que unos saben y otros no, insinuaciones, mentiras, verdades a medias.

Eso es justo lo que hace Michael en este diálogo con Frances, su mujer. Están hablando de la actitud de él al mirar a una mujer que acaba de pasar por la calle.

—No era una chica fea. Tenía un cutis bonito. De chica de campo. ¿Cómo has sabido que la miraba?

—Mike, cariño…

Michael se rio, esta vez fue solo una risita.

—Vale —dijo—. Resulta evidente. Perdona. Ha sido por su cutis. No es un tipo de piel muy corriente en Nueva York.

—Siempre miras a las otras mujeres. Hasta la última puñetera mujer de la ciudad de Nueva York.

[…]

—Vamos a ver, cariño —dijo Michael—, yo lo miro todo. Dios me dio ojos y miro a las mujeres y a los hombres, y las excavaciones subterráneas y los fotogramas en movimiento y las florecillas del campo. Inspecciono despreocupadamente el universo.

—Tendrías que ver con qué ojos inspeccionas despreocupadamente el universo de la Quinta Avenida.

«Las chicas con sus vestidos de verano»
Irwin Shaw

Es fácil darnos cuenta de que Michael está dando una respuesta evasiva. La verdad es que le gustan —al menos— todas las mujeres de la Quinta Avenida.

Como las personas, los personajes pueden utilizar formas de comunicación sugeridas: un tono determinado para decir una frase, una forma de mirar al otro. Dispuestas alrededor de un diálogo inteligente, estas formas pueden ofrecernos la misma información que lo hablado, pero transmitida de una manera más sutil. Por ejemplo:

—Llevo aguantándote más de veinte años y ya no te quiero.

—A mí me pasa lo mismo; no aguanto tus tonterías.

Sería extraño que dos personajes cansados de convivir se expresaran así. Cabría preguntarnos si la gente habla de esta forma y si dice todo tal como lo piensa. Más bien no. Ya hablamos en el anterior tema de los distintos *niveles*: podríamos concluir que un diálogo así pertenece a un primer nivel de comunicación y que siempre es aconsejable que intentemos buscar estratos más profundos en nuestros textos.

—Esta sopa está fría.
—¡Caliéntatela tú!

En el siguiente ejemplo, el protagonista ha descubierto el cadáver de un perro en el sótano. Sabe quién lo ha matado, pero por algún motivo no está dispuesto a hacerle frente. Veamos la manera en que esquiva el tema ante su mujer:

—¿Qué te pasa? —le preguntó ella.
—Nada. Me zumba la cabeza.
—Crees que puede haber sido Martin, ¿verdad?
—¿Martin? ¿Qué? ¿Qué Martin?
—Tu Martin.
[…]
—¡Qué coño estás diciendo!
—Pero…
—¡Qué coño estás diciendo!
—No he querido…, perdóname.

«Allí está enterrado el perro»
Kjell Askildsen

EL ARTE DE TERMINAR.
CÓMO ESCRIBIR UN BUEN FINAL
PARA UN CUENTO

Paula Lapido

> *Tengo una tía que piensa que nada sucede en una historia a menos que alguien se case o mate a otro en el final.*
>
> *El arte del cuento*
> Flannery O'Connor

Este tema plantea una cuestión crucial para cualquier escritor: ¿cómo se escribe un buen final? Para responderla, empecemos por explicar de qué estamos hablando cuando hablamos de un «buen final».

Si recurrimos en primer lugar a la intuición, podríamos decir que un buen cierre ha de ser, la palabra lo dice, *conclusivo*. A los lectores no nos gusta que nos dejen las historias a medias, sin saber qué va a pasar con los personajes o a mitad de una escena. También nos gustan los desenlaces originales, y mejor todavía si son sorprendentes. Es emocionante llegar al final de un relato y que el autor haya encontrado un último giro que nos deje con la boca abierta.

Entre las posibilidades que nos vienen a la cabeza si pensamos en cómo *no* debe ser un buen final —o cómo es uno malo—, está la que dice que, si es demasiado previsible, si lo vemos venir desde el primer párrafo y no nos lleva a otro sitio, probablemente nos parecerá decepcionante. Pero la originalidad y la sorpresa son un arma de doble filo: si el desenlace está por completo fuera de la atmósfera del relato, puede producirse cierta sensación de cierre traído por los pelos o manifiestamente forzado.

Hasta aquí la intuición. Ahora pongámosle nombre a las características de un buen final.

24.1. CARACTERÍSTICAS DE UN BUEN FINAL

Un buen cierre para un relato proporciona a este una conclusión coherente con el tono y la atmósfera del texto. Se trata de que el cuento se perciba como un pequeño universo autocontenido.

G. K. Chesterton opinaba que «el cuento se escribe para el momento en el que el lector comprende por fin el acontecimiento misterioso». Él lo aplicaba al cuento de misterio (como sus historias del padre Brown), pero es una reflexión que nos sirve para cualquier tipo de relato. Se trata de hacer aflorar algo que estaba oculto, ya sea la solución a una intriga o una verdad sobre la vida que el protagonista termina por comprender. El lector está esperando aprehender también este misterio, por eso el buen final debe conducirnos a esta luz sin despistarse por derroteros que dejen la lámpara a medio gas.

Por ejemplo, Mario Benedetti en su cuento «Los pocillos» nos plantea un triángulo amoroso formado por Mariana, su marido José Claudio y Alberto, el cuñado convertido en amante. Los tres se sientan en el salón de la casa a tomar café en las tazas de colores que dan título al relato. José Claudio se ha convertido en un hombre cruel desde que se quedó ciego y Mariana y Alberto, aunque mantienen en secreto su relación adúltera, no pueden evitar concederse gestos de amor durante la escena. En todo momento flota en el ambiente la inquietud de que José Claudio pueda enterarse de su idilio. Pero Benedetti nos reserva un giro final inesperado:

> La mano de Alberto se retiró y Mariana volvió a inclinarse sobre la mesita. Retiró el mechero, apagó la llamita con la tapa de vidrio, llenó los pocillos directamente desde la cafetera.
>
> Todos los días cambiaba la distribución de los colores. Hoy sería el verde para José Claudio, el negro para Alberto, el rojo para ella. Tomó el pocillo verde para alcanzárselo a su marido, pero antes de dejarlo en sus manos, se encontró con la extraña, apretada sonrisa. Se encontró además, con unas palabras que sonaban más o menos así: «No, querida. Hoy quiero tomar en el pocillo rojo».

«Los pocillos»
Mario Benedetti

En esta conclusión se adivina el porqué de la actitud cruel, casi agresiva de José Claudio: en realidad, está enterado muy bien de todo lo que sucede porque no está ciego. No sabemos cuánto ve, pero su reconocimiento del pocillo rojo nos desvela un secreto que cambia la interpretación de todo el relato.

La sorpresa final es uno de los elementos más codiciados por los narradores de relato breve. Fijaos en que Benedetti hace uso de un elemento que ha estado presente durante todo el relato: los pocillos de colores. Y es que un buen final reutiliza los detalles ya planteados para aportar ese desenlace que deja boquiabierto al lector. No conviene recurrir a subterfugios o sacarse información de la manga. Ese tipo de estrategias, llamadas *deus ex machina*, estropean un buen final porque el lector se da cuenta de que le estamos haciendo trampa. La expresión *deus ex machina* proviene del teatro griego, en el que a menudo las tramas se volvían tan enrevesadas que la única forma de llegar a un desenlace era que se manifestara un dios que «desfaciera el entuerto». Como si en una historia detectivesca el asesino resulta ser un personaje que nunca antes ha aparecido y del que no tenemos noticia. El lector se siente estafado porque nos escapamos del universo del cuento y rompemos nuestro pacto de verosimilitud con él.

La sorpresa no siempre consiste en descubrir una información hasta entonces desconocida; también puede ser un giro inesperado de la trama o del personaje. Veamos un ejemplo de Ana María Matute:

> En la plaza había una piedra cuadrada, rojiza. Una de esas piedras grandes como melones que los muchachos transportan desde alguna pared derruida. Lentamente, Lope la cogió entre sus manos. Emeterio le miraba, reposado, con una leve curiosidad. Tenía la mano derecha metida entre la faja y el estómago. Ni siquiera le dio tiempo de sacarla: el golpe sordo, el salpicar de su propia sangre en el pecho, la muerte y la sorpresa, como dos hermanas, subieron hasta él así, sin más.

Cuando se lo llevaron esposado, Lope lloraba. Y cuando las mujeres, aullando como lobas, le querían pegar e iban tras él con los mantos alzados sobre las cabezas, en señal de indignación, «Dios mío, él, que le había recogido. Dios mío, él, que le hizo hombre. Dios mío, se habría muerto de hambre si él no lo recoge…», Lope solo lloraba y decía:

—Sí, sí, sí…

«Pecado de omisión»
Ana María Matute

El relato narra la vida de Lope, un niño que se queda huérfano y es enviado a pastorear a las montañas por Emeterio, el hombre que lo acoge. Lope no ha conocido otra cosa que el pastoreo pero, cuando se encuentra con Miguel, el hijo de Emeterio, un joven trajeado recién licenciado en Derecho, Lope manifiesta su frustración por ese «pecado de omisión» de quien se ha desentendido de él toda su vida y mata a Emeterio de una pedrada. La reacción violenta nos sorprende y es inesperada, aunque consecuente con el personaje y su situación.

Por otra parte, Julio Cortázar decía que «un cuento es como andar en bicicleta. Mientras se mantiene la velocidad el equilibrio es muy fácil, pero si se empieza a perder velocidad, te caes, y un cuento que pierde velocidad al final es un golpe para el autor y para el lector». Cuando leemos un cuento con avidez, cuando nos atrapan la historia y los personajes, inevitablemente sentimos el impulso irresistible de llegar cuanto antes al desenlace para saber en qué se resuelve todo. Como escritores, podemos ayudar al lector a acelerar, tanto con la forma (frases más cortas, acciones rápidas) como con el contenido: resolviendo hilos periféricos que no son relevantes para la conclusión. Se trata de darle al lector un ritmo que le impulse a seguir. En el desenlace, en el final, lo relevante es la trama principal, sea interna (la evolución psicológica o emocional del personaje), externa (la resolución de la situación o misterio), o la combinación de ambas. Poner el foco en detalles que no alimentan la conclusión solo sirve para distraer e impacientar al lector.

Veámoslo con un ejemplo de Ray Bradbury, extraído de su maravilloso libro *Crónicas marcianas*. El cuento titulado «La tercera expedición» narra la llegada de una nave a Marte y la sorpresa de los astronautas cuando se encuentran con sus familiares fallecidos en lugar de con los extraterrestres. Pasada la sorpresa inicial, los astronautas aceptan la situación como algo natural y hasta feliz, ya que tienen una nueva oportunidad de estar con sus seres queridos. En el final, el ritmo pausado de la narración, que acompaña a la felicidad de los astronautas, se entrecorta cuando la ilusión da paso al miedo:

> El capitán temblaba bajo las sábanas. Tenía el cuerpo helado. De pronto, la teoría dejó de ser una teoría. De pronto sintió miedo.
>
> Se incorporó en la cama y escuchó. Todo estaba en silencio. No se oía ya música, ni risas, ni voces. Su hermano seguía durmiendo junto a él.
>
> Levantó con mucho cuidado las mantas y salió de la cama. Había dado unos cuantos pasos cuando oyó la voz de su hermano. «¿Adónde vas?», le dijo. «¿Qué?». La voz de su hermano sonó otra vez fríamente. «Te he preguntado que a dónde piensas ir». «Voy a beber un poco de agua», respondió el capitán. «Pero si no tienes sed». «Sí, sí tengo sed», aseguró el capitán. «No, no tienes sed».

El capitán echó a correr. Gritó. Gritó dos veces. No llegó a la puerta.

A la mañana siguiente la banda de música tocó una marcha fúnebre. De todas las casas salieron solemnes cortejos portando largos cajones, acompañados por padres, madres, novias que llorando los conducían al cementerio, donde había dieciséis fosas abiertas, con dieciséis lápidas relucientes.

El alcalde pronunció un breve y triste discurso con una cara que parecía la cara del alcalde, y a veces alguna otra cosa. Allí estaban también los padres y el hermano del capitán John Black, con sus caras transformándose en alguna otra cosa. Y los abuelos de Lustig, cuyos rostros se derretían como la cera.

Bajaron los ataúdes. La tierra golpeó las tapas de los cajones, la banda de música volvió al pueblo tocando un himno triunfal, y ya nadie trabajó ese día.

«La tercera expedición»
Ray Bradbury

Bradbury nos hace leer más rápido, con frases más cortas y acciones, manejando de forma magistral el *ritmo* de la prosa tal y como lo estudiamos en el tema 21, hasta ese fatídico «no llegó a la puerta». La conclusión del texto es una coda que quiere parecer amable, narrada de forma más pausada, pero que no hace sino acrecentar el horror de lo sucedido, el de esas «caras transformándose en alguna otra cosa». El ritmo en el final del relato se acelera en el desenlace fatal del capitán Black, y se decelera en la coda para darnos una sensación de paz tan falsa como el pueblo marciano.

24.2. TIPOS DE FINALES

Si hablamos de la «arquitectura» del relato, de su estructura, podemos considerar tres tipos de finales más comunes, cuyos detalles veremos a continuación:

- Final *cerrado*
- Final *abierto*
- Final *circular*

24.2.1. FINAL CERRADO

En un final cerrado la trama se resuelve por completo sin dejar cabos sueltos. El lector termina la lectura con la sensación de que la historia ya no da más de sí y que el autor le ha contado todo lo que podía contarle. Este tipo de conclusión es frecuente en los cuentos tradicionales: Cenicienta se casa con el príncipe y su madrastra y hermanastras sufren el escarmiento, Caperucita roja rescata a su abuela y vence al lobo con la ayuda de un leñador (en la versión de los hermanos Grimm), etcétera. La última escena suele incluir la conclusión, el cambio definitivo que cierra el ciclo del personaje, y sin esa escena el relato quedaría cojo, sin desenlace. Este es un cierre también habitual en relatos de intriga o detectivescos: suele coincidir con el momento en que el detective o investigador descubre al asesino y cierra el caso.

En su cuento «¡Diles que no me maten!», Juan Rulfo narra el último día en la vida de Juvencio Nava. Juvencio se enfrenta a la venganza de un coronel, hijo de don Lupe, al que mató hace años por negarle el pasto para sus animales:

En seguida la voz de allá adentro dijo:

—Amárrenlo y denle algo de beber hasta que se emborrache para que no le duelan los tiros.

Ahora, por fin, se había apaciguado. Estaba allí arrinconado al pie del horcón. Había venido su hijo Justino y su hijo Justino se había ido y había vuelto y ahora otra vez venía.

Lo echó encima del burro. Lo apretaló bien apretado al aparejo para que no se fuese a caer por el camino. Le metió su cabeza dentro de un costal para que no diera mala impresión. Y luego le hizo pelos al burro y se fueron, arrebiatados, de prisa, para llegar a Palo de Venado todavía con tiempo para arreglar el velorio del difunto.

—Tu nuera y los nietos te extrañarán —iba diciéndole—. Te mirarán a la cara y creerán que no eres tú. Se les afigurará que te ha comido el coyote cuando te vean con esa cara tan llena de boquetes por tanto tiro de gracia como te dieron.

«¡Diles que no me maten!»
Juan Rulfo

El narrador en tercera persona, muy cercano al propio Juvencio, nos comunica sus pensamientos, recuerdos y sensaciones, pero en el final el punto de vista se transfiere al hijo para que veamos que, en efecto, Juvencio ha muerto. Este es un cierre que incluye el desenlace, es decir, la muerte del protagonista. Su historia no tiene ningún desarrollo posterior posible y, por tanto, queda completamente cerrada con esta conclusión.

24.2.2. Final abierto

En el final abierto, el desenlace queda fuera de la narración escrita. Esto no quiere decir que no exista, sino que el autor lo omite porque no aporta nada sustancial a la historia, o bien porque considera la sugerencia y la ambigüedad —y el trabajo mayor del lector— la mejor manera de cerrarla. Como decía Vladimir Nabokov refiriéndose a los cuentos de Chéjov, un gran aficionado a los finales abiertos: «mientras las personas continúen vivas, no hay conclusión posible y definida de sus conflictos, sus esperanzas o sueños». En el cierre de sus relatos, Chéjov libera a los personajes de un conflicto interno pero no al lector, que continúa desasosegado por el futuro que les espera.

Katherine Mansfield, que admiraba profundamente al maestro ruso de los cuentos, también hacía uso de los finales abiertos. En su relato «Felicidad» nos presenta a Berta Young, una mujer casada, madre de una niña pequeña, que ha organizado una velada con amigos. Entre los invitados se encuentra Perla Fulton, una mujer a la que ha conocido hace poco. Berta está eufórica, feliz con los preparativos de la cena, con su bebé y con el peral de su jardín. Feliz con el deseo ardiente que siente por primera vez hacia su marido, Harry. Como ella misma dice, «embriagada por la primavera». El final del relato coincide con el de la velada y con el momento en el que se marchan los invitados:

Mientras Eddie buscaba la página correspondiente, Berta volvió la cabeza hacia el vestíbulo y vio a Harry con el abrigo de la señorita Fulton en las manos y a esta de espaldas a él con la cabeza ladeada. Harry arrojó de pronto el abrigo, la cogió por los hombros y la hizo volverse violentamente. Sus labios dijeron:

—Te adoro.

[…]

Berta corrió hacia la ventana.

—¿Qué va a pasar ahora? —gritó.

Y el peral alto y esbelto, cargado de flores, seguía inmóvil como la llama de una vela que alargándose estuviera casi a punto de tocar el borde plateado de la luna.

«Felicidad»
Katherine Mansfield

El texto termina con la imagen de Berta mirando hacia el peral que hace un momento encontraba «magnífico y sereno», y ahora parece una vela a punto de apagarse. No sabemos qué va a suceder con el matrimonio de Berta y Harry. Quizá se separen, quizá sigan juntos. Katherine Mansfield nos ha relatado cómo Berta abre los ojos a la realidad y abandona su ilusión de fantasía desaforada en la que todo le parecía maravilloso, incluso ese marido por el que no sentía deseo sexual. Sospechamos que sus acciones y pensamientos a partir de aquí no serán como los que hemos leído, pero no podemos concluir nada más, porque la continuación queda abierta. Lo más importante ya ha sido contado: el cambio que se opera en Berta y su «caída en el camino de Damasco».

24.2.3. FINAL CIRCULAR

El final circular, como su propio nombre indica, consiste en que el cierre del relato se enlaza con el principio. Así, podríamos leer el texto una y otra vez, del final al principio y del principio al final, como una banda de Moebius infinita. Veamos cómo funciona en un texto breve de Quim Monzó:

En medio de un claro, el caballero ve el cuerpo de la muchacha, que duerme sobre una litera hecha con ramas de roble y rodeada de flores de todos los colores. Desmonta rápidamente y se arrodilla a su lado. Le coge una mano. Está fría. Tiene el rostro blanco como el de una muerta. Y los labios finos y amoratados. Consciente de su papel en la historia, el caballero la besa con dulzura. De inmediato la muchacha abre los ojos, unos ojos grandes, almendrados y oscuros, y lo mira: con una mirada de sorpresa que enseguida (una vez ha meditado quién es y dónde está y por qué está allí y quién será ese hombre que tiene al lado y que, supone, acaba de besarla) se tiñe de ternura. Los labios van perdiendo el tono morado y, una vez recobrado el rojo de la vida, se abren en una sonrisa. Tiene unos dientes bellísimos. El caballero no lamenta nada tener que casarse con ella, como estipula la tradición. Es más: ya se ve casado, siempre junto a ella, compartiéndolo todo, teniendo un primer hijo, luego una nena y por fin otro niño. Vivirán una vida feliz y envejecerán juntos.

Las mejillas de la muchacha han perdido la blancura de la muerte y ya son rosadas, sensuales, para morderlas. Él se incorpora y le alarga las manos, las dos, para que se coja a ellas y pueda levantarse. Y entonces, mientras (sin dejar de mirarlo a los ojos, enamorado) la muchacha (débil por todo el tiempo que ha pasado acostada) se incorpora gracias a la fuerza de los brazos masculinos, el caballero se da cuenta de que (unos veinte o treinta metros más allá, antes de que el claro dé paso al bosque) hay otra muchacha dormida, tan bella como la que acaba de despertar, igualmente acostada en una litera de ramas de roble y rodeada de flores de todos los colores.

«La bella durmiente»
Quim Monzó

El cuento termina con ese mismo caballero, que descubre a una nueva muchacha dormida en un claro del bosque. No es la muchacha del principio pero eso no es relevante para el texto. Ambas son indistinguibles. El cierre nos devuelve al inicio; esperamos que el caballero se incorpore y vaya a besar a la siguiente muchacha, y a continuación descubra a otra muchacha en otro claro, y así hasta el infinito.

VERDADES, MENTIRAS Y VEROSIMILITUD. LA CUESTIÓN DE LOS GÉNEROS

Javier Sagarna

En los grupos de escritura, virtuales o presenciales, es habitual que a los pocos días de clase un alumno se muestre inusualmente vivaz, inquieto. Sonríe nervioso en un lado de la mesa o frente a la pantalla del ordenador. Se pasa los saludos y otros preliminares mirando a izquierda y derecha, como para asegurarse de que nadie se le adelantará a la hora de leer frente a sus compañeros o colgar su texto en el foro. Esto sucede exactamente hasta el momento en que, al terminar de leer, levanta la vista y, en lugar del aplauso cerrado que esperaba, se encuentra los rostros consternados de sus compañeros con esa expresión que todo el que asiste a talleres de escritura acaba conociendo bien. Todos ellos han pensado exactamente lo mismo:

¿Y ahora cómo se lo decimos?

Por lo general, el texto tiene algún valor, suele contener una historia sorprendente y estar como mínimo razonablemente bien escrito. En principio, tendría que haber sido un éxito una vez expuesto al juicio público. Sin embargo, falla un pequeño detalle.

«No me lo he creído», dice un compañero. «Yo tampoco», insiste otro. «Esas cosas no pasan».

Es entonces cuando el autor, casi ofendido, orgulloso, se endereza en la silla, despliega una sonrisa de superioridad, busca la complicidad del profesor y el resto de compañeros y, atento a la reacción cataclísmica que —espera— producirán sus palabras, dice: «Pues es verdad. Me pasó a mí».

Y lo cierto es que lo consigue. El cataclismo, queremos decir.

25.1. Todo es mentira

¿Qué ha podido pasar? ¿Por qué, si la historia es cierta, no pueden creerla? ¿Son malos lectores? ¿Es problema de la anécdota, del texto, del autor?

«Mientras en la vida real existen las verdades y las mentiras, en los relatos impera una única ley: la de la verosimilitud», dice Enrique Páez. Y «lo real», sentenciaba Nicolas Boileau-Despréaux, «puede a veces no ser verosímil». Es un error habitual confundir la realidad con el realismo. O, dicho de otro modo, olvidar uno de los principios básicos de la escritura: que *contar historias es*, en esencia, *contar mentiras*.

Cuando nos sentamos a escribir, digamos, un relato de marcianos (o de enanos y troles, o de un hada que vive en una zapatilla) no tenemos ninguna duda de que lo que estamos haciendo es inventar una realidad. Podemos decir tranquilamente que esos mundos que hemos inventado y esas historias que hemos contado son mentiras divertidas, juegos de imaginación.

Ficciones.

Sin embargo, cuando escribimos un relato *realista* —que sucede en una ciudad como la nuestra, en un bloque sospechosamente parecido al nuestro, con unos personajes parecidos a nuestros vecinos y a nosotros mismos— empezamos a no tenerlo tan claro.

Si los hechos son reales, el relato será verdad. ¿Cierto? Pues no.

Definitivamente, no. *En absoluto*.

El relato es siempre un cierto tipo de mentira, una ficción, una recreación —tan minuciosa como uno desee— de unos hechos que, en efecto, *podrían* suceder en la realidad, pero que al pasar de la mera posibilidad al papel, al transmutarse en argumento de un cuento, ingresan en el universo de lo ficticio.

Ese personaje que campa por el relato y que es parecido a nuestro hermano, nuestra madre o nuestro cuñado —viste exactamente igual, y hasta tiene la misma manía de echar demasiado azúcar al café—, *no es* nuestro hermano, nuestra madre o nuestro cuñado, sino su perfecta y verosímil recreación en el mundo de la ficción, es decir, un personaje inspirado fuertemente en nuestra experiencia sensible. Un conocido de mentira, por decirlo así.

De la misma manera, todos los hechos, situaciones y personajes de un texto ya no son de carne y hueso. Han sido sustituidos por otros de tinta y papel. De hecho, ya no suceden o actúan de forma autónoma, sino que dependen de que un lector se interese por ellos, lea esas líneas que les dan vida y, a pesar de ser de mentira, decida creérselos.

Así pues, desde el mismo momento en que nos sentamos a escribir debemos olvidar esas leyes plomizas que rigen la realidad. Que una anécdota fuese verdad o mentira da lo mismo, lo importante será que el lector se lo crea, que resulte verosímil. Es la ley inamovible de la ficción.

Regresemos al ejemplo inicial. ¿Qué le ha sucedido al autor de ese texto que cuenta una historia que «le pasó a él», pero que nadie se cree cuando la expone en el grupo? Probablemente, obsesionado con reproducir fielmente la realidad, nuestro compañero se ha olvidado de introducir los elementos que podrían hacer verosímil el texto. O justamente lo contrario: no ha eliminado algunos de esos elementos que «le pasaron a él». Como hemos visto, en ocasiones hay demasiados datos en la realidad que —al contrario que aquella *pistola de la primera frase*— no tienen ninguna función específica en la historia.

Lo importante ahora es que fijemos con claridad una idea: por muy real que sea el hecho de partida, una vez que decidimos escribirlo se convierte en una ficción. Y eso nos libera de la tiranía de *lo real*. Nos permite reproducir los sucesos de manera exacta, sí, pero también nos deja manipularlos cuanto queramos, eliminar personajes que nos estorban, introducir otros nuevos, cambiar el final o, como matemáticos de la maravilla y la invención, introducir variables que rompen el duro y refractario cascarón de lo real.

En efecto, con el trabajo suficiente de lenguaje, en un cuento realista se pueden introducir gradualmente elementos fantásticos. Solo será cuestión de encontrar la manera de combinar, en las dosis adecuadas, esas dos mentiras. Tomemos ahora un ejemplo.

Lo peor de la infancia es su credulidad. Cualquiera engaña a un niño, incluso él mismo. Se tarda mucho en vencer el campo gravitatorio de este universo de mentiras. Es la cara áspera del tiempo la que se encarga de dejar las cosas en su sitio: la ficción, el límite humano. Pero cuando somos niños, por más que la realidad se empeñe en desencantarnos, nos aferramos a nuestras ideas como el portero a ese balón que ha estado a punto de colarse y que al final atrapa entre sus brazos. Hay ocasiones en las que otro niño —algo mayor que nosotros— intenta rescatarnos del reino de los mitos, pero no es posible —repugna a nuestra lógica infantil— y no le hacemos caso. No puede ser que un mocoso que apenas tiene unos cuantos pelos en el bigote sepa más y tenga más conocimiento que nuestros padres, el tío Pepe o el farmacéutico.

Yo, por ejemplo, de niño estaba convencido de que si tomaba mucha kryptonita podría volar más alto que Superman. Y así no perdía ocasión de atiborrarme con el principio energético que era capaz de vencer la extraordinaria fuerza de mi héroe predilecto. Tomaba kryptonita a todas horas y cada vez que alguien me daba un duro de regalo lo guardaba en una hucha obesa de barro para comprarme más kryptonita. La tomaba en todas las presentaciones posibles, en pastillas, jarabe, grageas, cápsulas. Después de mi dosis, me anudaba al cuello una capa confeccionada con los restos de un saco de arpillera, me subía en el cuarto o quinto escalón de la entrada de mi portal y desde allí me lanzaba al vacío tarareando una melodía breve, apenas un chantatachán que, ingenuo de mí, pensaba que me ayudaría en el vuelo. Pero no conseguía volar.

Esperaba nervioso a los Reyes Magos que en sus visitas anuales siempre me dejaban unos riquísimos concentrados de kryptonita en ampollas bebibles. Yo fingía interés por el resto de los juguetes durante un rato hasta que me iba corriendo a tomarme el bebedizo del vuelo, y con la puerta de mi dormitorio cerrada me precipitaba desde lo alto de mi cama pensando que, ahora sí, me mantendría un buen rato en el aire como las mariposas de la polilla, dando vueltas en torno a la lámpara. Pero la gravedad era mucho más tozuda que mis sueños.

A pesar de todo no me desalentaba y, con impaciencia, aguardaba a que llegase mi cumpleaños. Mi tío Pepe siempre me traía una enorme caja de bombones rellenos de kryptonita. Según abría la caja yo la pasaba muy rápidamente en un ofrecimiento fugaz con lo que demostraba mi buena educación pero enseguida me los escondía para que los invitados no anduviesen picoteando aquí y allá, sin tener un motivo ni el deseo claro de echar a volar.

Tampoco sirvió a mis propósitos la fórmula magistral a base de kryptonita que me preparaba don Francisco, el farmacéutico de mi barrio. Cada vez que yo rompía mi hucha gordita me acercaba hasta la farmacia con mis caudales menudos. No tenía que decirle a don Francisco lo que deseaba, él desaparecía en la rebotica y comenzaba el preparado machacando kryptonita en almireces de tiempos perdidos. Mientras, me hablaba de una guerra perdida, de otro tiempo, en la que él había luchado y ganado una batalla. «No veas cómo corrían los fascistas italianos en Guadalajara». Y se emocionaba golpeando con la mano del mortero en un recipiente repleto de polvos mágicos.

Ni así conseguía volar.

Pero la niñez se acaba y los sueños también. Ahora vuelo, sí, pero ya no soy un niño y mi volar no es el resultado de ningún mejunje mágico, de ningún mito, de ningún mortero, sino que es el fruto de algunos huesos rotos y mucha paciencia; de intentarlo una vez tras otra. Mi volar es ahora, que ya no soy un niño, el resultado de muchas descalabraduras. El mío es un volar modesto que apenas asciende por encima de las azoteas y me fatiga mucho cuando llevo sobrevoladas seis o siete manzanas. Entonces, agotado, me siento a descansar en alguna cornisa y contemplo —con la envidia honesta de la admiración— a los halcones y a las águilas con su vuelo tan alto y tan preciso.

«El vuelo»
Alfonso Fernández Burgos

A pesar del entorno realista —con referencias precisas a temas tan reales como la guerra civil española y escenas que parecen extraídas de los recuerdos infantiles—, en esta historia encontramos gente que vuela y kryptonita en ampollas, en bombones, en grageas. Cosas imposibles todas. «Mentiras». Y con todo, transformada nuestra incredulidad en una mina de diamantes, durante ese rato mágico que dura la lectura aceptamos el juego, disfrutamos del engaño. *Creemos*.

Como escritores, tenéis ese poder: el de mentir sin daño.

25.2. TODO ES VERDAD

Con este particular sortilegio que, precisamente por carecer de compromisos con la verdad, nos permite la ficción, podemos fabricar esa pócima de la *imposibilidad verdadera*. Aunque en un cuento todo es mentira, también, paradójicamente, todo es verdad: la que cuenta la historia.

En nuestro ejemplo, aunque la kryptonita y el vuelo son elementos fantásticos, el autor nos está hablando de temas en los que nos reconocemos: los sueños infantiles, el choque de esas ilusiones con la realidad; el camino difícil por el que uno, a veces, llega a conseguir lo que desea de corazón; las renuncias que nos impone la realidad. De todo eso nos habla esta historia.

Casi una tesis. Una verdad con minúsculas. Pues, al contrario de las de los filósofos o los científicos, las de los escritores son verdades que no pretenden ir más allá del cuento que alumbran; son verdades particulares, fogonazos, intuiciones discutibles que iluminan pero no reclaman sumisión.

Alfonso Fernández Burgos nos acerca a la suya contándonos un cuento, es decir, elaborando una cuidada mentira que nos ponga en contacto con una verdad que subyace como metáfora. Como sostenía Mario Vargas Llosa —o antes Jean Cocteau—, la literatura es una mentira que sirve para decir verdades. Al fondo de un texto literario casi siempre hay algo —a veces un pensamiento, otras una emoción, una observación, un detalle sobre el comportamiento o la naturaleza humanos— que es de lo que realmente habla el texto; un fogonazo de saber que su autor, sea antes de escribirlo, o durante el propio proceso de creación, atisba e intenta transmitir al lector.

Para ello urde su mentira. A veces una tan evidente como esta:

> Justo me dice que no haga caso. Me dice que haga como si no le viera. «Tú, ni caso», me dice Justo. Me insiste en que el precio del piso ha sido una ganga. Y en que el ángel de la anunciación, con sus bucles dorados y sus alas de nieve, se cansará algún día de aparecerse a las

doce, junto a la máquina de coser, y llamarme «bendita seas entre las mujeres».

—A ti qué más te da lo que te llame —me dice Justo—. Tú piensa en que este piso tiene un balcón hermoso, Antonia; y en que está bien comunicado.

Eso me dice.

—Bendita tú entre las mujeres —me dice el ángel todos los días.

Y a pesar de sus bucles dorados y sus alas de nieve, yo me pongo roja como una manzana, porque me lo dice con mucha intención.

—Tú ni caso —me insiste Justo.

Y entre Justo y el ángel van a volverme loca.

«Justo y el ángel»
Ángel Zapata

Es una gran mentira lo que nos cuenta Zapata, pero no tendréis que darle muchas vueltas para descubrir cómo estas líneas mentirosas dibujan el perfil afilado de una verdad.

25.3. LA VEROSIMILITUD

Bien asentado el juego de mentiras y verdades que es un cuento —y la libertad creativa y de profundización que nos permite—, es el momento de adentrarnos en la verosimilitud. Uno puede contar cualquier cosa, por fantástica o estrambótica que esta sea, pero siempre con la condición de armarlo de tal manera que sea creíble. La verosimilitud, ya lo hemos dicho, es la ley que impera en los relatos.

¿Cómo conseguirlo? Cada historia es una aventura a este respecto.

Todo relato tiene sus propias reglas, de forma que lo que en un relato puede ser perfectamente creíble (que un Boeing 747 de Aerolíneas Argentinas sobrevuele el lago junto al que está el personaje), en otro, esta vez de hadas y troles, puede resultar inverosímil.

Con todo, hay un par de cuestiones sobre las que podemos profundizar.

25.3.1. Realismo, fantasía y literatura de género

Uno de los elementos clave para asentar la verosimilitud de un texto es definir de forma clara el género al que pertenece y ceñirse después a las normas y convenciones del mismo —aunque sea solo para luego subvertirlas—. Ya sabemos que es en las primeras líneas de un cuento donde se establece un pacto entre el escritor y el lector; un acuerdo que, de alguna manera, contiene las reglas del juego. Un pacto de verosimilitud. En estos compases iniciales —la primera página, o incluso el primer párrafo— se delimitan no solo cuestiones que ya hemos abordado como el punto de vista del narrador, el tono, etcétera, sino también, por supuesto, el conjunto de convenciones narrativas que llamamos *género* al que nuestro relato se adscribe. Por lo general, una vez fijadas las reglas del juego en las primeras líneas, el autor se esmerará en respetarlas. Y si en algún momento decide hacer un cambio en las mismas, deberá calcular muy bien los riesgos e ingeniárselas para conseguir que el lector acepte dicho cambio. En caso contrario, el pacto se habrá quebrado y el lector dejará de creerse lo que sucede en el texto.

Así, si un autor pretende escribir un texto realista deberá, en todo momento, respetar las leyes que rigen la realidad, lo que impedirá que la gente vuele, resucite, o que los jabalíes sean feroces carnívoros. En la realidad, cuando a uno le dan un puñetazo o lo aguanta o se cae al suelo; desde luego no sale despedido tres metros, destroza una mesa en su caída, se levanta sin rastro de sangre, golpea a tres enemigos de forma simultánea y se lanza por la ventana para caer sobre la grupa de un oportuno caballo en el que se aleja galopando. Eso es imposible en la realidad, y lo será también en un relato de corte realista. Por tanto, no conseguiréis que sea verosímil en ese contexto, ya que estaríais rompiendo con lo pactado con el lector en el inicio respecto al género.

Sin embargo, encajará a la perfección si la verosimilitud la habéis asentado sobre los parámetros de la «literatura de género». Mucha de esta literatura (y también por supuesto del cine, pues este es el tipo de verosimilitud que sustenta los wésterns o las películas de Indiana Jones) se apoya en una verosimilitud «no real» o, al menos, algo «desrealizada». Cada género literario —policiaco, ciencia ficción, aventuras, terror, etcétera— establece las coordenadas de lo que resulta en su seno «verosímil», y puede ser abordado desde una óptica más o menos realista, permitiéndonos fijar, dentro de lo que admite cada género, unos límites particulares al juego. Así, encontraremos textos de género que se mueven en la linde de lo realista, mientras que otros pueden alejarse tanto que rocen la fantasía más delirante.

En cada caso estaremos creando un mundo de una verosimilitud particular (por tono, por género, por *mirada*) y siempre, so pena de perder la confianza del lector si no lo hacemos, deberemos atenernos a las leyes que lo gobiernen; unas leyes absolutamente precisas que nosotros mismos habremos fijado desde el comienzo. Por ejemplo, difícil será convencer al lector de que el Elegido llega en metro a la batalla final contra el ejército de orcos de la Bruja del Pantano, o de que los inspectores del gas acaban de llegar al puente de mando del carguero espacial para realizar la comprobación quincenal del contador.

A menos, claro, que nos encontremos en medio de una comedia de género. Pues, como hemos visto en el relato de Alfonso Fernández Burgos, *los géneros pueden mezclarse*. Con el trabajo suficiente, podemos permitirnos construir verosimilitudes mixtas en las que puedan convivir sin mayor problema elementos realistas y fantásticos. Siempre, por supuesto, que dichos elementos estén bien ensamblados ya desde el inicio, y no se trate de cuñas aisladas o volantazos caprichosos que rompan la unidad de contexto de la historia.

Si os fijáis en el cuento citado, hasta el último párrafo estábamos seguros de estar asistiendo a un cuento realista en el que el sueño de volar y la kryptonita eran ilusiones infantiles. En ese *impasse* final, de repente, todo cambia. Estamos en un mundo en que se puede volar y la kryptonita, aunque es ineficaz, existe, y resulta que todas las reflexiones sobre la credulidad infantil que nos habían convencido de que asistíamos a las ingenuas ilusiones imposibles de un niño, estaban referidas no al tema de volar, sino al hecho de pensar que lo podríamos hacer sin esfuerzo. Es decir, a las ingenuas ilusiones imposibles de un niño.

En efecto, el texto da una vuelta, sus parámetros de verosimilitud cambian (ha dejado de ser un cuento realista para convertirse en fantástico), pero el lector no se siente engañado. En todo momento se lo habían estado diciendo. El autor, con pericia, le ha hecho creer en cada momento lo que más ha convenido a su relato. Con todo ello, por supuesto, lo que consigue es crear una magnífica metáfora en la que nos sentimos reconocidos.

25.4. CONSTRUYENDO LA VEROSIMILITUD

La verosimilitud de un texto se construye en cada acción, en cada frase, casi en cada palabra. Un texto narrativo es precisamente la propia narración, la capacidad del autor de contar su historia de forma envolvente y casi hipnótica; la que resulta definitiva para que el lector acepte leer y creer todo lo que le cuenten. Los elementos clave para construir la verosimilitud no son otros que los elementos clave para construir un texto:

25.4.1. LA VOZ DEL NARRADOR

Hemos dicho que contar historias es mentir, así que el narrador debe mentir con aplomo, con seguridad, sin dejar resquicio a la duda. Cuanto más inverosímil sea lo que vayamos a contar con tanta más seguridad deberá contarlo el narrador. Si la voz del narrador nos engancha, probablemente estaremos dispuestos a creernos lo que nos quiera contar. De ahí la importancia de la adecuada elección de narrador —temas 16 y 17— y de tono —tema 20—.

Os dejamos un ejemplo de sobra conocido por todos. *La metamorfosis*, de Franz Kafka.

> Al despertar Gregor Samsa una mañana, después de un sueño intranquilo, encontróse en su cama convertido en un monstruoso insecto.

> *La metamorfosis*
> Franz Kafka

Podemos seguir leyendo o no, pero el narrador no nos deja resquicio para dudar de que la metamorfosis se ha producido.

25.4.2. MOSTRAR, NO EXPLICAR

Frente a una explicación, el lector siempre podrá esgrimir otra. En cambio, frente a una imagen, siempre se rendirá.

Veamos, retomando el ejemplo de *La Metamorfosis*, lo que hace Kafka inmediatamente después de hacernos creer que un hombre puede haberse convertido en insecto:

> Hallábase echado sobre el duro caparazón de su espalda, y, al alzar un poco la cabeza, vio la figura convexa de su vientre oscuro, surcado por curvadas callosidades, cuya prominencia apenas si podía aguantar la colcha, que estaba visiblemente a punto de escurrirse hasta el suelo. Innumerables patas, lamentablemente escuálidas en comparación con el grosor ordinario de sus piernas, ofrecían a sus ojos el espectáculo de una agitación sin consistencia.
>
> *La metamorfosis*
> Franz Kafka

En lugar de perder una sola línea en explicaciones que permitirían al lector pensar y conectar todos sus mecanismos racionales para poner en duda su primera afirmación, Kafka bombardea al lector con imágenes que le muestran la escena en todos sus detalles, la ponen ante sus ojos y la hacen indudable. Y así sigue, sin parar, mostrando la situación y las reacciones del personaje durante un buen montón de páginas. El éxito de esta estrategia descansa

—lo dijimos ya en los temas 4 y 5, pero no nos cansaremos de subrayarlo— en la elección de los detalles precisos, pintándolos con plasticidad ante los ojos del lector.

25.4.3. LA LÓGICA NARRATIVA

Un relato se sustenta en un entramado de causas y efectos (muchas veces muy sutil) que hacen evolucionar el conflicto desde el planteamiento hasta el desenlace. Evitar rupturas graves en esta secuencia lógica suele ser una buena manera de apuntalar la verosimilitud. Si todos los indicios apuntan a que el ladrón se esconde en Londres, a nadie, salvo al inspector Clouseau, se le ocurriría ir a buscarlo a El Cairo.

25.4.4. LOS PERSONAJES Y SUS ACCIONES

Es conveniente que las acciones de los personajes se correspondan con las características que les hemos fijado. En muchas ocasiones, lo que hace que no nos creamos un texto es su comportamiento en determinadas situaciones de peso narrativo. Un tipo que hemos pintado canijo, cobarde y apocado, de repente consigue asustar a tres matones que molestan a la chica. Un guerrero masai medita sobre las implicaciones metafísicas de la teoría del Big Bang. Un oficinista gordo y fumador, sin ningún entrenamiento, gana a un experimentado montañero al subir una pared vertical de doscientos cincuenta metros.

Son solo tres muestras de actuaciones que contradicen las características prefijadas de un personaje y que resultan poco verosímiles. Por supuesto que, si lo armamos bien, estas y otras cosas más extrañas pueden suceder en un cuento (todo puede suceder en un cuento, si se trabaja bien), pero debemos ser conscientes de que tendremos que ser capaces de crear una verosimilitud alternativa y propia de nuestra historia.

25.4.5. LA AMBIENTACIÓN

Cuentan que Flaubert, cuando escribía *Salambó* —una novela ambientada en los tiempos de la destrucción de Cartago por los romanos—, sintió la necesidad de viajar a las ruinas de Cartago para ambientar mejor su historia. Entre las cosas que allí vio y que incluyó en su novela estaban los cactus. ¿Cactus en el norte de África? Parece razonable, si no fuera porque el cactus es una planta americana que no se introdujo en el norte de África hasta después del descubrimiento de América, en 1492. En el caso de *Salambó* no es más que una anécdota sin importancia, pero fallos como este en la ambientación producen el mismo efecto que un reloj de pulsera en la muñeca de un extra de una película de gladiadores: aniquilan la verosimilitud. Pensad en lo absurdas que resultan esas películas en las que los espartanos luchan por la democracia o el Cid habla de la unidad de España. Un relato no es una crónica de costumbres que exija absoluta precisión, pero cuando queramos construir mundos o situaciones que existen o existieron es importante documentarse al menos lo suficiente para que el ambiente general y los detalles más importantes, así como los valores e ideales de los personajes, como mínimo se parezcan en lo esencial a los de su marco de referencia.

ESCRIBIR ES RECORDAR.
MEMORIA Y CREATIVIDAD

Mariana Torres

> *La memoria cree antes de que el conocimiento recuerde. Cree mucho más tiempo que recuerda, mucho más tiempo que tarda el conocimiento en preguntarse.*
>
> *Luz de agosto*
> William Faulkner

Si escribir es recordar, la memoria tiene, sin duda, un papel importante en el escritor de ficciones. Y decimos *ficciones* con toda la intención que conlleva el significado de *ficción* en este contexto, tan bien definida en el diccionario como «invención, cosa fingida». El cuento elaborado a partir de un recuerdo que rescata el escritor desde su memoria —tan amplia que abarca tanto recuerdos de una infancia lejana como recuerdos de lo ocurrido el año anterior, o incluso la tarde anterior—, es siempre una obra de ficción. Cada escritor es único, y lo es por tanto su recuerdo y su mirada sobre el mismo:

Consideremos un árbol. Primero lo pinta Millet y luego lo pinta Van Gogh. Resultan dos árboles distintos, en virtud de esa «maldita intervención del autor» (las comillas pertenecen a los teóricos del subjetivismo). Pero es precisamente esa inevitable irrupción del artista en el objeto lo que hace superior el árbol de Van Gogh al árbol de Millet y al de cualquier fotógrafo. Más, todavía: ese árbol es el retrato del alma de Van Gogh.

La maldita intervención del autor
Ernesto Sabato

Cada experiencia vivida se recoge de una manera distinta en la memoria personal y, así, incluso la misma experiencia vivida por diferentes personas será relatada de manera distinta. O, en palabras de Ray Bradbury: «En el mundo solo hay una historia. La tuya». Es conocido el caso de los hermanos Mann, ambos escritores, Heinrich y Thomas, que según Klaus Mann —hijo del primero y también escritor—, eran «bastante parecidos el uno al otro, pero en el fondo muy diferentes, sus caracteres y sueños parecían ser variaciones opuestas del mismo tema». Esto se refleja tal cual en los temas que eligieron cada uno para novelar.

Así que por muy *basada en hechos reales* que esté una historia, no hay manera de escapar de la ficción. Una historia, ya lo hemos visto, es un punto de vista, un narrador, una mirada y una selección concreta de la información *a narrar* —y, como consecuencia inmediata, una selección concreta de la información *a ocultar*—. Lo que pone en marcha el motor de la memoria, hasta que el escritor encuentra y recuerda una imagen de la que extraer una historia —y la enlaza con una acción, una trama y un personaje—, es la creatividad. Así que memoria y creatividad aparecen juntas, como dos manos que trabajan a contratiempo para alimentarse la una a la otra.

Y por otro lado está la imitación, tan relacionada con la creatividad que no podríamos hablar de ella sin mencionarla. Lo original en cualquier creación artística viene dado por la depuración hasta el hallazgo de lo único y personal en un trabajo de imitación, un trabajo de plagio:

> Al parecer, toda escritura se crea de recuerdos de sucesos anteriores, produciendo así variantes infinitamente repetidas de lo mismo. El oficio del escritor es «inventar cuentos (recordarlos, como todos)», hecho que elimina cualquier originalidad o invención, idea fundamental del maestro compatriota de Castillo, Jorge Luis Borges, y del consecutivo arte postmoderno. Roland Barthes afirma que la empresa del escritor consiste en imitar un gesto anterior, pero nunca original.

> *Incipit y subtexto en la literatura y cuentos*
> *de Julio Cortázar y Alberto Castillo*
> Gabriella Menczel

26.1. MEMORIAS DE LA INFANCIA Y ADOLESCENCIA

En el libro sobre experiencias literarias en el que Ana Ayuso recopila testimonios de diferentes escritores hay un apartado sobre el territorio de la infancia. Ayuso afirma que es una época clave del escritor adulto, ya que bebe de una doble realidad, basada en esa tensión entre lo real y lo imaginado. Es una época clave porque ese niño, que algún día será un escritor, aún no lo es *conscientemente*. Sí lo es sin darse cuenta de ello, el niño construye a ese escritor que será en un futuro desde el juego sin objetivo. Y su mirada de artista se está desarrollando sin remedio, todo aquello en lo que ese niño se fija durante los años de infancia —y desde luego que se fija en cosas, y esas cosas se quedan grabadas en la retina de la memoria—, permanece ahí, guardado. Incluso aunque el escritor adulto no lo recuerde de manera consciente el cerebro lo ha clasificado en algún lugar: todo lo vivido en la infancia es material que saldrá cuando sea necesario. Podemos citar el caso de García Márquez, que ya en su *Vivir para contarla* comienza afirmando que «La vida no es la que uno vivió, sino la que uno recuerda y cómo la recuerda para contarla». Para García Márquez, comenta Ayuso, no existía un lugar más que el pasado, ese pasado que transcurre en la vieja casa de sus abuelos, en Aracataca, donde se vivían días como este:

> Una vez estaba bordando (mi tía) cuando llegó una muchacha con un huevo de gallina muy peculiar, un huevo que tenía una protuberancia. No sé por qué la casa era una especie de consultorio de todos los misterios del pueblo. Cada vez que había algo que nadie entendía, iban a la casa y preguntaban y, generalmente, esa señora, esta tía, tenía siempre la solución. A mí lo que me encantaba era la naturalidad con la que resolvía estas cosas. Volviendo a la muchacha del huevo, le dijo: «Mire usted, ¿por qué este huevo tiene una protuberancia?». Entonces ella la miró y dijo: «Ah, porque es un huevo de basilisco. Prendan una hoguera en el patio». Prendieron una hoguera y quemaron el huevo con gran naturalidad. Esa naturalidad creo que me dio a mí la clave de *Cien años de soledad*, donde se cuentan las historias más espantosas, las cosas más extraordinarias, con la misma cara de palo con que esta tía dijo que quemaran en el patio el huevo de basilisco, que jamás supe lo que era.

Vivir para contarla
Gabriel García Márquez

Esto no es realismo mágico, sino simple realismo de la infancia. Para escribir su obra maestra, lo que hizo García Márquez en su inicio fue alimentar esos recuerdos, y echarles más leña, y provocar un incendio.

En relación con la infancia dice Carson McCullers:

> A muchos autores les resulta difícil escribir acerca de los ambientes que no han conocido en la niñez. Las voces de la infancia, oídas otra vez, tienen un tono más verdadero que las otras. Y el follaje —los árboles de la infancia— se recuerdan con mayor exactitud. Cuando trabajo con un ambiente diferente al Sur, tengo que preguntarme en qué época se abren las flores —¿y qué flores?—.

Y será la memoria del escritor la que recurrirá, siempre, a esos tempranos ambientes que conoció para recrearlos. Carmen Martín Gaite lo explica incluso mejor:

> El mundo que uno vive durante su primera juventud —sea acogedor o ingrato—, aquel en que has crecido, donde se han incubado tus primeras relaciones y conflictos, es el más novelable y a él se remiten casi siempre las mejores narraciones o, por lo menos, las más genuinas.

Tiene sentido que el escritor vuelva siempre a sus primeras vivencias. Porque solo hay una primera vez para todo, una primera última vez para cada experiencia —bien sea enamorarnos hasta los huesos, probar el vino tinto o saltar en paracaídas—, y nada es tan inspirador para las narraciones auténticas como la frescura de las primeras veces, de la inexperiencia y de la falta de control. Las segundas y decimoquintas veces pueden vivirse igual de intensamente, pero ya serán otra cosa, ya no serán la primera vez. Muchas veces ha contado Ray Bradbury su sistema de escritura a través de recuerdos y listas de palabras, empezando por aquello que, de niño, le daba miedo; y terminando con recuerdos lejanos, recuerdos agradables:

> Primero me hurgaba la mente en busca de palabras que describieran mis pesadillas personales, mis miedos nocturnos y mi infancia, y a partir de ellas modelaba una historia. Luego echaba una larga mirada a los verdes manzanos de la vieja casa de mis abuelos donde había nacido, y a la casa de al lado donde vivían mis abuelos, y a todos los prados de mis primeros veranos, y me ponía a probar palabras para eso.
>
> Lo que hay en *El vino del estío*, el vino que se hace con diente de león, es un ramo de dientes de león de aquellos años. La metáfora del vino, que aparece en esas páginas una y otra vez, es maravillosamente apropiada. Yo me pasaba la vida acumulando imágenes, almacenándolas, y olvidándolas luego. De alguna manera tenía que retroceder en el tiempo, usando como catalizador las palabras, para abrir los recuerdos y ver qué tenían que ofrecer.
>
> *Zen en el arte de escribir*
> Ray Bradbury

De alguna manera la memoria ejerce, en el escritor, un efecto de máquina para viajar en el tiempo. Qué no daríamos por recordar los primeros años de nuestra vida, cuando estábamos aprendiendo qué formas tenía el mundo, cuando aún no controlábamos nuestro cuerpo, cuando no habíamos siquiera aprendido a caminar.

Si hay un escritor de cuento que claramente podríamos citar en este apartado, ese es Truman Capote. Aunque entre su obra hay varios relatos autobiográficos, los más conocidos son los contenidos en *Tres cuentos*, donde Capote recorre tres memorias festivas —dos vacaciones de Navidad y un día de Acción de Gracias— reviviendo personas claves en su infancia. El personaje de Dolly Talbo, de su novela autobiográfica *El arpa de hierba*, es el mismo personaje que en *Tres cuentos* el autor llama Miss Sook; un fiel retrato de una tía con la que Capote creció en los años que vivió en Monroeville. El principal cuento de Miss Sook es «Un recuerdo navideño», en el que Capote arma una trama muy sencilla —las acciones se sitúan en una Navidad, probablemente la última que comparten los personajes— y aprovecha cada oportunidad para revivir todos sus recuerdos en relación a esa época:

> Por lo tanto, hacemos lo que hemos hecho siempre: pasar días sentados ante la mesa de la cocina con tijeras y lápices y montones de papel de colores. Yo hago los dibujos y mi amiga los recorta: gran cantidad de gatos, peces también (porque son fáciles de dibujar), algunas manzanas, algunas sandías, unos pocos de ángeles alados hechos de envoltorios de papel de estaño que tenemos guardado. Empleamos imperdibles para sujetar al árbol esas creaciones: como toque final, salpicamos las ramas con algodón desmenuzado (recogido en agosto con ese propósito).

> «Un recuerdo navideño»
> Truman Capote

La utilización de la autobiografía y la experiencia en su obra es algo que Capote nunca ocultó. A su libro *Los perros ladran* él mismo lo definió como «un mapa en prosa, una geografía escrita de mi vida desde 1942 hasta 1972». Así lo explica Ernesto Sabato:

> Para bien y para mal, el escritor verdadero escribe sobre la realidad que ha sufrido y mamado, es decir, sobre la patria; aunque a veces parezca hacerlo sobre historias lejanas en el tiempo y en el espacio. Creo que Baudelaire dijo que la patria es la infancia. Y me parece difícil escribir algo profundo que no esté unido de una manera abierta o enmarañada a la infancia.

El escritor y los viajes
Ernesto Sabato

26.1.2. Memorias prehistóricas

Existen cuentos autobiográficos imposibles en los que, si nos ponemos a valorar la posición del narrador/autor con respecto a la ficción narrada, algo no encaja. Son esos cuentos donde, por ejemplo, el niño que narra la memoria en la historia es tan pequeño que no podría recordar que tal cosa haya ocurrido; o donde el personaje que narra está ausente de la vivencia y cuenta el recuerdo de otro. Ocurre por ejemplo en el cuento que abre una obra que citábamos, precisamente, en el primer capítulo de este manual: *Crónicas de motel* de Sam Shepard:

> En Rapid City, South Dakota, mi madre me daba cubitos de hielo envueltos en servilletas para que los

chupase. Estaban saliéndome los dientes y el hielo me insensibilizaba las encías.

Aquella noche atravesamos los Badlands. Yo viajaba en la bandeja que hay detrás del asiento trasero del Plymouth, mirando las estrellas. El cristal estaba helado al tacto.

Nos detuvimos en la pradera, en un lugar donde había un círculo de enormes dinosaurios de yeso blanco. No era un pueblo. Simplemente los dinosaurios iluminados desde el suelo por unos focos.

Mi madre me llevó a dar una vuelta abrigado bajo una manta parda del ejército. Tarareaba una canción lenta. Creo que era «Peg a´My Heart». La tarareaba bajito, para sí misma. Como si sus pensamientos estuvieran muy lejos de allí.

Serpenteamos lentamente por entre los dinosaurios. Por entre sus patas. Bajo sus tripas. Describimos círculos en torno al Brontosauro. Miramos desde abajo los dientes del Tyranosaurus Rex. Todos tenían unas lucecitas azules a modo de ojos.

No había nadie. Solo nosotros y los dinosaurios.

Crónicas de motel
Sam Shepard

Este niño que es Shepard, al que le están saliendo los dientes en el breve cuento con el que arranca el libro, debe de tener como mucho tres años en el momento de la escena. Es decir, que esta escena, de existir, ha de tratarse de un recuerdo rescatado posteriormente. Un recuerdo reconstruido, inventado o modificado. Si leemos el cuento con atención nos daremos cuenta de que todo el significado gira en torno a la dentición; si al niño no le estuvieran saliendo los dientes en ese momento, la escena no tendría sentido. Y tampoco la tendría si los personajes estuvieran dando vueltas en torno a algo que no fueran dinosaurios de yeso blanco. ¿Coincidieron en el tiempo, realmente, los dinosaurios de yeso y el niño al que le están saliendo los dientes? Aunque habría que preguntárselo a Sam Shepard es casi seguro que no. Hay demasiadas casualidades narrativas en esta breve escena como para suponerle fidelidad histórica a los hechos.

Pero lo que sí existe, y es real, y por tanto nos importa como lectores, es que la emoción que transmite aquí Shepard es tan exacta y tan verdad como la vivida en un momento similar, con o sin dinosaurios de yeso blanco. En relación a esas memorias prehistóricas cuenta lo siguiente Cortázar en las entrevistas que le hicieron para televisión:

> De cuando en cuando me volvían imágenes muy dispersas que yo no podía hacer coincidir con nada conocido, entonces se lo pregunté a mi madre: «hay momentos en que yo veo formas extrañas y colores como baldosas, como mayólica con colores, ¿qué podría ser eso?». Y mi madre me dijo: «Bueno, eso puede corresponder a que de niño, en Barcelona, te llevábamos casi todos los días a jugar con otros niños en el parque Güell». Así que mi inmensa admiración por Gaudí comienza a los dos años. Inconscientemente, sí.

También cuenta Cortázar que, muchos años después, en 1949, volvió a Barcelona para recuperar esos recuerdos. Volvió al parque Güell, pero ya no era lo mismo, ya no era un niño —de hecho medía cerca de dos metros de altura—, ya no podía mirar el parque desde la «mágica mirada del niño».

26.2. Memorias de la vida, de los viajes

La memoria es una caja intangible, donde se van guardando todos los recuerdos. Cuanto más larga es la vida, más llena estará la caja. Y los recuerdos que se guardan no son solamente experiencias, todo lo leído y aprendido se guarda en la memoria. Sería muy difícil escribir si sufriéramos, como el protagonista de *Memento*, amnesia anterógrada. Nos referimos a escribir ficción, porque Leonard, el protagonista de la película, sí que escribe, y, de hecho, sobrevive gracias a la escritura de esas notas que reflejan lo que ha ido haciendo cada día. Así lo define Gloria Fernández Rozas:

> El escritor recurrirá a la memoria continuamente. Allí está todo lo que sabe, y allí encontrará lo que necesita para dar forma a las ideas y convertirlas en palabras.
>
> Armado de su memoria como depósito de cachivaches, como archivo enciclopédico, el escritor se pondrá a planificar, a organizar los materiales. En este proceso surgirán argumentos que se irán puliendo hasta que lleguen a ajustarse a esa idea original o a esa intuición poética generadora de todo.
>
>

Escribir y reescribir
Gloria Fernández Rozas
>

Esa definición de la memoria como «depósito de cachivaches» y al mismo tiempo «archivo enciclopédico» es muy exacta. De hecho los mejores contadores de historias de las familias son esos abuelos o esos tíos que recuerdan todo con detalle, que son capaces de revivir en palabras e imágenes los hitos vividos en familia.

La memoria trabaja en el escritor de una manera inconsciente cuando está escribiendo. Si fuéramos conscientes de lo que está haciendo la memoria mientras escribimos, seríamos incapaces de escribir una línea; de la misma manera que, si fuéramos conscientes de los latidos de nuestro corazón al vivir, estaríamos muertos desde muy temprana edad.

> Recordando y olvidando, escribiendo y borrando, casi siempre en la arena, la memoria actúa sobre nosotros y dentro de nosotros de un modo tan incesante como late el corazón o se nos ensanchan los pulmones. De la mayor parte de la actividad de nuestra memoria nos damos tan poca cuenta como del ritmo de nuestros latidos: sin saberlo, al escribir recordamos en un instante cómo se escriben las palabras, y al hablar recordamos de manera automática sus significados, y al levantarnos cada mañana lo primero que hacemos es recordar quiénes somos y dónde estamos.
>
> *Pura alegría: Memoria y ficción*
> Antonio Muñoz Molina

Para ejemplificar la memoria de la experiencia, de la vida y de los viajes vamos a regresar al libro de Sam Shepard. Un texto donde no solamente hay recuerdos prehistóricos. También hay recuerdos de viaje, de encuentro y de experiencia, como en este de Sam Shepard, «16/10/80. Ozona, Texas»:

> Hay una mariposa Monarca muerta en la acera de la Ozona. La brisa se la lleva de acá para allá. Durante todo el día han estado estrellándose contra mi parabrisas, dejando salpicaduras rosadas y doradas en el

cristal. He visto a una de ellas que caía a plomo desde el cielo y chocaba contra el asfalto de la Highway 10 East. Debe de ser en la época del año en la que tienen que morir.

«16/10/80. Ozona, Texas»
Sam Shepard

En el conjunto del libro, Sam Shepard va definiendo una temática unitaria mediante el narrador que recuerda. Porque el hecho central no es una mariposa Monarca muerta en la acera de la Ozona —o un niño al que le están saliendo los dientes viaje en la capota de un coche viejo—. El narrador —a fin de cuentas un personaje más—, es el que elige contar esos recuerdos y no otros. La selección de los recuerdos que Shepard transforma en historias es lo que construye el alma del libro. Este es el final de uno de los cuentos iniciales, «13/10/80», donde el autor recuerda cómo, de niño, fingía ser sonámbulo:

Nada más lejos de mi intención que provocar una situación humorística. No pretendía hacerles reír. Solo buscaba la emoción de relacionarme con ellos en una situación fuera de lo común. Un encuentro de otra clase. Ahora todo había terminado. Ahora solo quedaba un humillante silencio en la oscuridad.

Cerraron la puerta de mi dormitorio y ya ni siquiera podía oírles. Mi hermanita se dio la vuelta en la litera de encima. Murmuró unas palabras en sueños. Hacía poquísimo que había aprendido a hablar. Contesté, pero ella no dijo nada más. El tipo de la casa de al lado puso en marcha su sistema de riego. Pude oír que les cantaba algo a sus rosas.

«13/10/80»
Sam Shepard

Así acaba, con una imagen magnífica que no pertenece al universo del cuento. El narrador se desplaza hasta la casa de al lado, hasta el jardín del vecino. El jardín de los otros, los de fuera, los del exterior.

Otro de los grandes clásicos de la memoria y los viajes es *Memorias de África*, una novela de Isak Dinesen que, si la leemos bien, nos daremos cuenta: podemos extraer de su interior muchos cuentos independientes, como este:

En la reserva, a veces me encontraba con iguanas, los grandes lagartos, mientras tomaban el sol sobre una piedra plana en el lecho de un río. No tienen nada de bonito en su forma, pero su colorido es extraordinariamente hermoso. Brillan como piedras preciosas o como las vidrieras de una vieja iglesia. Cuando, al acercarte, huyen rápidamente, hay un relámpago de azul, verde y púrpura sobre la piedra, los colores parecen permanecer tras ella en el aire, como la cola luminosa de un cometa.

Una vez maté a una iguana pensando que podría hacer algo bonito con su piel. Ocurrió algo extraño, de lo que no me podré olvidar nunca. Cuando fui hacia ella, que yacía muerta sobre una piedra, realmente mientras andaba unos pocos pasos, se fue apagando y volviéndose pálida. Todos los colores desaparecieron como en un largo suspiro y, cuando la toqué, estaba gris y opaca como un grumo de cemento. Era la viva e impetuosa pulsación de la sangre dentro del animal la que irradiaba hacia afuera aquel brillo y esplendor. Ahora que la llama se había apagado, que su alma se había ido, la iguana estaba tan muerta como un puñado de arena.

Con frecuencia he matado iguanas y siempre recordaba la de la reserva. Una vez, en Meru, vi a una joven nativa con un brazalete, una banda de cuero de dos pulgadas de ancho y adornada con cuentas de color turquesa, muy pequeñas, que cambiaban de color y se volvían verde, azul celeste y ultramar. Era algo extraordinariamente vivo; parecía que el brazo respiraba, así que me encapriché y mandé a Farah a comprarlo. Tan pronto como lo puse sobre mi brazo lo abandonó el espectro. Ahora no era nada, era una pieza de bisutería pequeña y barata. Había sido el juego de los colores, el duelo entre el turquesa y el *nègre* —ese movedizo, dulce negro amarronado, como turba y cerámica negra de la piel nativa— la que le había dado vida al brazalete.

En el museo Zoológico de Pietermariztzburg vi un pez de aguas profundas disecado en una vidriera, con la misma combinación de colores, que había sobrevivido a la muerte; me hizo preguntarme qué clase de vida habrá allí, en el fondo del mar, que encierra algo tan vivo y fresco. Allí, en Meru, miraba mi pálido brazo y el brazalete muerte, era como si se hubiera cometido una injusticia con algo noble, como si se hubiera eliminado la verdad. Me pareció tan triste que recordé la frase de un héroe en un libro que había leído de niña: «Los conquisté a todos, pero yazgo en sus tumbas».

Memorias de África
Isak Dinesen

En la novela, el personaje de la narradora ocupa un lugar ideal para narrar un país extranjero porque, al mismo tiempo que es una forastera en esa tierra —y además de europea y blanca, mujer—, se va convirtiendo, poco a poco, en autóctona. No hay mejor posición para narrar lo desconocido que conocerlo, con tiempo y margen. La narradora se convierte en un puente perfecto entre el lector y África, y todo el texto trabaja para unir estos dos mundos. Cierra de esta manera la narración de la iguana, con una advertencia al extranjero, ya no solo enfocado a África sino también al resto del mundo:

> En un país extranjero y con especies de vida extrañas se debe tener cuidado para ver qué cosas conservan su valor después de la muerte. A los colonos del África Oriental les doy un consejo: «Por el bien de vuestros ojos y de vuestro corazón, no matéis iguanas».

Memorias de África
Isak Dinesen

26.3. Memoria de los sueños

¿Cuántas obras literarias se han escrito después de un sueño? Por testimonios de los propios escritores, hay muchos casos conocidos, desde relatos como «Casa tomada», de Julio Cortázar; hasta novelas, como *El extraño caso del doctor Jekyll y Mr. Hyde*, de Stevenson:

> Según R. L. Stevenson, de un sueño proviene todo el argumento de la escena en la cual Mr. Hyde ingiere la pócima para escapar de sus perseguidores; y también de un sueño procede la gigantesca mano de hierro que irrumpe de la escalinata del castillo de Otranto en el artificio gótico de Horace Walpole; a un sueño pertenecen los muros y las torres del palacio de Kubla Khan, con sus jardines radiantes, sus laberintos de agua fresca y todas las melodiosas cadencias poéticas del poema de Coleridge.

El mundo bajo los párpados
Jacobo Siruela

Son muchos los escritores que aprovechan sus sueños como material creativo. Está demostrado que recordar los sueños es un acto sumamente creativo. Simplemente por el hecho de anotarlos cada día el escritor está más conectado con su imaginario inconsciente, con la parte de creador niño que juega sin objetivo. En el prólogo de su libro *La gran ventana de los sueños*, Fogwill lo cuenta así:

> A veces pienso —y es como un sueño ese pensar— que, si realmente uno tomase con toda seriedad el propósito de recordar los sueños y se aplicase a ello y se esforzase, podría llegar a recordarlos todos. Es decir, recordaría incluso los que fueron olvidados. […] Y tal vez sean una obra. Obra del sueño u obra del dueño, siempre será más original que cualquier intento de ficción. Cualquiera —y a mí me ha sucedido— puede volver a escribir o reescribir la obra de otro, pero nadie podrá resoñar tus sueños ni soñar los suyos con tu propio estilo de soñar, o de escuchar tus sueños.

> *La gran ventana de los sueños*
> Fogwill

Es interesante el objetivo de forzar tanto la memoria onírica de manera que la persona llegara incluso a recordar sueños que tenía olvidados. Está estudiado que la memoria es un mecanismo caprichoso, y son comunes los casos de pacientes con demencia senil que, en los últimos años de su vida, recuerdan sin querer eventos de su infancia que tenían totalmente olvidados. En relación con los sueños ocurre algo parecido y, como bien indica Fogwill, no dejan de ser una obra de creación puramente original, no hay trampa ni cartón en los sueños. Son únicos y personalísimos vistos como obra de ficción, y si lo podemos hacer dormidos, ¿por qué no despiertos, en la escritura? Comenta Fogwill también cómo ciertos recuerdos de sueños —y nos atreveríamos a sugerir que ciertos recuerdos de la vigilia también— nos persiguen toda la vida:

> Había una vez que yo soñé algo y lo olvidé. Ese sueño y sus no imágenes me siguen hasta hoy, cuando han pasado casi treinta y nueve años. A eso se llama vivir, o haber vivido, pendiente de un olvido. Es natural ahora, cuando el olvido roe las neuronas, pero aún recuerdo que aquella vez, hace casi cuarenta años, soñé y olvidé y desde entonces pienso que el grueso de la memoria se compone de cosas negras hechas de puro olvido.
>
> *La gran ventana de los sueños*
> Fogwill

Y es que, como veremos en breve, en palabras de Muñoz Molina, «la literatura también está hecha de olvido». Recordar las cosas de una manera consciente es solo una parte de la memoria, ¿y todos esos recuerdos que tenemos olvidados?

Según Proust el recuerdo consciente es siempre menos revelador de lo que parece, son los recuerdos involuntarios —y así ocurre con la famosa magdalena— los que están cargados de material narrativo genuino.

26.4. LA IMAGINACIÓN QUE RECUERDA, DAR FORMA A LA MATERIA

En el libro *Pura alegría* de Muñoz Molina hay un extenso capítulo donde el escritor reflexiona sobre los diferentes aspectos de la memoria y su relación con la escritura y el texto. El autor, además de reflexionar sobre la creación de conocidos pasajes de la literatura como el don Quijote en la cueva de Montesinos —que recuerda, o inventa, o sueña y dice recordar el personaje—, da a entender que el proceso de la memoria puede invertirse, y deja que por tanto sea la imaginación la que recuerde:

> Reconozco que si el recuerdo inventa sin saberlo, al inventar usamos sin darnos cuenta cosas olvidadas, recuerdos que perdimos porque no los considerábamos valiosos, imágenes que tal vez deben su parte de sugestión sobre nosotros a que no han sufrido el desgaste de permanecer en la intemperie de la consciencia. Muchas veces, los personajes o los actos que aparecen en el proceso de la invención, y más aún en el de la escritura, se han formado de un modo semejante a como se forman las peripecias de los sueños.

Pura alegría: Memoria y ficción
Antonio Muñoz Molina

Y a continuación aventura que, tal vez, como escritores, inventamos mucho menos de lo que pensamos; que en gran parte de las ocasiones podemos estar evocando sensaciones que no recordábamos tener, que no recordábamos de manera consciente:

> Ni la memoria se limita a recordar ni la imaginación inventa siempre. Incluso puede decirse que ninguna de las dos, miradas más de cerca, son instrumentos muy útiles o de una razonable precisión en las tareas que oficialmente les corresponden. [...] Creyendo recordar, honradamente decididos a ello, con mucha frecuen-

cia estamos inventando, o recordando recuerdos, y no hechos reales, copias de otras copias mediocres o ya parcialmente falsificadas.

> *Pura alegría: Memoria y ficción*
> Antonio Muñoz Molina

También cuenta que, en el inicio de su trayectoria como escritor, se resistía a convertir sus libros en una «desnuda confesión personal», pero que en los últimos años se ha dado cuenta de que la memoria se interpone cada vez más en la escritura, y que lo mejor es dejarse llevar por el «impulso de la rememoración»:

> Sé que una literatura así existe porque la he encontrado de la *Odisea*, en la *Eneida*, en el *Quijote*, en el *Spleen de París*, en los diarios de Stendhal, en la correspondencia de Flaubert, en Proust, en Simenon, en Galdós, en William Faulkner, en Jorge Luis Borges, en Juan Carlos Onetti, en Tobias Wolff, en J.D. Salinger, en Josep Pla.
> El acto de escribir se convierte entonces en búsqueda y creación, y la memoria cree que descubrir dentro de uno mismo un yacimiento de sensaciones o de imágenes y de dejarse llevar para saber adónde conduce es una aventura tan íntima, tan perfecta en sí misma como el sorbo de la taza de té.

> *Pura alegría: Memoria y ficción*
> Antonio Muñoz Molina

Es probable que este proceso de búsqueda de la propia memoria, que quiere traducirse en palabras, no se produzca en un momento predecible, no se pueda planear. Y que, desde luego, no se produzca hasta que ha pasado el tiempo

necesario para que la experiencia se destile en el escritor
y se convierta en memoria, en pasado.

Será ese el momento —tan impredecible como no bus-
cado— en el que el escritor encuentre la mejor manera de
contar esa memoria, que siempre estará en relación con la
manera en que la emoción que le provoca el recuerdo se
evoque de manera más cercana a la realidad que vivió. Para
lo cual el *tiempo* es imprescindible, como tan bien explica
el poeta Eduardo García:

> Hay un período de espera, durante el cual la mente anda
> organizando el material acumulado. Los psicólogos,
> que llaman a esta fase de espera *incubación*, aunque
> están de acuerdo en lo fundamental, la explican de dos
> maneras diferentes. Unos afirman que se despliega en-
> tonces una intensa actividad mental inconsciente, que
> estructura los contenidos que hemos ido almacenando.
> Otros, que es necesario un tiempo para que desaparez-
> can las interferencias interiores. En cualquier caso, lo
> que a nosotros nos interesa es que en toda actividad
> creativa se presenta esta *fase de espera entre la expe-
> riencia vivida y la escritura del poema.*
>
>

Escribir un poema
Eduardo García

O como tan bien lo resumió José Luis Sampedro: «Uno
escribe a base de ser minero de sí mismo». Y extraer pepitas de oro de una mina, no es una tarea de un día. Para
que exista la memoria, por tanto, debe existir el tiempo
y debe existir la espera.

ANEXOS

«CARTAS DE MAMÁ»

Julio Cortázar

Muy bien hubiera podido llamarse libertad condicional. Cada vez que la portera le entregaba un sobre, a Luis le bastaba reconocer la minúscula cara familiar de José de San Martín para comprender que otra vez más habría de franquear el puente. San Martín, Rivadavia, pero esos nombres eran también imágenes de calles y de cosas, Rivadavia al seis mil quinientos, el caserón de Flores, mamá, el café de San Martín y Corrientes donde lo esperaban a veces los amigos, donde el mazagrán tenía un leve gusto a aceite de ricino. Con el sobre en la mano, después del *Merci bien, madame Durand*, salir a la calle no era ya lo mismo que el día anterior, que todos los días anteriores. Cada carta de mamá (aun antes de eso que acababa de ocurrir, este absurdo error ridículo) cambiaba de golpe la vida de Luis, lo devolvía al pasado como un duro rebote de pelota. Aun antes de eso que acababa de leer —y que ahora releía en el autobús entre enfurecido y perplejo, sin acabar de convencerse—, las cartas de mamá; eran siempre una alteración del tiempo, un pequeño escándalo inofensivo dentro del orden de cosas que Luis había querido y trazado y conseguido, calzándolo en su vida como había calzado a Laura en su vida y a París en su vida. Cada nueva carta insinuaba por un rato (porque después él las borraba en el acto mismo de contestarlas cariñosamente) que su libertad duramente conquistada, esa nueva vida recortada con feroces golpes de tijera en la madeja de lana que los demás habían llamado su vida, cesaba de justificarse, perdía pie, se borraba como el fondo de las calles mientras el autobús corría por la rue de Richelieu. No quedaba más que una parva libertad condicional, la irrisión de vivir a la manera de una palabra entre paréntesis, divorciada de la frase principal de la que sin embargo es casi siempre sostén y explicación. Y desazón, y una necesidad de contestar en seguida, como quien vuelve a cerrar una puerta.

Esa mañana había sido una de las tantas mañanas en que llegaba carta de mamá. Con Laura hablaban poco del pasado, casi nunca del caserón de Flores. No es que a Luis no le gustara acordarse de Buenos Aires. Más bien se trataba de evadir nombres (las personas, evadidas hacía ya tanto tiempo, los verdaderos fantasmas que son los nombres, esa duración pertinaz). Un día se había animado a decirle a Laura: «Si se pudiera romper y tirar el pasado como el borrador de una carta o de un libro. Pero ahí queda siempre, manchando la copia en limpio, y yo creo que eso es el verdadero futuro». En realidad, por qué no habían de hablar de Buenos Aires donde vivía la familia, donde los amigos de cuando en cuando adornaban una postal con frases cariñosas. Y el rotograbado de *La Nación* con los sonetos de tantas señoras entusiastas, esa sensación de ya leído, de para qué. Y de cuando en cuando alguna crisis de gabinete, algún coronel enojado, algún boxeador magnífico. ¿Por qué no habían de hablar de Buenos Aires con Laura? Pero tampoco ella volvía al tiempo de antes, solo al azar de algún diálogo, y sobre todo cuando llegaban cartas de mamá, dejaba caer un nombre o una imagen como monedas fuera de circulación, objetos de un mundo caduco en la lejana orilla del río.

—*Eh oui, fait lourd* —dijo el obrero sentado frente a él.

«Si supiera lo que es el calor —pensó Luis—. Si pudiera andar una tarde de febrero por la Avenida de Mayo, por alguna callecita de Liniers».

Sacó otra vez la carta del sobre, sin ilusiones: el párrafo estaba ahí, bien claro. Era perfectamente absurdo pero estaba ahí. Su primera reacción, después de la sorpresa, el golpe en plena nuca, era como siempre de defensa. Laura no debía leer la carta de mamá. Por más ridículo que fuese el error, la confusión de nombres (mamá había querido escribir «Víctor» y había puesto «Nico»), de todos modos Laura se afligiría, sería estúpido. De cuando en cuando se pierden cartas; ojalá esta se hubiera ido al fondo del mar. Ahora tendría que tirarla al *water* de la oficina, y por supuesto unos días después Laura se extrañaría: «Qué raro, no ha llegado carta de tu madre». Nunca decía *tu mamá*, tal vez porque había perdido a la suya siendo niña. Entonces él contestaría: «De veras, es raro. Le voy a mandar unas líneas hoy mismo», y las mandaría, asombrándose del silencio de mamá. La vida seguiría igual, la oficina, el cine por las noches, Laura siempre tranquila, bondadosa, atenta a sus deseos. Al bajar del autobús en la rue de Rennes se preguntó bruscamente (no era una pregunta, pero cómo decirlo de otro modo) por qué no quería mostrarle a Laura la carta de mamá. No por ella, por lo que ella pudiera sentir. No le importaba gran cosa lo que ella pudiera sentir, mientras lo disimulara. (¿No le importaba gran cosa lo que ella pudiera sentir, mientras lo disimulara?). No, no le importaba gran cosa. (¿No le importaba?). Pero la primera verdad, suponiendo que hubiera otra detrás, la verdad inmediata por decirlo así, era que le importaba la cara que pondría Laura, la actitud de Laura. Y le importaba por él, naturalmente, por el efecto que le haría la forma en que a Laura iba a importarle la carta de mamá. Sus ojos caerían en un momento dado sobre el nombre de Nico, y él sabía que el mentón de Laura empezaría a temblar ligeramente, y después Laura diría: «Pero qué raro… ¿qué le habrá pasado a tu madre?». Y él habría sabido todo el tiempo que Laura se contenía para no gritar, para no esconder entre las manos un rostro desfigurado ya por el llanto, por el dibujo del nombre de Nico temblándole en la boca.

En la agencia de publicidad donde trabajaba como diseñador, releyó la carta, una de las tantas cartas de mamá, sin nada de extraordinario fuera del párrafo donde se había equivocado de nombre. Pensó si no podría borrar la palabra, reemplazar Nico por Víctor, sencillamente reemplazar el error por la verdad, y volver con la carta a casa para que Laura la leyera. Las cartas de mamá interesaban siempre a Laura, aunque de una manera indefinible no le estuvieran destinadas. Mamá le escribía a él; agregaba al final, a veces a mitad de la carta, saludos muy cariñosos para Laura. No importaba, las leía con el mismo interés, vacilando ante alguna palabra ya retorcida por el reuma y la miopía. «Tomo Saridón, y el doctor me ha dado un poco de salicilato…». Las cartas se posaban dos o tres días sobre la mesa de dibujo; Luis hubiera querido tirarlas apenas las contestaba, pero Laura las releía, a las mujeres les gusta releer las cartas, mirarlas de un lado y de otro, parecen extraer un segundo sentido cada vez que vuelven a sacarlas y a mirarlas. Las cartas de mamá eran breves, con noticias domésticas, una que otra referencia al orden nacional (pero esas cosas que ya se sabían por los telegramas de *Le Monde*, llegaban siempre tarde por su mano). Hasta podía pensarse que las cartas eran siempre la misma, escueta y mediocre, sin nada interesante. Lo mejor de mamá era que nunca se había abandonado a la tristeza que debía causarle la ausencia de su hijo y de su nuera, ni siquiera al dolor —tan a gritos, tan a lágrimas al principio— por la muerte de Nico. Nunca, en los dos años que llevaban ya en París, mamá había mencionado a Nico en sus cartas. Era como Laura, que tampoco lo nombraba. Ninguna de las dos lo nombraba, y hacía más de dos años que Nico había muerto. La repentina mención de su nombre a mitad de la carta era casi un escándalo. Ya el solo hecho de que el nombre de Nico apareciera de golpe en una frase, con la *N* larga y temblorosa, la *o* con una torcida; pero era peor, porque el nombre se situaba en una frase incomprensible y absurda, en algo que no podía ser otra cosa que un anuncio de senilidad. De golpe mamá perdía la noción del tiempo, se imaginaba que… El párrafo venía después de un breve acuse de recibo de una carta de Laura. Un punto apenas marcado con la débil tinta azul comprada en el almacén del barrio, y a quemarropa: «Esta mañana Nico preguntó por ustedes». El resto seguía como siempre: la salud, la prima Matilde se había caído y tenía una clavícula sacada, los perros estaban bien. Pero Nico había preguntado por ellos.

En realidad hubiera sido fácil cambiar Nico por Víctor, que era el que sin duda había preguntado por ellos. El primo Víctor, tan atento siempre. Víctor tenía dos letras más que Nico, pero con una goma y habilidad se podían cambiar los nombres. Esta mañana Víctor preguntó por ustedes. Tan natural que Víctor pasara a visitar a mamá y le preguntara por los ausentes.

Cuando volvió a almorzar, traía intacta la carta en el bolsillo. Seguía dispuesto a no decirle nada a Laura, que lo esperaba con su sonrisa amistosa, el rostro que parecía haberse dibujado un poco desde los tiempos de Buenos Aires, como si el aire gris de París le quitara el color y el relieve. Llevaban más de dos años en París, habían salido de Buenos Aires apenas dos meses después de la muerte de Nico, pero en realidad Luis se había considerado como ausente desde el día mismo de su casamiento con Laura. Una tarde, después de hablar con Nico que estaba ya enfermo, se había jurado escapar de la Argentina, del caserón de Flores, de mamá y los perros y su hermano (que ya estaba enfermo). En aquellos meses todo había girado en torno a él como las figuras de una danza. Nico, Laura, mamá, los perros, el jardín. Su juramento había sido el gesto brutal del que hace trizas una botella en la pista, interrumpe el baile con un chicotear de vidrios rotos. Todo había sido brutal en esos días: su casamiento, la partida sin remilgos ni consideraciones para con mamá, el olvido de todos los deberes sociales, de los amigos entre sorprendidos y desencantados. No le había importado nada, ni siquiera el asomo de protesta de Laura. Mamá se quedaba sola en el caserón, con los perros y los frascos de remedios, con la ropa de Nico colgada todavía en un ropero. Que se quedara, que todos se fueran al demonio. Mamá había parecido comprender, ya no lloraba a Nico y andaba como antes por la casa, con la fría y resuelta recuperación de los viejos frente a la muerte.

Pero Luis no quería acordarse de lo que había sido la tarde de la despedida, las valijas, el taxi en la puerta, la casa ahí con toda la infancia, el jardín donde Nico y él habían jugado a la guerra, los dos perros indiferentes y estúpidos. Ahora era casi capaz de olvidarse de todo eso. Iba a la agencia, dibujaba afiches, volvía a comer, bebía la taza de café que Laura le alcanzaba sonriendo. Iban mucho al cine, mucho a los bosques, conocían cada vez mejor París. Habían tenido suerte, la vida era sorprendentemente fácil, el trabajo pasable, el departamento bonito, las películas excelentes. Entonces llegaba carta de mamá.

No las detestaba; si le hubieran faltado habría sentido caer sobre él la libertad como un peso insoportable. Las cartas de mamá le traían un tácito perdón (pero de nada había que perdonarlo), tendían el puente por donde era posible seguir pasando. Cada una lo tranquilizaba o lo inquietaba sobre la salud de mamá, le recordaba la economía familiar, la permanencia de un orden. Y a la vez odiaba ese orden. Y a la vez odiaba ese orden y lo odiaba por Laura, porque Laura estaba en París pero cada carta de mamá la definía como ajena, como cómplice de ese orden que él había repudiado una noche en el jardín, después de oír una vez más la tos apagada, casi humilde de Nico.

No, no le mostraría la carta. Era innoble sustituir un nombre por otro, era intolerable que Laura leyera la frase de mamá. Su grotesco error, su tonta torpeza de un instante —la veía luchando con una pluma vieja, con el papel que se ladeaba, con su vista insuficiente—, crecería con Laura como una semilla fácil. Mejor tirar la carta (la tiró esa tarde misma) y por la noche ir al cine con Laura, olvidarse lo antes posible de que Víctor había preguntado por ellos. Aunque fuera Víctor, el primo tan bien educado, olvidarse de que Víctor había preguntado por ellos.

Diabólico, agazapado, relamiéndose, Tom esperaba que Jerry cayera en la trampa. Jerry no cayó, y llovieron sobre Tom catástrofes incontables. Después Luis compró helados, los comieron mientras miraban distraídamente los anuncios en colores. Cuando empezó la película, Laura se hundió un poco más en su butaca y retiró la mano del brazo de Luis. Él la sentía otra vez lejos, quién sabe si lo que miraban juntos era ya la misma cosa para los dos, aunque más tarde comentaran la película en la calle o en la cama. Se preguntó (no era una pregunta, pero cómo decirlo de otro modo) si Nico y Laura habían estado así de distantes en los cines, cuando Nico la festejaba y salían juntos. Probablemente habían conocido todos los cines de Flores, toda la rambla estúpida de la calle Lavalle, el león, el atleta que golpea el gongo, los subtítulos en castellano por Carmen de Pinillos, los personajes de esta película son ficticios, y toda relación… Entonces, cuando Jerry había escapado de Tom y empezaba la hora de Bárbara Stanwyck o de Tyron Power, la mano de Nico se acostaría despacio sobre el muslo de Laura (el pobre Nico, tan tímido, tan novio), y los dos se sentirían culpables de quién sabe qué. Bien le constaba a Luis que no habían sido culpables de nada definitivo; aunque no hubiera tenido la más deliciosa de las pruebas, el veloz desapego de Laura por Nico hubiera bastado para ver en ese noviazgo un mero simulacro urdido por el barrio, la vecindad, los círculos culturales y recreativos que son la sal de Flores. Había bastado el capricho de ir una noche a la misma sala de baile que frecuentaba Nico, el azar de una presentación fraternal. Tal vez por eso, por la facilidad del comienzo, todo el resto había sido inesperadamente duro y amargo. Pero no quería acordarse ahora, la comedia había terminado con la blanda derrota de Nico, su melancólico refugio en una muerte de tísico. Lo raro era que Laura no lo nombrara nunca, y que por eso tampoco él lo nombrara, que Nico no fuera ni siquiera el difunto, ni siquiera el cuñado muerto, el hijo de mamá. Al principio le había traído un alivio después del turbio intercambio de reproches, del llanto y los gritos de mamá, de la estúpida intervención del tío Emilio y del primo Víctor (Víctor preguntó esta mañana por ustedes), el casamiento apresurado y sin más ceremonia que un taxi llamado por teléfono y tres minutos delante de un funcionario con caspa en las solapas. Refugiados en un hotel de Adrogué, lejos de mamá y de toda la parentela desencadenada, Luis había agradecido a Laura que jamás hiciera referencia al pobre fantoche que tan vagamente había pasado de novio a cuñado. Pero ahora, con un mar de por medio, con la muerte y dos años de por medio, Laura seguía sin nombrarlo, y él se plegaba a su silencio por cobardía, sabiendo que en el fondo ese silencio lo agraviaba por lo que tenía de reproche, de arrepentimiento, de algo que empezaba a parecerse a la traición. Más de una vez había mencionado expresamente a Nico, pero comprendía que eso no contaba, que la respuesta de Laura tendía a desviar la conversación. Un lento territorio prohibido se había ido formando poco a poco en su lenguaje, aislándolos de Nico, envolviendo su nombre y su recuerdo en un algodón manchado y pegajoso. Y del otro lado mamá hacía lo mismo, confabulaba inexplicablemente en el silencio. Cada carta hablaba de los perros, de Matilde, de Víctor, del salicilato, del pago de la pensión. Luis había esperado que alguna vez mamá aludiera a su hijo para aliarse con ella frente a Laura, obligar cariñosamente a Laura a que aceptara la existencia póstuma de Nico. No porque fuera necesario, a quién le importaba nada de Nico vivo o muerto, pero la tolerancia de su recuerdo en el panteón del pasado hubiera sido la oscura, irrefutable prueba de que Laura lo había olvidado verdaderamente y para siempre. Llamado a la plena luz de su nombre el íncubo se hubiera desvanecido, tan débil e inane como cuando pisaba la tierra. Pero Laura seguía callando el nombre de Nico, y cada vez que lo callaba, en el momento preciso en que hubiera sido natural que lo dijera y exactamente lo callaba, Luis sentía otra vez la presencia de Nico en el jardín de Flores, escuchaba su tos discreta preparando el más perfecto regalo de bodas imaginable, su muerte en plena luna de miel de la que había sido su novia, del que había sido su hermano.

Una semana más tarde Laura se sorprendió de que no hubiera llegado carta de mamá. Barajaron las hipótesis usuales, y Luis escribió esa misma tarde. La respuesta no lo inquietaba demasiado, pero hubiera querido (lo sentía al bajar las escaleras por la mañana) que la portera le diera a él la carta en vez de subir al tercer piso. Una quincena más tarde reconoció el sobre familiar, el rostro del almirante Brown y una vista de las cataratas del Iguazú. Guardó el sobre antes de salir a la calle y contestar el saludo de Laura asomada a la ventana. Le pareció ridículo tener que doblar la esquina antes de abrir la carta. El Boby se había escapado a la calle y unos días después había empezado a rascarse, contagio de algún perro sarnoso. Mamá iba a consultar a un veterinario amigo del tío Emilio, porque no era cosa de que el Boby le pegara la peste al Negro.

El tío Emilio era de parecer que los bañara con acaroína, pero ella ya no estaba para esos trotes y sería mejor que el veterinario recetara algún polvo insecticida o algo para mezclar con la comida. La señora de al lado tenía un gato sarnoso, vaya a saber si los gatos no eran capaces de contagiar a los perros, aunque fuera a través del alambrado. Pero qué les iba a interesar a ellos esas charlas de vieja, aunque Luis siempre había sido muy cariñoso con los perros y de chico hasta dormía con uno a los pies de la cama, al revés de Nico que no le gustaban mucho. La señora de al lado aconsejaba espolvorearlos con dedeté por si no era sarna, los perros pescan toda clase de pestes cuando andan por la calle; en la esquina de Bacacay paraba un circo con animales raros, a lo mejor había microbios en el aire, esas cosas. Mamá no ganaba para sustos, entre el chico de la modista que se había quemado el brazo con leche hirviendo y el Boby sarnoso.

Después había como una estrellita azul (la pluma cucharita que se enganchaba en el papel, la exclamación de fastidio de mamá) y entonces unas reflexiones melancólicas sobre lo sola que se quedaría si también Nico se iba a Europa como parecía, pero ese era el destino de los viejos, los hijos son golondrinas que se van un día, hay que tener resignación mientras el cuerpo vaya tirando. La señora de al lado…

Alguien empujó a Luis, le soltó una rápida declaración de derechos y obligaciones con acento marsellés. Vagamente comprendió que estaba estorbando el paso de la gente que entraba por el angosto corredor al *mètro*. El resto del día fue igualmente vago, telefoneó a Laura para decirle que no iría a almorzar, pasó dos horas en un banco de la plaza releyendo la carta de mamá, preguntándose qué debería hacer frente a la insania. Hablar con Laura, antes de nada. Por qué (no era una pregunta, pero cómo decirlo de otro modo) seguir ocultándole a Laura lo que pasaba. Ya no podía fingir que esta carta se había perdido como la otra, ya no podía creer a medias que mamá se había equivocado y escrito Nico por Víctor, y que era tan penoso que se estuviera poniendo chocha. Resueltamente esas cartas eran Laura, eran lo que iba a ocurrir con Laura. Ni siquiera eso: lo que ya había ocurrido desde el día de su casamiento, la luna de miel en Adrogué, las noches en que se habían querido desesperadamente en el barco que los traía a Francia. Todo era Laura, todo iba a ser Laura ahora que Nico quería venir a Europa en el delirio de mamá. Cómplices como nunca, mamá le estaba hablando a Laura de Nico, le estaba anunciando que Nico iba a venir a Europa, y lo decía así, Europa a secas, sabiendo tan bien que Laura comprendería que Nico iba a desembarcar en Francia, en París, en una casa donde se fingía exquisitamente haberlo olvidado, pobrecito.

Hizo dos cosas: escribió al tío Emilio señalándole los síntomas que lo inquietaban y pidiéndole que visitara inmediatamente a mamá para cerciorarse y tomar las medidas del caso. Bebió un coñac tras otro y anduvo a pie hacia su casa para pensar en el camino lo que debía decirle a Laura, porque al fin y al cabo tenía que hablar con Laura y ponerla al corriente. De calle en calle fue sintiendo cómo le costaba situarse en el presente, en lo que tendría que suceder media hora más tarde. La carta de mamá lo metía, lo ahogaba en la realidad de esos dos años de vida en París, la mentira de una paz traficada, de una felicidad de puertas para afuera, sostenida por diversiones y espectáculos, de un pacto involuntario de silencio en que los dos se desunían poco a poco como en todos los pactos negativos. Sí, mamá, sí, pobre Boby sarnoso, mamá. Pobre Boby, pobre Luis, cuánta sarna, mamá. Un baile del club de Flores, mamá, fui porque él insistía, me imagino que quería darse corte con su conquista. Pobre Nico, mamá, con esa tos seca en que nadie creía todavía, con ese traje cruzado a rayas, esa peinada a la brillantina, esas corbatas de rayón tan cajetillas. Uno charla un rato, simpatiza, cómo no vas a bailar esa pieza con la novia del hermano, oh, novia es mucho decir, Luis, supongo que puedo llamarlo Luis, verdad. Pero sí, me extraña que Nico no la haya llevado a casa todavía, usted le va a caer tan bien a mamá. Este Nico es más torpe, a que ni siquiera habló con su papá. Tímido, sí, siempre fue igual. Como yo. ¿De qué se ríe, no me cree? Pero si yo no soy lo que parezco… ¿Verdad que hace calor? De veras, usted tiene que venir a casa, mamá va a estar encantada. Vivimos los tres solos, con los perros. Che Nico, pero es una vergüenza, te tenías esto escondido, malandra. Entre nosotros somos así, Laura, nos decimos cada cosa. Con tu permiso, yo bailaría este tango con la señorita.

Tan poca cosa, tan fácil, tan verdaderamente brillantina y corbata rayón. Ella había roto con Nico por error, por ceguera, porque el hermano rana había sido capaz de ganar de arrebato y darle vuelta la cabeza. Nico no juega al tenis, qué va a jugar, usted no lo saca del ajedrez y la filatelia, hágame el favor. Callado, tan poca cosa el pobrecito, Nico se había ido quedando atrás, perdido en un rincón del patio, consolándose con el jarabe pectoral y el mate amargo. Cuando cayó en cama y le ordenaron reposo coincidió justamente con un baile en Gimnasia y Esgrima de Villa del Parque. Uno no se va a perder esas cosas, máxime cuando va a tocar Edgardo Donato y la cosa promete. A mamá le parecía tan bien que él sacara a pasear a Laura, le había caído como una hija apenas la llevaron una tarde a la casa. Vos fijate, mamá, el pibe está débil y capaz que le hace impresión si uno le cuenta. Los enfermos como él se imaginan cada cosa, de fija que va a creer que estoy afilando con Laura. Mejor que no sepa que vamos a Gimnasia. Pero yo no le dije eso a mamá, nadie de casa se enteró nunca que andábamos juntos. Hasta que se mejorara el enfermito, claro. Y así el tiempo, los bailes, dos o tres bailes, las radiografías de Nico, después el auto del petiso Ramos, la noche de la farra en casa de la Beba, las copas, el paseo en auto hasta el puente del arroyo, una luna, esa luna como una ventana de hotel allá arriba, y Laura en el auto negándose, un poco bebida, las manos hábiles, los besos, los gritos ahogados, la manta de vicuña, la vuelta en silencio, la sonrisa de perdón.

La sonrisa era casi la misma cuando Laura le abrió la puerta. Había carne al horno, ensalada, un flan. A las diez vinieron unos vecinos que eran sus compañeros de canasta. Muy tarde, mientras se preparaban para acostarse, Luis sacó la carta y la puso sobre la mesa de luz.

—No te hablé antes porque no quería afligirte. Me parece que mamá…

Acostado, dándole la espalda, esperó. Laura guardó la carta en el sobre, apagó el velador. La sintió contra él, no exactamente contra pero la oía respirar cerca de su oreja.

—¿Vos te das cuenta? —dijo Luis, cuidando su voz.

—Sí. ¿No creés que se habrá equivocado de nombre?

Tenía que ser. Peón cuatro rey, peón cuatro rey. Perfecto.

—A lo mejor quiso poner Víctor —dijo, clavándose lentamente las uñas en la palma de la mano.

—Ah, claro. Podría ser —dijo Laura. Caballo rey tres alfil.

Empezaron a fingir que dormían.

A Laura le había parecido bien que el tío Emilio fuera el único en enterarse, y los días pasaron sin que volvieran a hablar de eso. Cada vez que volvía a casa, Luis esperaba una frase o un gesto insólitos en Laura, un claro en esa guardia perfecta de calma y de silencio. Iban al cine como siempre, hacían el amor como siempre. Para Luis ya no había en Laura otro misterio que el de su resignada adhesión a esa vida en la que nada había llegado a ser lo que pudieron esperar dos años atrás. Ahora la conocía bien, a la hora de las confrontaciones definitivas tenía que admitir que Laura era como había sido Nico, de las que se quedan atrás y solo obran por inercia, aunque empleara a veces una voluntad casi terrible en no hacer nada, en no vivir de veras para nada. Se hubiera entendido mejor con Nico que con él, y los dos lo venían sabiendo desde el día de su casamiento, desde las primeras tomas de posición que siguen a la blanda aquiescencia de la luna de miel y el deseo. Ahora Laura volvía a tener la pesadilla. Soñaba mucho, pero la pesadilla era distinta, Luis la reconocía entre muchos otros movimientos de su cuerpo, palabras confusas o breves gritos de animal que se ahoga. Había empezado a bordo, cuando todavía hablaban de Nico porque Nico acababa de morir y ellos se habían embarcado unas pocas semanas después. Una noche, después de acordarse de Nico y cuando ya se insinuaba el tácito silencio que se instalaría luego entre ellos, Laura lo despertaba con un gemido ronco, una sacudida convulsiva de las piernas, y de golpe un grito que era una negativa total, un rechazo con las dos manos y todo el cuerpo y toda la voz de algo horrible que le caía desde el sueño como un enorme pedazo de materia pegajosa. Él la sacudía, la calmaba, le traía agua que bebía sollozando, acosada aún a medias por el otro lado de su vida. Decía no recordar nada, era algo horrible pero no se podía explicar, y acababa por dormirse llevándose su secreto, porque Luis sabía que ella sabía, que acababa de enfrentarse con aquel que entraba en su sueño, vaya a saber bajo qué horrenda máscara, y cuyas rodillas abrazaría Laura en un vértigo de espanto, quizá de amor inútil. Era siempre lo mismo, le alcanzaba un vaso de agua, esperando en silencio a que ella volviera a apoyar la cabeza en la almohada. Quizá un día el espanto fuera más fuerte que el orgullo, si eso era orgullo. Quizá entonces él podría luchar desde su lado. Quizá no todo estaba perdido, quizá la nueva vida llegara a ser realmente otra cosa que ese simulacro de sonrisas y de cine francés.

Frente a la mesa de dibujo, rodeado de gentes ajenas, Luis recobraba el sentido de la simetría y el método que le gustaba aplicar a la vida. Puesto que Laura no tocaba el tema, esperando con aparente indiferencia la contestación del tío Emilio, a él le correspondía entenderse con mamá. Contestó su carta limitándose a las menudas noticias de las últimas semanas, y dejó para la postdata una frase rectificatoria: «De modo que Víctor habla de venir a Europa. A todo el mundo le da por viajar, debe ser la propaganda de las agencias de turismo. Decíle que escriba, le podemos mandar todos los datos que necesite. Decíle también que desde ahora cuenta con nuestra casa».

El tío Emilio contestó casi a vuelta de correo, secamente como correspondía a un pariente tan cercano y tan resentido por lo que en el velorio de Nico había calificado de incalificable. Sin haberse disgustado de frente con Luis, había demostrado sus sentimientos con la sutileza habitual en casos parecidos, absteniéndose de ir a despedirlo al barco, olvidando dos años seguidos la fecha de su cumpleaños. Ahora se limitaba a cumplir con su deber de hermano político de mamá, y enviaba escuetamente los resultados. Mamá estaba muy bien pero casi no hablaba, cosa comprensible teniendo en cuenta los muchos disgustos de los últimos tiempos. Se notaba que estaba muy sola en la casa de Flores, lo cual era lógico puesto que ninguna madre que ha vivido toda la vida con sus dos hijos puede sentirse a gusto en una enorme casa llena de recuerdos. En cuanto a las frases en cuestión, el tío Emilio había procedido con el tacto que se requería en vista de lo delicado del asunto, pero lamentaba decirles que no había sacado gran cosa en limpio, porque mamá no estaba en vena de conversación y hasta lo había recibido en la sala, cosa que nunca hacía con su hermano político. A una insinuación de orden terapéutico, había contestado que aparte del reumatismo se sentía perfectamente bien, aunque en esos días la fatigaba tener que planchar tantas camisas. El tío Emilio se había interesado por saber de qué camisas se trataba, pero ella se había limitado a una inclinación de cabeza y un ofrecimiento de jerez y galletitas Bagley.

Mamá no les dio demasiado tiempo para discutir la carta del tío Emilio y su ineficacia manifiesta. Cuatro días después llegó un sobre certificado, aunque mamá sabía de sobra que no hay necesidad de certificar las cartas aéreas a París. Laura telefoneó a Luis y le pidió que volviera lo antes posible. Media hora más tarde la encontró respirando pesadamente, perdida en la contemplación de unas flores amarillas sobre la mesa. La carta estaba en la repisa de la chimenea, y Luis volvió a dejarla ahí después de la lectura.

Fue a sentarse junto a Laura, esperó. Ella se encogió de hombros.

—Se ha vuelto loca —dijo.

Luis encendió un cigarrillo. El humo le hizo llorar los ojos. Comprendió que la partida continuaba, que a él le tocaba mover. Pero a esa partida la estaban jugando tres jugadores, quizá cuatro. Ahora tenía la seguridad de que también mamá estaba al borde del tablero. Poco a poco resbaló en el sillón, y dejó que su cara se pusiera la inútil máscara de las manos juntas. Oía llorar a Laura, abajo corrían a gritos los chicos de la portera.

La noche trae consejo, etcétera. Les trajo un sueño pesado y sordo, después que los cuerpos se encontraron en una monótona batalla que en el fondo no habían deseado. Una vez más se cerraba el tácito acuerdo: por la mañana hablarían del tiempo, del crimen de Saint-Cloud, de James Dean. La carta seguía sobre la repisa y mientras bebían té no pudieron dejar de verla, pero Luis sabía que al volver del trabajo ya no la encontraría. Laura borraba las huellas con su fría, eficaz diligencia. Un día, otro día, otro día más. Una noche se rieron mucho con los cuentos de los vecinos, con una audición de Fernandel. Se habló de ir a ver una pieza de teatro, de pasar un fin de semana en Fontainebleau.

Sobre la mesa de dibujo se acumulaban los datos innecesarios, todo coincidía con la carta de mamá. El barco llegaba efectivamente al Havre el viernes 17 por la mañana, y el tren especial entraba en Saint-Lazare a las 11:45. El jueves vieron la pieza de teatro y se divirtieron mucho. Dos noches antes Laura había tenido otra pesadilla, pero él no se molestó en traerle agua y la dejó que se tranquilizara sola, dándole la espalda. Después Laura durmió en paz, de día andaba ocupada cortando y cosiendo un vestido de verano. Hablaron de comprar una máquina de coser eléctrica cuando terminaran de pagar la heladera. Luis encontró la carta de mamá en el cajón de la mesa de luz y la llevó a la oficina. Telefoneó a la compañía naviera, aunque estaba seguro de que mamá daba las fechas exactas. Era su única seguridad, porque todo el resto no se podía siquiera pensar. Y ese imbécil del tío Emilio. Lo mejor sería escribir a Matilde, por más que estuviesen distanciados Matilde comprendería la urgencia de intervenir, de proteger a mamá. ¿Pero realmente (no era una pregunta, pero cómo decirlo de otro modo) había que proteger a mamá, precisamente a mamá? Por un momento pensó en pedir larga distancia y hablar con ella. Se acordó del jerez y las galletitas Bagley, se encogió de hombros. Tampoco había tiempo de escribir a Matilde, aunque en realidad había tiempo pero quizá fuese preferible esperar al viernes diecisiete antes de… El coñac ya no lo ayudaba ni siquiera a no pensar, o por lo menos a pensar sin tener miedo. Cada vez recordaba con más claridad la cara de mamá en las últimas semanas de Buenos Aires, después del entierro de Nico. Lo que él había entendido como dolor, se lo mostraba ahora como otra cosa, algo en donde había una rencorosa desconfianza, una expresión de animal que siente que van a abandonarlo en un terreno baldío lejos de la casa, para deshacerse de él. Ahora empezaba a ver de veras la cara de mamá. Recién ahora la veía de veras en aquellos días en que toda la familia se había turnado para visitarla, darle el pésame por Nico, acompañarla de tarde, y también Laura y él venían de Adrogué para acompañarla, para estar con mamá. Se quedaban apenas un rato porque después aparecía el tío Emilio, o Víctor, o Matilde, y todos eran una misma fría repulsa, la familia indignada por lo sucedido, por Adrogué, porque eran felices mientras Nico, pobrecito, mientras Nico. Jamás sospecharían hasta qué punto habían colaborado para embarcarlos en el primer buque a mano; como si se hubieran asociado para pagarles los pasajes, llevarlos cariñosamente a bordo con regalos y pañuelos.

Claro que su deber de hijo lo obligaba a escribir en seguida a Matilde. Todavía era capaz de pensar cosas así antes del cuarto coñac. Al quinto las pensaba de nuevo y se reía (cruzaba París a pie para estar más solo y despejarse la cabeza), se reía de su deber de hijo, como si los hijos tuvieran deberes, como si los deberes fueran los de cuarto grado, los sagrados deberes para la sagrada señorita del inmundo cuarto grado. Porque su deber de hijo no era escribir a Matilde. ¿Para qué fingir (no era una pregunta, pero cómo decirlo de otro modo) que mamá estaba loca? Lo único que se podía hacer era no hacer nada, dejar que pasaran los días, salvo el viernes. Cuando se despidió como siempre de Laura diciéndole que no vendría a almorzar porque tenía que ocuparse de unos afiches urgentes, estaba tan seguro del resto que hubiera podido agregar: «Si querés vamos juntos». Se refugió en el café de la estación, menos por disimulo que para tener la pobre ventaja de ver sin ser visto. A las once y treinta y cinco descubrió a Laura por su falda azul, la siguió a distancia, la vio mirar el tablero, consultar a un empleado, comprar un boleto de plataforma, entrar en el andén donde ya se juntaba la gente con el aire de los que esperan. Detrás de una zona cargada de cajones de fruta miraba a Laura que parecía dudar entre quedarse cerca de la salida del andén o internarse por él. La miraba sin sorpresa, como a un insecto cuyo comportamiento podía ser interesante. El tren llegó casi en seguida y Laura se mezcló con la gente que se acercaba a las ventanillas de los coches buscando cada uno lo suyo, entre gritos y manos que sobresalían como si dentro del tren se estuvieran ahogando. Bordeó la zona y entró al andén entre más cajones de fruta y manchas de grasa. Desde donde estaba vería salir a los pasajeros, vería pasar otra vez a Laura, su rostro lleno de alivio porque el rostro de Laura, ¿no estaría lleno de alivio? (No era una pregunta, pero cómo decirlo de otro modo). Y después, dándose el lujo de ser el último una vez que pasaran los últimos viajeros y los últimos changadores, entonces saldría a su vez, bajaría a la plaza llena de sol para ir a beber coñac al café de la esquina. Y esa misma tarde escribiría a mamá sin la menor referencia al ridículo episodio (pero no era ridículo) y después tendría valor y hablaría con Laura (pero no tendría valor y no hablaría con Laura). De todas maneras coñac, eso sin la menor duda, y que todo se fuera al demonio. Verlos pasar así en racimos, abrazándose con gritos y lágrimas, las parentelas desatadas, un erotismo barato como un carroussel de feria barriendo el andén, entre valijas y paquetes y por fin, por fin, cuánto tiempo sin vernos, qué quemada estás, Ivette, pero sí, hubo un sol estupendo, hija. Puesto a buscar semejanzas, por gusto de aliarse a la imbecilidad, dos de los hombres que pasaban cerca debían ser argentinos por el corte de pelo, los sacos, el aire de suficiencia disimulando el azoramiento de entrar en París. Uno sobre todo se parecía a Nico, puesto a buscar semejanzas. El otro no, y en realidad este tampoco apenas se le miraba el cuello mucho más grueso y la cintura más ancha. Pero puesto a buscar semejanzas por puro gusto, ese otro que ya había pasado y avanzaba hacia el portillo de salida, con una sola valija en la mano izquierda, Nico era zurdo como él, tenía esa espalda un poco cargada, ese corte de hombros. Y Laura debía haber pensado lo mismo porque venía detrás mirándolo, y en la cara una expresión que él conocía bien, la cara de Laura cuando despertaba de la pesadilla y se incorporaba en la cama mirando fijamente el aire, mirando, ahora lo sabía, a aquel que se alejaba dándole la espalda, consumaba la innominable venganza que la hacía gritar y debatirse en sueños.

Puestos a buscar semejanzas, naturalmente el hombre era un desconocido, lo vieron de frente cuando puso la valija en el suelo para buscar el billete y entregarlo al del portillo. Laura salió la primera de la estación, la dejó que tomara distancia y se perdiera en la plataforma del autobús. Entró en el café de la esquina y se tiró en una banqueta. Más tarde no se acordó si había pedido algo de beber, si eso que le quemaba la boca era el regusto del coñac barato. Trabajó toda la tarde en los afiches, sin tomarse descanso. A ratos pensaba que tendría que escribirle a mamá, pero lo fue dejando pasar hasta la hora de la salida. Cruzó París a pie, al llegar a casa encontró a la portera en el zaguán y charló un rato con ella. Hubiera querido quedarse hablando con la portera o los vecinos, pero todos iban entrando en los departamentos y se acercaba la hora de cenar. Subió despacio (en realidad siempre subía despacio para no fatigarse los pulmones y no toser) y al llegar al tercero se apoyó en la puerta antes de tocar el timbre, para descansar un momento en la actitud del que escucha lo que pasa en el interior de una casa. Después llamó con los dos toques cortos de siempre.

—Ah, sos vos —dijo Laura, ofreciéndole una mejilla fría—. Ya empezaba a preguntarme si habrías tenido que quedarte más tarde. La carne debe estar recocida.

No estaba recocida, pero en cambio no tenía gusto a nada. Si en ese momento hubiera sido capaz de preguntarle a Laura por qué había ido a la estación, tal vez el café hubiese recobrado el sabor, o el cigarrillo. Pero Laura no se había movido de casa en todo el día, lo dijo como si necesitara mentir o esperara que él hiciera un comentario burlón sobre la fecha, las manías lamentables de mamá. Revolviendo el café, de codos sobre el mantel, dejó pasar una vez más el momento. La mentira de Laura ya no importaba, una más entre tantos besos ajenos, tantos silencios donde todo era Nico, donde no había nada en ella o en él que no fuera Nico. ¿Por qué (no era una pregunta, pero cómo decirlo de otro modo) no poner un tercer cubierto en la mesa? ¿Por qué no irse, por qué no cerrar el puño y estrellarlo en esa cara triste y sufrida que el humo del cigarrillo deformaba, hacía ir y venir como entre dos aguas, parecía llenar poco a poco de odio como si fuera la cara misma de mamá? Quizá estaba en la otra habitación, o quizá esperaba apoyado en la puerta como había esperado él, o se había instalado ya donde siempre había sido el amo, en el territorio blanco y tibio de las sábanas al que tantas veces había acudido en sueños de Laura. Allí esperaría, tendido de espaldas, fumando también él su cigarrillo, tosiendo un poco, riéndose con una cara de payaso como la cara de los últimos días, cuando no le quedaba ni una gota de sangre sana en las venas.

Pasó al otro cuarto, fue a la mesa de trabajo, encendió la lámpara. No necesitaba releer la carta de mamá para contestarla como debía. Empezó a escribir, querida mamá. Escribió: querida mamá. Tiró el papel, escribió: mamá. Sentía la casa como un puño que se fuera apretando. Todo era más estrecho, más sofocante. El departamento había sido suficiente para dos, estaba pensado exactamente para dos. Cuando levantó los ojos (acababa de escribir: mamá), Laura estaba en la puerta, mirándolo. Luis dejó la pluma.

—¿A vos no te parece que está mucho más flaco? —dijo.

Laura hizo un gesto. Un brillo paralelo le bajaba por las mejillas.

—Un poco —dijo—. Uno va cambiando…

UNA MAREA DE SOMBRAS.
UN ANÁLISIS DE «CARTAS DE MAMÁ» DE JULIO CORTÁZAR

Carlos Castán

«Cartas de mamá» es una de las piezas más logradas de uno de los mejores escritores de cuentos de todos los tiempos. No siempre es fácil comprender, al terminar de leer un relato, qué nos ha golpeado realmente, y por qué, y dónde; qué luces se han encendido en nuestro interior o qué ha quedado ahí, de alguna manera, roto. Inicialmente, nos resultaría imposible acertar a señalar con precisión qué elementos de todo ese abundante caudal de sugerencias e identificaciones, de evocaciones y silencio, de lenguaje que juega y busca y esconde, ha pesado más a la hora de obrar el prodigio de una obra como esta. Nos preguntamos cómo lo ha hecho, cómo el mago ha logrado que de alguna manera el lector ahora sea otro, y diferente su pasado y el mundo a su alrededor, y el tiempo, y todo. No voy a decir que pueda responderse con claridad y exactitud a ese interrogante (misterio y bisturí, autopsia y estar vivo son términos que no terminan de casar bien) ni que sus claves, tan hondas y ocultas en ocasiones, no sean en cierto modo esquivas al análisis como suele ocurrir cuando el talento es tan poderoso. Como en la vieja historia de los juguetes que cobran vida durante la noche, mientras duermen los niños, da la sensación de que algo en el texto deja de palpitar en el momento mismo en el que se le aproxima una lupa. Pero, más o menos intencionadamente, lo cierto es que el autor ha ido utilizando una serie de recursos, ha tomado sus decisiones en cuanto a voz narrativa, tema, ritmo, estructura, etcétera. Lo que me propongo en las líneas que siguen es señalar los aspectos que me parecen más importantes en este cuento en concreto.

En el tema 1 hemos visto cómo toda historia gira alrededor de un deseo y se organiza en torno al hecho de que existe un personaje que quiere algo. En el caso del relato que nos ocupa, la cuestión de cuál es exactamente el deseo del protagonista es ligeramente más complicada. Los personajes principales desempeñan la función de sujetos pacientes de la acción de la historia, la cual arranca en el instante en que algo viene a irrumpir abruptamente en un orden de cosas del cual forman parte y en el que se encuentran amargamente acomodados. Y ante una amenaza, el deseo primero, casi instintivo, es el de esquivarla de la manera que sea o encontrar el modo de que quede desactivada. Se desea entonces, tan inútilmente, que aquello que acaba de ocurrir no hubiera sucedido nunca o que el peligro que asoma no llegue a materializarse. Tachar, esconder, es la instintiva reacción primera. A simple vista, el deseo que mueve a Luis es gris y humilde, no todos los deseos tienen la forma de un sueño dorado en pos del cual cabalgamos con mayor o menor fortuna. En ocasiones, la vida de un personaje puede ser algo más triste que todo eso. Simplificando bastante, y para entendernos como punto de partida, en un primer nivel el deseo de Luis parece limitarse a olvidar. En apariencia persigue cierta paz, cierta derrota en la que sin embargo se halla como pez en el agua (ese dolor de hogar), dar continuidad sin sobresaltos a ese «orden de cosas» del que hablábamos (París, las rutinas diarias, Laura, su trabajo, el cine), el mantenimiento, en suma, de esa «libertad condicional» que, aunque sea a duras penas, le viene haciendo la existencia soportable. Para ello es condición esencial que esta segunda parte de su vida permanezca lo más desligada posible de la anterior, tal y como venía estando salvo por el leve contacto que suponían las rutinarias cartas de mamá, esa inofensiva y estrecha pasarela con un continente y un tiempo que, por una parte, ya no son los suyos, y por otra representan la mitad de esa biografía tan partida en dos. Pero eso no equivale a establecer lo que Luis realmente desea. Dicho de otro modo, el deseo del protagonista está escalonado, jerarquizado, como tan a menudo sucede. Fácilmente podemos distinguir entre un ideal de máximos y algo con lo que por el momento podríamos llegar a conformarnos. Lo que verdaderamente desea Luis es otra cosa, algo más difícil de definir de una manera precisa pero que tiene que ver con otra forma de relacionarse con su mujer, una autenticidad que no existe, lo contrario a su silencio y al sudor de sus pesadillas: la transparencia y la luz de unas cartas encima de la mesa (quizá no todo estaba perdido, quizá la vida nueva llegara a ser realmente otra cosa que ese simulacro de sonrisas y de cine francés). Esa otra cosa que la vida nueva podría llegar a ser es el genuino deseo de Luis.

Al tratarse de dos deseos de naturaleza diferente, tampoco los ayudantes y oponentes correspondientes al cuadro actancial de Greimas expuesto en el tema 1 tienen por qué coincidir. Para su deseo más inmediato y humilde, el silencio de Laura jugaría el papel de un ayudante por cuanto supone de complicidad a la hora de mirar hacia otro lado y continuar con el fingimiento de que todo está en su sitio y razonablemente bien. Pero ese mismo silencio es el oponente mayor a la hora de satisfacer lo que hemos establecido como su deseo auténtico o final. Y algo similar sucede con la incapacidad del propio protagonista para tratar abiertamente el tema, con su remordimiento y con su miedo a nombrar aquello que debe ser nombrado para sofocar los fantasmas que todo lo pudren. Esta ambigüedad en el plano del deseo es uno de los elementos que confieren al cuento de Cortázar esa complejidad y hondura que lo convierten en una pieza maestra. Hay todo un mapa del alma encubierto, la disección de un viejo resentimiento.

El personaje de la madre actúa también como oponente en la medida en que su silencio ha venido siendo cómplice del de Laura (confabulada inexplicablemente en el silencio). Pero eso solo en lo que respecta a lo que venimos considerando el gran objetivo, porque para el otro ha supuesto todo lo contrario con la banalidad de sus cartas, llenas de referencias a los perros, a pequeños problemas domésticos o asuntos de salud.

El destinatario es él mismo como queda patente de manera explícita ya en el arranque del relato (y le importaba por él, naturalmente, por el efecto que le haría la forma en que a Laura iba a importarle la carta de mamá). Y la figura del donante estaría representada por el personaje de la madre, cuyo «lapsus» en una de sus banales misivas abre la espita de los acontecimientos y reactiva una inquietud que se hallaba en estando de latencia.

El conflicto (cuestión abordada a lo largo del tema 2) sobreviene en el momento en que un aparente error (mínimo al principio, apenas un par de grafías trastocadas, pero que va a ir consolidándose progresivamente a medida que avanza el relato) anuncia una posible vía de agua que amenaza con provocar la irrupción en tromba del pasado, la desestabilización total de una conciencia y de una relación matrimonial que ya de antemano se hallaban en un equilibrio más que precario. El conflicto en este relato adopta la forma de una partida de ajedrez, dos miedos batiéndose en duelo sobre un fondo de silencio en el que se miden al milímetro las escasas palabras y se escudriñan al detalle las más mínimas reacciones del contrincante. Pero también existe un conflicto consigo mismo del personaje principal que por momentos quisiera, sin llegar a atreverse, pegar un puñetazo encima de la mesa y poner en claro las cosas, las heridas, los nombres. Sobre todo los nombres, los nombres y todo lo que nombran. Con arreglo a la sucinta clasificación de conflictos expuesta en el tema 3, estaríamos ante uno del tipo «Yo debo, pero no puedo». Y la complicación es que existen fuerzas tanto internas como externas que impelen al personaje para que actúe y simultáneamente para que no lo haga. Únicamente entrando en acción alcanzaría plenamente el objetivo principal al mismo tiempo que solo absteniéndose de actuar se garantiza la contención o la demora del desastre, el mantenimiento, como decíamos, de un monótono orden de cosas al que se encuentra habituado.

Asistimos también al cambio, a esa transformación interna del personaje a la que hace mención el tema 2, en cuyo apartado cuarto se nos muestra la posibilidad de «un quedarse quieto que tendrá el valor de una acción», añadiendo a continuación que «es esa acción la que dará paso al cambio». Esconder la carta y hacer como si no hubiese llegado nunca, tratar de pensar en otra cosa, negarse a uno mismo lo que sucede, beber coñac, tardar en subir a casa, continuar con la aparente mansedumbre del cine sin ganas y el sexo doméstico constituye un conjunto de comportamientos evitativos suficiente para cambiar la percepción que del personaje tiene tanto él mismo como, por supuesto, el lector. Es cierto que existen por parte del protagonista conatos de rebeldía (como cuando en la segunda pesadilla de Laura él se abstiene de traerle un vaso de agua) pero, más que un enfrentamiento directo de la situación, suponen inapreciables arrebatos, pueriles síntomas del resentimiento, señales de un cansancio. No puede seguir siendo él mismo porque Nico —tan atroz como borrosamente— regresa, y ese regreso pone al descubierto fantasmas que dormían agazapados y hace que la culpa crezca como crece su distancia con Laura y deshace ese triste y tácito pacto que existía entre ellos, consistente en simular que esa vida nueva parisina (el departamento bonito, las películas excelentes) es de verdad nueva y es realmente una vida.

Hacia el final del tema 2 se abordaba la cuestión de que, por lo general, el conflicto en el género del relato no suele abordar los grandes temas de una manera frontal sino que se centra en pequeñas fuerzas en la periferia que deben tener sus reflejos, sus resonancias. Se pone el foco en detalles, en pequeños gestos que deben remitirnos a algo mayor y más profundo. «Todo cuento perdurable —dejó escrito Cortázar— es como la semilla donde está durmiendo el árbol gigantesco. Ese árbol crecerá en nosotros, dará su sombra en nuestra memoria». En ese mismo ensayo («Algunos aspectos del cuento». *Obra crítica / 2*) afirma el autor que «el tema escogido será significativo si su elección contiene esa fabulosa apertura de lo pequeño hacia lo grande, de lo individual y circunscrito a la esencia misma de la condición humana». «Cartas de mamá» es un magnífico ejemplo de esta teórica declaración de intenciones: apenas un puñado de personajes, una vida plácida, unas cartas que llegan del otro lado del océano, la aparente equivocación en una de ellas y lo que ese error va a remover en unas conciencias ya de por sí torturadas, se transforma ante nuestros ojos, crece, y entendemos que, por encima de las circunstancias más o menos banales que se nos detallan, algo importante (y con vocación de universal) se nos está diciendo acerca de nuestra propia condición humana, de la fatalidad, de la imposibilidad de todas las huidas, de la soledad radical de toda persona y la inaccesibilidad de los laberintos íntimos del pensamiento y el deseo de los demás; de cómo de largas pueden llegar a ser algunas sombras, del pasado como algo inesperado. Nada de esto es ajeno a lo que, de la mano de Ángel Zapata, hemos aprendido en el tema 13 de este volumen acerca de la metáfora de situación, donde se nos muestra cómo el autor, más que ofrecernos algo suyo, lo que hace es enseñarnos a disponer de algo nuestro. Este relato es un claro ejemplo de ese «decir dos cosas mientras se cuenta una. Dejar latente una intención más amplia, más profunda, entre los bastidores de la historia». Lo que se nos narra en el plano superficial es apenas nada, la gran potencia del relato proviene en realidad de fuerzas que se mantienen sumergidas, insinuadas apenas. Todo cuanto se dice apunta hacia otra cosa siempre mayor y provista de un más amplio significado. «Cartas de mamá» parece encajar como un guante en las «Tesis sobre el cuento» que Ricardo

Piglia formula en su libro *Formas Breves* y que pueden resumirse, muy sucintamente, de esta manera: un cuento siempre cuenta dos historias, un relato visible esconde un relato secreto, la historia secreta es la clave de la forma del cuento, que se construye básicamente con lo no dicho y que solo al final emerge a la superficie opaca de la vida mostrando una verdad secreta. Parece encajar, digo, pero puede suceder que en realidad lo que se ajusta de ese modo no sea sino una de las posibles lecturas del cuento.

En rigor, no existen temas significativos de por sí, sino que deberá ser el tratamiento literario del asunto, la manera en que es abordado y situado verbal y estilísticamente, su estructuración en forma de cuento, la que lo eleve hacia algo que trasciende el cuento mismo. Dicho de otro modo, es el propio oficio del escritor, los recursos que utiliza, los mecanismos que pone en juego, las elecciones que toma en cuanto a la construcción de la voz narradora, la propia estructura de la historia, el ritmo, el tono, el estilo lo que en definitiva va a conferir significación al relato. Intentaré ir señalando a continuación, de todos esos aspectos, los que considero más relevantes en el caso de «Cartas de mamá».

Julio Cortázar escoge para este cuento la tercera persona. De acuerdo con la clasificación expuesta en el tema 16 estaríamos ante un narrador externo equisciente. La narración está en tercera persona, pero tan ceñida al personaje de Luis, tan estrecha e íntimamente ligada a él, que quedamos situados como lectores en su perspectiva y tenemos incluso acceso a sus propios monólogos interiores (más propios de relatos narrados en primera persona) y en ocasiones la sensación de presenciar el curso de su pensamiento, desde dentro y en tiempo real: la propia sorpresa del personaje ante lo que está pensando: «no le importaba gran cosa lo que ella pudiera sentir, mientras lo disimulara». (¿No le importaba gran cosa lo que ella pudiera sentir, mientras lo disimulara?). No, no le importaba gran cosa. (¿No le importaba?). Estamos asistiendo a los tropiezos en el flujo de pensamiento del protagonista, a su propio sobresalto, a las dudas que le salen al paso y a ciertos manotazos torpes que pretenden apartarlas. Una voz narradora más alejada (más fría, más neutral) del personaje no sería efectiva dada la delgadez de los hechos objetivos que se están narrando. Lo que tiene de verdad importancia es la inquietud sembrada en Luis por la cartas (más concretamente, por la inclusión en una de ellas del nombre de Nico, su hermano muerto), y el desconcierto, el descalabro irreversible que esto va a suponer en la organización de su universo. La elección de la voz narradora, una tercena persona que parece siempre estar a punto de deslizarse hacia una primera (pero sin llegar a a hacerlo nunca formalmente) va a tener también sus consecuencias estilísticas, ya que su versatilidad permite al autor tanto la adjetivación y las metáforas propias únicamente de la prosa puramente literaria como un lenguaje coloquial, que tan bien manejaba el cuentista, y que aporta a su texto frescura, atmósfera de cotidianeidad y aroma de verdad.

Toda la historia es presentada desde la perspectiva de Luis y la elección de este punto de vista condiciona a su vez el ambiente del cuento, al que también contribuye de forma decisiva el delicado entrelazamiento entre los distintos planos cronológicos (pasado, presente y, aunque en mucha menor medida, futuro). Luis vive un presente en el que va de casa al trabajo, lleva a cabo sencillos planes de fin de semana junto a Laura a base de salas de cine, excursiones a los alrededores de la ciudad y partidas de canasta; lee las cartas de su madre, las cuales necesita para no sentir sobre él la libertad como un peso insoportable y que necesita contestar en seguida, como quien vuelve a cerrar una puerta. Paralelamente Luis va recordando (y revelándonos) el pasado: la madre, los perros, el caserón familiar, su hermano Nico, cómo este le presenta a Laura («uno charla un rato, simpatiza, cómo no va a bailar esa pieza con la novia del hermano»), la enfermedad de aquel, el juego de la seducción («hasta que se mejorara el enfermito, claro. Y así el tiempo, los bailes, dos o tres bailes») hasta verse convertido en su sustituto mientras él agoniza y acaba por aportar su muerte como regalo de bodas; el reproche colectivo, la actitud de la familia («todos eran una misma fría repulsa»), el casamiento, la partida, el abandono de la casa ahí, con toda la infancia. Y a la vez que vive su presente y recuerda el pasado, Luis vive volcado también en el futuro, en la anticipación de las posibles reacciones de su mujer por una carta que no llega («por supuesto, unos días después Laura se extrañaría…») o ante un temor que se encarna o un muerto que vuelve. Esos tres planos —pasado, presente, futuro— aunque aparecen en el texto como entretejidos, no dejan de mantener cierta independencia hasta confluir abruptamente en la magistral escena final que cierra el cuento.

Junto con este manejo sutil de los planos cronológicos, el otro aspecto básico de la estructura del cuento es el del juego constante entre realidad y fantasía. Hay una permanente ambigüedad, nos movemos en el plano del acaso, de la conjetura que va cobrando forma y adquiriendo consistencia de realidad para deshacerse nuevamente con las luces del día y reaparecer otra vez con la forma de un tembloroso quizás. Progresivamente, cada una de las cartas que va llegando contribuye a aumentar la tensión en el lector al tiempo que desestabiliza todo el orden del mundo de Luis en la medida en que las justificaciones racionales que este ensaya (el despiste caligráfico, la senilidad de la madre…) no pueden ser corroboradas del todo; y, progresivamente, a cada nuevo intento lo que gana terreno es justamente lo contrario, es decir, la aparición de otro elemento de inquietud que se va sumando a los precedentes (la cantidad de camisas que la madre tenía que planchar, primero; la concreción de la inminente visita de Nico después…) hasta la aceptación final de que existe una posibilidad de lo imposible. El elemento fantástico, para surtir efecto, tiene que partir de una situación cotidiana, irrumpir inopinadamente en el ámbito de lo trivial, de lo familiar (la imaginación del lector no aceptaría fácilmente un sinfín de hechos fantásticos que le transportaran a un contexto de puro disparate), en el caso del presente cuento representado por todos los detalles que se dan en relación con una vida de diario, normal y corriente: la marca del tabaco, las costumbres monótonas de los personajes, nombres de estaciones de metro, conocidos personajes de dibujos animados y, por supuesto, el propio título del relato. Lo sobrenatural parece asomar, al principio tímidamente y en forma de inocente error, y va ganando terreno ante el fracaso de los sucesivos intentos de racionalización, sin duda ayudado posiblemente —otra vez «posiblemente»— por el peso de la culpa que se va espesando, que va adquiriendo poco a poco la forma de —posiblemente— una suerte de alucinación y de locura. En cualquier caso, la sospecha de que algo increíble puede llegar a suceder toma cuerpo de una manera definitiva, tanto en la maltrecha conciencia de los personajes como en el propio lector; y una vez instalada es ya como una sombra densa que no se deshace con facilidad. El uso de las omisiones, y muy en especial la gran elipsis final, da lugar a interpretaciones equívocas y diversas, de las cuales la más fantástica sería la de que el protagonista acaba convirtiéndose en Nico: «Subió despacio (en realidad siempre subía despacio para no fatigarse los pulmones y no toser). ¿No era Nico, y no Luis, el tísico?». Hemos visto en el tema 24 de este libro las diferentes formas de terminar un cuento y la especial importancia que en este género en concreto adquieren las líneas que lo cierran. Aquí estamos ante un final carente de desenlace (los puntos suspensivos con que concluye son muy elocuentes en este sentido). Esa indeterminación, ese plano del «acaso» que impera a lo largo de todo el texto cobra en este momento clave toda su inabarcable dimensión. Se le oculta al lector de quién están hablando en realidad cuando dicen de alguien que está más flaco, si llegó o no Nico y dónde está en este momento. Esa inconclusión arroja al lector a la sima de lo incognoscible y consigue que únicamente sombras le devuelvan la mirada.

Pero hablar del binomio realidad / fantasía no es tan diferente de hacerlo del de verdad / mentira. En esa indeterminación a la que nos referíamos hace un momento, también pudiera ser que el relato nos estuviera contando por encima de todo el proceso de derrumbe de una pareja, la historia sin más de un fracaso matrimonial. Asistimos desde el comienzo a detalles del descontento de ambos, más explícito en el caso de Luis por su íntima cercanía a la voz narradora, pero indudables también en Laura, cuando retira su brazo en el cine, cuando calla obstinadamente sobre Nico, cuando se nos habla de su rostro desdibujado en comparación con los tiempos de Buenos Aires, cuando es despertada en mitad de la noche por sudorosas pesadillas de las que no quiere hablar. Es un texto en el que de forma muy sutil se nos va dando cuenta de las distintas espesuras del silencio dentro de una pareja, de la necesidad no siempre concedida de compartir un mismo relato en relación a cómo ocurrió todo y a cómo están ahora las cosas, de la soledad radical, la inaccesibilidad de los sentimientos del otro, los recovecos oscuros, los resentimientos y recelos que no han sido nunca puestos en palabras por temor a que adquiriesen carta de naturaleza. Estaríamos entonces ante la historia de un malentendido, de un juego de mentiras y ocultaciones que habría tenido como disparadero la simple amnesia senil y parcial de una anciana que ante la pérdida de un hijo, se aferra a la primera de las fases del duelo, la negación, y decide vivir en la falsedad de su supervivencia. De acuerdo con esta lectura, el diálogo final representaría la complicidad de Laura y Luis frente a la mentira, su comunión con lo inauténtico y entre sí, y el desistimiento por parte del personaje principal de toda luz, de toda profunda verdad en su relación con Laura. Queda roto el silencio, tal como él anhelaba, pero parece aguardar un fingimiento futuro rayano en la demencia.

Un tercer aspecto a destacar en cuanto a la estructura es la simetría que confiere al cuento el doble escenario de París y Buenos Aires —llevado al extremo por Julio Cortázar en su siguiente libro, la célebre novela Rayuela, pero clarísimamente anticipado aquí—, la coexistencia de dos mundos cuyas diferencias son remarcadas por pequeños detalles —el clima, las bebidas alcohólicas de uno y otro lado, las marcas comerciales, los sellos, los nombres de las calles—. Entre estos dos universos hay puentes —las cartas de mamá, sin ir más lejos— como los que, por otra parte, hemos visto que existen entre el plano de la cotidianidad y el de lo fantástico que a su vez constituyen los ejes que articulan el relato. Además de esta dualidad general entre los dos espacios geográficos donde se desarrolla la historia, existe en la obra una insistencia en el número dos en cantidad difícilmente atribuible a la casualidad: dos años de residencia en París, partida de Buenos Aires dos meses después de la muerte de Nico, los dos perros de mamá en el caserón de Flores, las dos horas de espera en el banco de una plaza, los dos hermanos, los dos viajeros argentinos que se apean del tren, la pesadilla justo dos noches antes de la llegada de Nico. La cifra puede remitirnos a la idea de separación, de distancia, de no unidad. Imposible no recordar los versos finales de un poema amoroso de Cortázar incluido en *Último Round* que termina justamente con el reiterado lamento: «No puede ser que seamos dos / no puede ser / que seamos / dos». Dos como soledad o isla o desgarro irreparable, dos entendido como algo roto.

En cuanto al diálogo, abordado en los temas 22 y 23 cabe observar algo interesante. Por supuesto, no se trata de un relato en el que estos abunden. Hay dos en estilo directo, uno de ellos dándose la espalda los dos interlocutores, y el que cierra el relato, ya frente a frente, pero en el que la falta de acotaciones hace dudar de quién exactamente está tomando la palabra en cada turno, al tiempo que comprendemos que en realidad da igual. Cortázar hace uso de este recurso en el momento culminante, cobrando de esta manera una importancia extraordinaria. También el monólogo interior de Luis adquiere por momentos naturaleza en cierto modo dialogética, un flujo mental en el que no faltan instantes de asombro e incluso preguntas que, al paso, él mismo se responde. Y existen también auténticos diálogos intercalados en la prosa, como por ejemplo cuando Luis y Laura se ven por primera vez: «oh, novia es mucho decir, Luis, supongo que puedo llamarlo Luis, verdad. Pero sí, me extraña que Nico no la ha llevado a casa todavía, usted le va a caer tan bien a mamá. Este Nico es más torpe, a que ni siquiera habló con su papá. Tímido, sí, siempre fue igual. Como yo. ¿De qué se ríe, no me cree? Pero si yo no soy lo que parezco… ¿Verdad que hace calor? De veras, usted tiene que venir a casa, mamá va a estar encantada. Vivimos los tres solos, con los perros. Che Nico, pero es una vergüenza, te tenías esto escondido, malandra. Entre nosotros somos así, Laura, nos decimos cada cosa. Con tu permiso, yo bailaría este tango con la señorita». Como vemos, el autor ha optado por suprimir en esta ocasión todos los formalismos (hay en este fragmento preguntas con signos de interrogación y otras en las que deliberadamente se los ha saltado) prescindiendo de los guiones de diálogo, lo cual otorga al texto una celeridad y un ritmo muy eficaces en relación con el contenido de lo que se nos está narrando.

En relación a la cuestión del ritmo (cuyos aspectos teóricos aparecen expuestos en el tema 21) cabe decir que Cortázar concede tanta importancia a la musicalidad del texto que no duda en añadir o suprimir una tilde o forzar delicadamente la sintaxis en un momento dado en beneficio de la textura de su prosa. En el libro *Clases de literatura. Berkeley, 1980* podemos acceder a sus propias palabras en torno al tema: «la prosa literaria puede darse como pura comunicación y con un estilo perfecto pero también con cierta estructura, cierta arquitectura sintáctica, cierta articulación de las palabras, cierto ritmo en el uso de la puntuación o de las separaciones, cierta cadencia que infunde algo que el lector va a reconocer de manera más o menos clara como elementos de carácter musical [...]. Estoy hablando de una prosa en la que se mezclan y se funden una serie de latencias, de pulsaciones que no vienen casi nunca de la razón y que hacen que un escritor organice su discurso y su sintaxis de manera tal que, además de transmitir el mensaje que la prosa le permite, transmite junto con eso una serie de atmósferas, aureolas, un contenido que nada tiene que ver con el mensaje mismo pero que lo enriquece, lo amplifica y muchas veces lo profundiza». Su uso de los períodos está al servicio de esta vaporosa idea y es capaz de conceder a su prosa una textura semejante a la del jazz, con sus solos, sus réplicas, sus arranques de velocidad, el juego de atmósferas que se hacen y se deshacen.

Este indiscutible prodigio estilístico sirve a la estructura del relato al tiempo que la condiciona. Todo en la pieza funciona y se mantiene en equilibrio gracias a la multiplicidad de elementos que el autor pone en juego bajo una superficie coloquial y cercana a la vez que bellísima. El resultado es una obra maestra que transmite al lector una inquietud, una marea de sombras a la que le costaría poner un nombre porque aunque late en los espacios de este mundo y en el centro mismo de nuestra conciencia, solo a veces se insinúa, tiembla sin mostrarse, araña y se esconde, duerme y se asoma.

PROPUESTAS DE ESCRITURA

La papelera es el primer mueble en el estudio del escritor.
Ernest Hemingway

Escribe. Termina lo que escribes. Sigue escribiendo.
Neil Gaiman

Solo fracasas si dejas de escribir.
Ray Bradbury

BLOQUE I: DESEO Y NARRACIÓN. EL CONFLICTO Y EL CAMBIO [CAPÍTULOS 1 Y 2]

Yesca y pedernal

Tomando como referencia más o menos próxima el relato de Sam Shepard del tema 1, escribe un cuento no muy extenso partiendo del núcleo dinámico que estructura y dota de impulso a todo argumento clásico:

Un personaje quiere algo (o quiere a alguien).

Algo —en este caso vamos a proponer: *un miedo*—, le impide conseguir su deseo.

Piensa en algunos puntos básicos que hemos visto en los dos primeros temas: ¿Qué quiere el protagonista de tu relato? ¿Qué miedo se lo impide? ¿Qué va a hacer para vencerlo y así realizar su deseo?

Puede ser un miedo concreto —la picadura de una avispa, perder una apuesta o un peluquín— o abstracto —una superstición o un tabú, la soledad, el ridículo más estrepitoso, la alta probabilidad de fracaso—. En cualquier caso, lo haremos funcionar como obstáculo a la realización del deseo y, en consecuencia, como generador del conflicto. Su resolución queda al albur de tu creatividad.

Un deseo, un temor. La historia, en efecto, está garantizada. Y, con ella, la curiosidad y el interés del lector.

Extensión recomendada: entre 600 y 1000 palabras.

Bloque II: El espacio
[CAPÍTULOS 3,4, 5 y 6]

Buscando localizaciones
Tomemos como punto de partida el relato resultante del ejercicio anterior.

Te proponemos reescribirlo —reescribir es siempre un ejercicio con valor en sí mismo—, ahora ambientándolo en un espacio que funcione como *correlato objetivo* del miedo que atenaza a nuestro protagonista.

Elige un escenario para la historia que te permita reflejar y expresar mejor el miedo del personaje. Desde una jungla en un planeta desconocido —como en el relato de Bradbury— hasta una aldea en la ladera de un volcán, pasando por el interior de un árbol centenario o el camarote de un submarino, lo interesante es que nos permita mostrarlo más —y nombrarlo menos—. Piensa que se trata de encarnar esa categoría abstracta —el miedo— en un espacio concreto, y hacerlo visible para el lector en las características, objetos y elementos de *atrezzo* que aquel te sugiera y evoque. Todo sirve para dar con el *genius loci*, tanto las descripciones realistas de detalles precisos como las imágenes dibujadas mediante pinceladas más imprecisas pero sugerentes. Como en el relato de Claire Keegan que hemos visto en el tema 3, tanto mejor si este espacio trabajado como correlato nos ayuda a potenciar los aspectos (oscuros o luminosos) de la trama y lo que le sucede a los personajes.

Extensión recomendada: entre 1000 y 1200 palabras.

BLOQUE III: EL TIEMPO. LA CONSTRUCCIÓN DE ESCENAS Y LA COMPOSICIÓN DEL DISCURSO NARRATIVO [CAPÍTULOS 7, 8, 9 Y 10]

Un relámpago del pasado

¿Dispuesto a darle una tercera —y última— vuelta a nuestro relato previo? Todavía puede depararnos alguna sorpresa, si te animas a reescribirlo intercalando uno o varios *flashbacks* que nos revelen el origen de su miedo. Dónde, cómo y cuándo le hizo presa. Sí, es aún más difícil todavía: pero recuerda que solo estamos contando una historia dentro de otra —como muñecas rusas— y jugando con el tiempo interno del relato. Aprovecha sus posibilidades para terminar de dotarlo de ritmo —acelerarlo, dilatarlo, dejarnos en vilo antes de la resolución del conflicto...— y de paso redondear el carácter del protagonista.

Bola extra (con efecto circular): si se acomoda a la historia y te sirve de inspiración, atrévete a resolver este ejercicio con un desenlace circular. Un breve viaje al futuro del tema 24 puede ser de ayuda, si aún no has estado allí. Puedes inspirarte en cualquier motivo circular —el ciclo de las estaciones, un trayecto en la línea circular del metro o el autobús, el ciclo del reciclaje del vidrio, una ruta con idénticos puntos de partida y destino, un viaje en el tiempo siempre al mismo lugar y momento…— de forma que el esqueleto, la propia arquitectura del relato, ya incluya esta componente.

Extensión recomendada: entre 1200 y 1400 palabras.

En mitad de la noche

Toma un punto de partida similar al del cuento de Carver del tema 9 para escribir un relato de una sola escena.

Recordemos: Es mitad de la noche. Un hombre o una mujer están solos en una habitación. De pronto, escuchan un ruido en el exterior. Quizás han recordado que tenían que hacer algo importante, o están esperando a alguien.

Está claro que algo los llama. Se acercan a la ventana. Entonces ven (y pueden ver lo que vosotros decidáis): el campo silencioso, o un bosque que tienen cerca, o su jardín, o las almenas del castillo, o el espacio exterior y los fulgurantes campos de asteroides.

¿Qué está pasando en ese espacio que necesite ser mirado a toda costa? ¿Qué tienen frente a sus ojos? ¿Por qué no pueden apartar la vista? Recuerda lo que hemos comentado: mejor si hay un eje, si la información es visible y grabamos a fuego las palabras importantes.

Extensión recomendada: entre 800 y 1000 palabras.

Tres piezas para la casa

Escribe un relato no demasiado extenso en el que utilices al menos tres unidades narrativas (por ejemplo: una elipsis, una descripción y una escena). Para ello, puede servirte marcar en tu cabeza el tiempo ficcional que dura ese relato (por ejemplo: el viaje por la selva de unos turistas, diez días). Si se trata de un período de tiempo mayor, puedes hacer que la narración pivote sobre un elemento narrativo en concreto (un núcleo): el avance de una plaga en un pueblo durante el verano de 1950; o el envejecimiento prematuro de un niño; o un viaje con varias etapas por un país fantástico que hace el último aventurero de la tierra.

El tema te servirá de «pegamento» para que, a pesar de las elipsis y los resúmenes —sobre todo, si son grandes—, el lector siga la narración sin problemas.

Recuerda que no es imprescindible usar todas las unidades que hemos visto en el tema 10, solo las que favorezcan el desarrollo de la historia, la equilibren y te permitan «moldear» el avance de la narración y las pausas para tus propósitos.

Extensión recomendada: entre 800 y 1000 palabras.

[CAPÍTULOS 11 y 12]

La pistola colgada en la pared

En esta propuesta haremos uso del célebre consejo de Chéjov y elegiremos un elemento que funcione como desencadenante del final del relato. Puede ser un objeto llamativo, como la pistola mencionada por el autor ruso, o algo que, colocado en tu relato, por contraste, no pueda ser ignorado por el lector —como la mención al Desequilibrado en el relato de Flannery O'Connor—.

El objeto o personaje deberá aparecer pronto y jugar un papel determinante en el cuento. Puedes empezar a escribir sin conocer el desenlace pero, en cuanto lo identifiques, retrocede en lo escrito y refuerza o suaviza su presencia en el cuento. Elimina otras referencias llamativas que no sirvan al desenlace que ya has decidido, para lograr un todo conectado y con sentido. Y, si la historia lo demanda, para empujar al lector al desenlace puedes insertar alguna de las estrategias de tensión dramática que hemos visto en el tema 12.

Extensión recomendada: entre 800 y 1000 palabras.

BLOQUE IV: LA METÁFORA DE SITUACIÓN. PRINCIPIOS DE NARRATOLOGÍA. [CAPÍTULOS 13, 14 Y 15]

Una dimensión más

Con la metáfora de situación entramos de lleno en eso que algunos teóricos han llamado la «literariedad», es decir: la cualidad más específica del texto literario, la dimensión que convierte a un texto narrativo en una obra de arte.

Se trata de un recurso que hay que ir asimilando poco a poco; por eso vamos a proponer —de nuevo— no alejarnos demasiado del universo, en principio asequible, en el que se desarrollan la mayoría de los relatos de Raymond Carver.

Tomando como libre referencia o modelo el relato «Conservación», escribe un cuento donde la situación central que afecta a los personajes tenga valor metafórico. A modo de sugerencia, te recordamos que los símbolos suelen condensarse en elementos de la trama como pueden serlo:

—El espacio (la casa, el sótano, el desván, la inminencia de un viaje…).

—El tiempo (día, tarde, noche, estaciones del año, etapas de la vida, transiciones entre estas etapas, la fortuna, la mala fortuna, crisis, decadencia, renovación…).

—El clima (lluvia, sol, tormenta, viento…).

—Los rasgos caracterizadores de los personajes (cicatrices, manchas, elementos singulares en la anatomía, elementos diferenciales en su indumentaria, objetos que los acompañan…).

—Los acontecimientos arquetípicos de la vida (nacimientos, bodas, muertes, enfermedad, curación, transformaciones…).

—El objeto que imanta el deseo del protagonista.

Ten presente que los elementos y situaciones con valor simbólico «vienen» por sí solos al texto. La imaginación los imanta. El acto mismo de la escritura los convoca… Y no como resultado de algún tipo de magia inexplicable, sino porque la palabra, el orden del significante, es realmente una estructura, una red donde todo se imbrica con todo, donde todo reverbera en todo (sin que llegue por ello —no obstante— a constituir plenamente un *sistema*).

Lo difícil no es que aparezcan símbolos sugerentes y pregnantes en el desarrollo del argumento que os propongáis escribir.

Lo difícil es que *no* aparezcan.

Extensión recomendada: entre 800 y 1200 palabras.

Cinco cartas

En este ejercicio te invitamos a experimentar con un juego ideado por el escritor y pedagogo Gianni Rodari. Para ello solo necesitamos contar con treinta y un fichas de papel o cartulina, cada una de las cuales titularemos con una de las funciones de Propp que hemos visto en el capítulo 14. A continuación, las barajaremos como si fueran cartas y seleccionaremos al azar un máximo de cinco fichas. Ya estamos listos para escribir nuestra propia historia, cuidando de que las cinco funciones seleccionadas aparezcan en la narración. Por supuesto, tenemos libertad para agregar funciones adicionales si así lo deseamos.

Extensión recomendada: entre 900 y 1100 palabras.

Bloque V: El narrador. Los personajes. El tono. El ritmo. Los diálogos
[CAPÍTULOS 16 A 24]

Niños inocentes

Te proponemos escribir un cuento protagonizado por un grupo de niños.

De algún modo, el grupo tiene algún tipo de organización o pandilla cerrada al mundo de los adultos, con sus propias reglas. Para ingresar en ella, los chicos tienen un rito iniciático que consiste en someter al «iniciado» a una ceremonia de crueldad extrema. El relato comienza cuando un chico llega al pueblo o ciudad y quiere formar parte del grupo. Para ello debe superar la prueba.

La condición —siempre hay una— es narrarlo desde el *nosotros*; más difícil todavía, desde una primera persona del plural desprovista de emociones. Recuerda usar estructuras gramaticales sencillas y omitir cualquier acceso de explicitud emocional. Afila tu ingenio para posicionarnos en el extremo contrario de la inocencia. Y déjate llevar. Cuanto más brutal sea este acto, mayor será el contraste con la inocencia que representan y, por tanto, más efectivo será ese punto de vista emocionalmente aséptico.

Extensión recomendada: entre 1200 y 1500 palabras.

Dramatis Personae

Invéntate un personaje.

Puedes basarlo en algún rasgo de tu propia personalidad, o de alguien conocido, o también inventarlo por completo. Dale unos rasgos físicos, un carácter, un entorno vital. Apunta toda la información que puedas sobre él en forma de listas, comentarios, descripciones, etcétera. Inventa tu propio método.

Es amable como un cura de pueblo; está en los huesos y cojea; ha perdido dieciséis veces el medallón que le regaló su madre, pero tiene una memoria matemática prodigiosa. Siempre recuerda cosas absolutamente inútiles. Nunca las imprescindibles.

Luego atribúyele un deseo, o una contradicción, o un secreto, o algo que lo haga vulnerable —o, por supuesto, cualquier combinación interesante de cualesquiera de esas cosas—.

Desea escapar de la cárcel.

Quiere atracar la joyería de su padre.

No confía en nadie, ni siquiera en su pareja.

No soporta las jugueterías, le generan una tristeza brutal.

Finalmente, escribe un relato en el que, usando solo los detalles indispensables, el lector pueda entrever la esencia del personaje. No puede haber ni una sola explicación del narrador sobre cómo es la personalidad de tu creación (*Le gustaban los patos*). Tenemos que ver —o mejor, intuir de un modo sutil e indirecto— el perfil de su «ficha» a través del conflicto, las escenas y las acciones que protagoniza, los espacios que habita…

Extensión recomendada: entre 800 y 1000 palabras.

Coherencia

Para esta historia te sugerimos que elijas un contexto más o menos anómalo, preferiblemente extraño o fantástico. Digamos: «Los personajes tienen ojos sintéticos, y es costumbre que se los quiten en las casas de los ciudadanos que todavía ven con ojos sanos, como gesto de cortesía»; o «Una mujer es tan amable y tiene una voz tan suave que todos con los que habla acaban dormidos, chupándose el dedo como bebés. No puede controlar este don y está muy afectada». Como siempre, inventa tu propia situación anómala.

Perfila luego una voz en primera persona o un narrador en tercera con los que te sientas cómodo. No pienses todavía en la historia. Siéntete libre para hacerle hablar o contar lo que quieras durante una página entera, prestando atención a *cómo cuenta* las cosas. Esta voz, ¿te sale irónica?, ¿seca?, ¿misteriosa, porque se guarda de decirlo todo? Recuerda la importancia de introducir narrativamente las reglas del mundo que has creado, de forma visible y clara, narrativa y no explicativa, como hace Félix J. Palma en nuestro ejemplo: *el famoso pacto.*

Por último elige un elemento, un conflicto o situación de importancia que vaya a aparecer o desarrollarse en el relato. Vuelve a esos párrafos libres que has escrito al comienzo e introdúcelo —como veíamos en el tema 11— de alguna manera que te sea útil para encontrar la dirección en la que apunta la historia. Aunque tengas que modificar o tachar partes enteras para que ese elemento encaje con suavidad en el comienzo de tu cuento.

Ahora, con estos dos elementos perfilados (la voz que quieres utilizar, y el elemento o conflicto articulador), desarrolla el resto de la historia tratando de no saltarte las extrañas reglas de tu propio mundo.

Extensión recomendada: entre 1000 y 1200 palabras.

Morituri te salutant

Escribe un relato donde la muerte tenga un papel principal o al menos cierta importancia. Puede ser una muerte cercana (la muerte de un amigo) o lejana (la de un viejo conocido que muere en África arrollado por un elefante); individual (os están apuntando con una pistola) o colectiva (una masacre en un instituto); natural (vuestro personaje tiene noventa años) o accidental (un terremoto o el derrumbe de un edificio). Se trata de que esta muerte sea observada por el narrador con alguno de los tonos (grotesco, sarcástico, sincero, etcétera) que hemos visto en el tema 20. Nuestro consejo es que no os pongáis límites y exploréis esas voces atrevidas que no soléis practicar, que os dan miedo, que serían irrespetuosas en la vida real y válidas dentro del relato. No os preocupéis mucho por el pudor que os provoca traspasar esa línea roja. En esta vida todo tiene remedio.

Menos la muerte.

Extensión recomendada: entre 800 y 1000 palabras.

¿Cómo se lo digo?

En esta propuesta se trata de que trabajar lo que un personaje no se atreve a decir. Intentaremos escribirla en el segundo o en el tercer nivel de diálogo. Te proponemos escoger una situación básica: tu protagonista, o bien acaba de enamorarse, o bien quiere a alguien desde hace mucho tiempo. Pero es demasiado tímido o tímida para decirlo, así que va a tener que esforzarse en transmitirle a esa persona, sin confesar nunca su enamoramiento, que no le es indiferente.

Por supuesto, tampoco debemos confesarle al lector mediante el narrador que el protagonista o la protagonista quiere al otro. El relato tiene que partir de lo que no se dice ni se explicita de ninguna manera. Acción y conversación. Deja a los personajes charlar a ver qué sucede (o no sucede, pero el lector quiere que suceda).

Ya sabemos que para enfrentarnos a un diálogo de estas características, nuestro personaje puede abordarlo de muy diferentes maneras. En la escena puede haber coqueteo indirecto entre ambos personajes, silencios de uno e insistencia del otro. También, por qué no, frialdad u hosquedad altiva por parte del confesor, como si pensara: «La mejor manera de que ella / él sepa que la / lo quiero es que note mi distancia».

La situación de la que partamos queda a tu elección: un chico enamorado de la madre de su amigo; dos amantes en una noche cualquiera que nunca se han confesado nada importante hasta ahora; una torturada enamorada de su torturador, o incluso un coqueteo irónico y achispado entre un agente de seguros y la mujer de un hombre rico, como en esta conversación de la película *Perdición*, de Billy Wilder:

> NEFF: Quisiera saber qué hay grabado ahí [se refiere a un brazalete de oro que ella lleva en el tobillo].
> PHYLLIS: Mi nombre.
> NEFF: ¿Cuál?
> PHYLLIS : Phyllis.
> NEFF: Phyllis, ¿eh? Creo que me gusta.
> PHYLLIS : Pero no del todo, ¿eh?
> NEFF: Suelo pensar las cosas antes de decidirme.

PHYLLIS : Señor Neff, ¿por qué no viene mañana por la noche a eso de las ocho y media? Estará aquí.

NEFF: ¿Quién?

PHYLLIS : Mi marido. Tiene usted interés en hablar con él, ¿no?

NEFF: Así es, pero… Se me están pasando las ganas, créame.

PHYLLIS : En este estado hay un límite de velocidad: setenta kilómetros por hora.

NEFF: ¿Y a cuál iba, agente?

PHYLLIS : Yo diría que a ciento cuarenta kilómetros por hora.

NEFF: Pues bájese de la moto y póngame una multa.

PHYLLIS : Mejor dejarlo en advertencia por esta vez.

NEFF: ¿Y si no da resultado?

PHYLLIS : Le daré con una regla en los nudillos.

NEFF: ¿Y si me echo a llorar y pongo la cabeza en su hombro?

PHYLLIS : ¿Y por qué no intenta ponerla en el de mi marido?

Extensión recomendada: entre 800 y 1000 palabras.

BLOQUE VI: VERDADES, MENTIRAS Y VEROSIMILITUD. MEMORIA Y CREATIVIDAD. [CAPÍTULOS 25 Y 26]

Vamos a contar mentiras

Esta vez te proponemos que escribas un relato que contenga una gran mentira, una trola descomunal, de esas en que hay que echarle mucha cara para pretender que nos la creamos. Cuenta —en primera persona— el día en que tu personaje, o tú mismo —quién sabe—, le prestó dos libras para un taxi a la reina de Inglaterra; esa tarde en que te infiltraste en la sociedad secreta que vive bajo las alcantarillas de la ciudad, la fiesta en la que Vladimir Putin bailó desnudo y se vertió cera caliente en el pecho, la noche en que una anciana embozada y con una gallina bajo el brazo te persiguió farfullando por la calle Echegaray.

Cualquier cosa vale, siempre que consigas urdirlo bien, de preparar y envolver la escena de forma que, cuando el lector quiera darse cuenta, ya esté en la historia y, como mínimo, tenga que reconocer que, bien mirado, lo cierto es que las cosas *podrían* haber sido así.

Recuerda las estrategias del tema para sintonizar géneros, tono y mirada. Si, además, consigues darle cierta profundidad al texto —por ejemplo, armándolo como una metáfora de situación—, miel sobre hojuelas; aunque te recomendamos trabajar la verosimilitud del texto. Ten siempre en mente las reglas que has definido para tu *mentira* y síguelas sin miedo. No te hagas trampa: no vale resolver que se trataba de un rubio que se parecía a Vladimir Putin, o que «todo era un sueño». Solo la ficción, toda la ficción y nada más que la ficción.

Extensión recomendada: entre 800 y 1000 palabras.

Un primer recuerdo

Nuestra última propuesta de escritura busca indagar en el recuerdo y la memoria con el objetivo no de recordar algo que creíamos olvidado sino de escribir un cuento a través de esta intención de búsqueda.

Lo primero que tienes que hacer es visualizar el primer recuerdo —o uno de los primeros— que seas capaz de recordar: describe, a base de listas de palabras o inventarios caóticos —estás rebuscando en la memoria, no escribiendo todavía: que no cunda el pánico— ese primer recuerdo. Sitúalo cronológicamente, fuérzate a recordar qué tiempo hacía, cómo eran las paredes de la casa donde estabas o cómo era el barro del jardín, qué sentías en el recuerdo o qué imaginas, ahora, que debiste sentir. Deja que la mano que escribe invente los detalles. Dedica a este primer paso unos veinte minutos, no mucho más. A ser posible hazlo a mano y a primera hora de la mañana. Deja esa caótica lista de palabras, ese texto de masa madre, reposar todo el día.

Vuelve a ello justo antes de dormir. Dedica unos diez minutos a leerlo, justo antes de dormir, de manera que sea lo último que hagas ese día. Intenta no pensar en otra cosa que en su atmósfera y sus detalles.

Al día siguiente aborda el tercer paso: escribir un cuento basado en ese recuerdo rescatado. Introduce un personaje inventado, alguien que no estuviera en el recuerdo real, y haz que interactúe con la acción de alguna forma. Que haga de catalizador y cómplice para que el protagonista del cuento cambie, madure o aprenda alguna cosa. Es importante que un cambio se produzca. Si en el recuerdo no existía o no es importante, intentemos que en el cuento sí tenga presencia.

Extensión recomendada: entre 800 y 1200 palabras.

BIBLIOGRAFÍA Y LECTURAS RECOMENDADAS

Alas «Clarín», Leopoldo, *La Regenta*. Crítica, 2005.

Alonso de Santos, José Luis, *La escritura dramática*. Castalia, 1998.

Anderson Imbert, Enrique, *Teoría y técnica del cuento*. Ariel, 1992.

Aristóteles, *Poética*. Alianza, 2006.

Askildsen, Kjell, «Allí está enterrado el perro», en *Un vasto y desierto paisaje*. Lengua de Trapo, 2002.

— «Thomas», en *Cuentos*. Lengua de Trapo, 2010.

Atwood, Margaret, «Weight», en *Wilderness Tips*. McClelland & Stewart, 1991.

Ayuso, Ana (selección), *El oficio de escritor*. Ediciones y Talleres de Escritura Creativa Fuentetaja, 1997. Suma de Letras, 2003.

Bachelard, Gaston, *La poética del espacio*. Fondo de Cultura Económica, 1983.

Bachmann, Ingeborg, *Malina*. Akal, 2003.

Balzac, Honoré, *Eugénie Grandet*. Austral, 2001.

Baricco, Alessandro, *Seda*. Anagrama, 1997.

Belmonte, Elena, «Verónica en la calle», en *Comamos algo*. Gens Ediciones, 2007.

Bender, Aimee, «El protagonista», en *Generación quemada: una antología de autores norteamericanos*. Siruela, 2005.

Benedetti, Mario, *Esta mañana. Montevideanos*. Alfaguara, 1992.

Benet, Juan, *Ensayos de incertidumbre*. Lumen, 2011.

Bierce, Ambrose, «Un suceso en el puente sobre el río Owl», en *Cuentos de soldados y civiles*. Valdemar, 2003.

Bioy Casares, Adolfo, *La invención de Morel*. Destino, 2006.

Bolaño, Roberto, «Detectives», en *Llamadas telefónicas*. Anagrama, 1997.

— «El gusano», en *Llamadas telefónicas*. Anagrama, 1997.

Borbély, Szilárd, *Los desposeídos*. Literatura Random House, 2015.

Borges, Jorge Luis, «Funes el memorioso», en *Ficciones*. Alianza, 2004.

— «There are more things», en *El libro de arena*. Alianza, 2008.

— *El Aleph*, DeBolsillo, 2011.

Bosch, Juan, *Cuentos escritos en el exilio y apuntes sobre el arte de escribir cuentos*. Editorial Librería Dominicana, 1960.

Bradbury, Ray, *Crónicas marcianas*. Minotauro, 2009.

— «La larga lluvia», en *El hombre ilustrado*. Minotauro, 2010.

— *El vino del estío*. Minotauro, 1957.

— *Zen en el arte de escribir*. Minotauro, 1995.Bukowski, Charles: «Tres mujeres», en *La máquina de follar*. Anagrama, 1992.

Buzzati, Dino, *El desierto de los tártaros*. Gadir, 2005.

— «Miedo en la Scala», en *Los siete mensajeros y otros relatos*. Alianza, 2007.

Cabrera Infante, Guillermo: «Abril es el mes más cruel», en *Todo está hecho con espejos. Cuentos casi completos*. Alfaguara, 1999.

Calvino, Italo, «El ojo del amo», en *Antología de cuentos italianos, Vol. I*. Ediciones BM, 2015.

— *Seis propuestas para el próximo milenio*. Siruela, 2018.

Camus, Albert: *El extranjero*. Alianza, 2012.

Capote, Truman, *Tres cuentos*. Anagrama, 2014.

Carver, Raymond, «Conservación» y «Fiebre», en *Catedral*. Anagrama, 2014.

— «Mecánica popular», en *De qué hablamos cuando hablamos de amor*. Anagrama, 2006.

— «Si me necesitas, llámame», en *Si me necesitas llámame*. Anagrama, 2004.

— «Póngase usted en mi lugar», en *¿Quieres hacer el favor de callarte, por favor?*, Anagrama, 1988.

Cela, Camilo José, *La colmena*. Cátedra, 2010.

Cheever, John, «El tren de las cinco cuarenta y ocho», en *Cuentos*. RBA, 2012.

Chimal, Alberto, «Álbum», en *Siete*. Salto de Página, 2012.

Chéjov, Antón P., *Cuentos completos*. Páginas de Espuma, 2017.

Cicerón, *Retórica a Herenio*. Gredos, 1997.

Cortázar, Julio, «Axolotl», en *Final de juego*. Alfaguara, 2002.

— «Omnibús», en *Bestiario*. Punto de lectura, 2011.

— «Aplastamiento de las gotas», «Progreso y retroceso» y «Trabajos de oficina», en *Historias de Cronopios y de Famas*. Punto de lectura, 2002.

— *Clases de literatura*. Alfaguara, 2013.

— *Obra crítica 2* y *3*. Alfaguara, 1994.

Dinesen, Isak, *Memorias de África*. Alfaguara, 2002.

Durrell, Lawrence, *El cuarteto de Alejandría*. Sudamericana, 1964.

— *Spirit of place*. Faber & Faber Limited, 1969.

Eliot, T. S., *La tierra baldía*. Alianza, 1999.

Elorriaga, Unai, *Un tranvía en SP*. Alfaguara, 2003.

Emerson, Ralph Waldo, *Ensayos escogidos*. Austral, 1951.

Faulkner, William, *Luz de agosto*. Alfaguara, 2012.

— «Una rosa para Emily», en *Cuentos reunidos*. DeBolsillo, 2015.

Fernández Burgos, Alfonso, «El vuelo», en *Mujer con perro sobre fondo blanco*. Gens Ediciones, 2005.

Fernández Rozas, Gloria, *Escribir y reescribir*. Ediciones y Talleres de Escritura Fuentetaja, 2009.

Field, Syd, *El libro del guión*. Plot Ediciones, 2001.

Flaubert, Gustave, *Madame Bovary*. Tusquets, 1993.

Fogwill, *La gran ventana de los sueños*. Alfaguara, 2013.

Ford, Richard, *Incendios*. Anagrama, 1991.

Forster, E. M, *Aspectos de la novela*. Debate, 1995.

García, Eduardo, *Escribir un poema*. Ediciones y Talleres de Escritura Fuentetaja, 2004.

García Márquez, Gabriel, *Cien años de soledad*. Cátedra, 1995.

— «El rastro de tu sangre en la nieve», en *Doce cuentos peregrinos*. DeBolsillo, 2014.

— «La mujer que llegaba a las seis», en *Ojos de perro azul*. Equis editorial, 1972.

— *Crónica de una muerte anunciada*. Plaza y Janés, 1993.

— «Un día de estos», en *Los funerales de la Mamá Grande*. Random House, 2002.

— *Vivir para contarla*. Mondadori, 2002.

— *Cuentos completos*. DeBolsillo, 2003.

Gardner, John, *El arte de la ficción*. Ediciones y Talleres de Escritura Fuentetaja, 2001.

Genet, Jean, *Diario del ladrón*. Seix Barral, 1983.

Ginzburg, Natalia, *Nuestros ayeres*. Debate, 1996.

Goldman, William, *La princesa prometida*. Booket, 2005.

Gómez Barcena, Juan, «Zigurat» y «El mercader de betunes», en *Los que duermen*. Sexto Piso, 2019.

Haddon, Mark, *El curioso incidente del perro a medianoche*. Salamandra, 2011.

Hamand, Maggie, *Choosing and using different points of view*. John Wiley & Sons, 2014.

Hardy, Thomas, *Un par de ojos azules*. Mondadori, 2009.

Hemingway, Ernest, «Colinas como elefantes blancos», en *Cuentos*. Lumen, 2007.

— «The killers», en *Men without women*. Arrow, 1994.

— «Un lugar limpio y bien iluminado», en *Relatos*. Mundo actual de Ediciones, S.A., 1975.

Highsmith, Patricia, «La perfecta señorita» en *Pequeños cuentos misóginos*. Anagrama, 2003.

— *Suspense*. Anagrama, 2003.

Imízcoz, Teresa, *Manual para cuentistas*. Península, 1999.

Ionesco, Eugène, *La cantante calva*. Alianza, 1996.

James, Henry, *Otra vuelta de tuerca*. DeBolsillo, 2009.

Jelinek, Elfriede, *La pianista*. DeBolsillo, 2006.

Kafka, Franz, *La metamorfosis*. Editorial Losada, 1970.

Kavafis, Constantino, «La ciudad», en *Poesía completa*. Alianza, 2011.

Keegan, Claire, «Quemaduras», en *Antártida*. Eterna Cadencia, 2009.

Kristof, Agota, *El gran cuaderno* (*Claus y Lucas*). El Aleph, 2007.

Lappin, Linda, *The soul of place*. Solas House, Inc, 2015.

Lawrence, D. H., *El amante de Lady Chatterley*. Alianza, 2005.

Le Guern, Michel, *La metáfora y la metonimia*. Cátedra, 1984.

Lodge, David: *El arte de la ficción*. Península, 1998.

London, Jack, *El fuego de la hoguera*. Periférica, 2013.

Mansfield, Katherine, «La fiesta en el jardín», en *La fiesta en el jardín y otros relatos*. RBA, 2009.

— *Cuentos completos*. DeBolsillo, 2003.

Márai, Sándor, *El último encuentro*. Salamandra, 2000.

— *La mujer justa*. Salamandra, 1984.

Marchese, A. y Forradellas, J., *Diccionario de retórica, crítica y terminología literaria*. Ariel, 2013.

Martin, George R. R., *Canción de hielo y fuego*. Gigamesh Omnium, 2012.

Matute, Ana María, «Bernardino», en *La puerta de la luna, cuentos completos*. Austral, 2010.

— «El árbol» y «El niño al que se le murió el amigo», en *Los niños tontos*. Media Vaca, 2000.

— *Todos mis cuentos*. Random House Mondadori, 2011.

McCarthy, Cormac, *La carretera*. Literatura Random House, 2007.

McCullers, Carson, *Frankie y la boda*. Bruguera, 1982.

McKee, Robert, *El guión*. Alba, 1997.

Menczel, Gabriella. *Incipit y subtexto en la literatura y cuentos de Julio Cortázar y Alberto Castillo*. Akadémiai Kiadó, 2002.

Miller, Henry, *Sexus / Plexus / Nexus*. Edhasa, 2012.

Montejo, Eugenio, *Trópico absoluto*. Fondo de Cultura Económica, 1982.

Monterroso, Augusto, «La mosca que soñaba que era un águila» en *La oveja negra y demás fábulas*. Alfaguara de Bolsillo, 1998.

Monzó, Quim, «El señor Beneset», en *Mil cretinos*. Anagrama, 2008.

— «La cerillera», en *El mejor de los mundos*. Anagrama, 2002.

— *El porqué de las cosas*. Anagrama, 2005.

Moore, Lorrie, «Gente así es la única que hay por aquí: farfullar canónico en oncología pediátrica», en *Pájaros de América*. Salamandra, 2009.

Moravia, Alberto, *El hombre que mira*. DeBolsillo, 2018.

Mrożek, Sławomir, «La profecía», en *La vida difícil*. Acantilado, 2006.

Murdoch, Iris, *El mar, el mar*. Lumen, 2004.

Muñoz Molina, Antonio, *Pura alegría*. Alfaguara, 1998.

— *Pleniunio*. Alfaguara, 1997.

Neuman, Andrés, «Teoría de las cuerdas», en *Hacerse el muerto*. Páginas de Espuma, 2018.

Offutt, Chris, «Aserrín», en *Habrá una vez: antología del cuento norteamericano*. Alfaguara, 2002.

O'Connor, Flannery, «La buena gente de campo», en *Cuentos completos*. Lumen, 2005.

Padial, Carlo, «11-S», en *Dinero gratis*. Libros del Silencio, 2010.

Palma, Félix, «Las interioridades», en *Las interioridades*. Castalia, 2002.

Paraíso de Leal, Isabel, *El ritmo de la prosa*. Planeta, 1976.

Piglia, Ricardo, *Formas Breves*. Temas, 1999.

Platas Tasende, Ana María, *Diccionario de términos literarios*. Espasa, 2000.

Poe, Edgar Allan, «La caída de la casa Usher», en *Cuentos completos*. Páginas de Espuma, 2009.

Propp, Vladimir, *Morfología del cuento*. Fundamentos, 2006.

Ricoeur, Paul, *La metáfora viva*. Trotta, 2001.

Rilke, Rainer Maria, *Los cuadernos de Malte Laurids Brigge*. Alfadil Ediciones, 1997.

Rivas, Manuel, «El protector», en *Las llamadas perdidas*. Alfaguara, 2002.

Rulfo, Juan: «Macario» y «Luvina», en *El llano en llamas*. Anagrama, 2006.

Sabato, Ernesto, *El escritor y sus fantasmas*. Seix Barral, 1983.

Salarrué, *Cuentos de barro*. Editorial Nascimento, 1943.

Sartre, Jean-Paul, *La náusea*. Alianza, 2011.

— *Muertos sin sepultura*. Alianza, 1983.

Saunders, George, «Escapar de la cabeza de la araña», en *Diez de diciembre*. Alfabia, 2013.

Savater, Fernando, *Ética para Amador*. Ariel, 2004.

Schalansky, Judith, *Atlas de islas remotas*. Capitán Swing, 2013.

Schweblin, Samanta, «Un hombre sin suerte», en *Siete casas vacías*. Páginas de Espuma, 2015.

Shakespeare, William, *Hamlet*. Cátedra, 2006.

Shaw, Irving, «Las chicas con sus vestidos de verano», en *Antología del cuento norteamericano*. Galaxia Gutenberg, 2002.

Shepard, Sam, *Crónicas de motel*. Anagrama, 1989.

Siruela, Jacobo, *El mundo bajo los párpados*. Siruela, 2010.

Stanislavski, Konstantin, *El arte escénico*. Siglo XXI, 2005.

Steele, Alexander, *Escribir ficción*. Alba, 2012.

Steinbeck, John, «Los crisantemos», en *Los crisantemos y otros relatos*. Aguilar, 1995.

Steiner, George, *Lenguaje y silencio*. Gedisa, 2003.

Stevenson, Robert Louis, *El diablo de la botella*. Alianza Editorial, 1995.

— *La isla del tesoro.* Penguin Clásicos, 2015.

Strindberg, August, *Teatro contemporáneo*. Bruguera, 1982.

Tolkien, J.R.R., *El Señor de los Anillos*. Booket, 2012.

Truffaut, François, *El cine según Hitchcock*. Alianza, 2010.

Ulloa Donoso, Claudia: «Pajarito» y «Cosa de dos», en *Pajarito*. Pepitas de calabaza, 2015.

Updike, John, «A&P», en *Antología del cuento norteamericano* (ed. de Richard Ford). Galaxia Gutenberg, 2002.

Vargas Llosa, Mario, *La verdad de las mentiras*. Alfaguara, 2002.

Vian, Boris, «Las hormigas», en *Las hormigas*. Alianza, 2005.

Von Rezzori, Gregor, «Sobre el acantilado», en *Sobre el acantilado y otros relatos*. Sexto Piso, 2014.

Welty, Eudora, «No hay sitio para ti, amor mío», en *Antología del cuento norteamericano* (ed. de Richard Ford). Galaxia Gutenberg, 2002.

Wolf, Christa, *Pieza de verano*. Seix Barral, 1990.

Wolff, Tobías: «Cara a cara», en *Cazadores en la nieve*. Alfaguara, 1989.

Wright, Edward A., *Entendiendo el teatro*. Prentice Hall, 1959.

Zaldua, Iban, «Porvenir», en *Porvenir*. Lengua de Trapo, 2007.

Zapata, Ángel, *La práctica del relato*. Ediciones y Talleres de Escritura Creativa Fuentetaja, 1997.

Zola, Émile, *Germinal*. Austral, 1994.

BIOGRAFÍAS DE LOS AUTORES

Rubén Abella es doctor en Filología Inglesa y ha cursado estudios de postgrado en las universidades de Tulane (Estados Unidos) y Adelaida (Australia). Su primera novela, *La sombra del escapista*, recibió en 2002 el Premio de Narrativa Torrente Ballester, y con su segunda, *El libro del amor esquivo*, resultó finalista del Premio Nadal en 2009. En 2007 *No habría sido igual sin la lluvia* mereció el Premio Mario Vargas Llosa NH de Relatos, feliz incursión en el género del microrrelato que quedó revalidada en 2010 con *Los ojos de los peces*. En 2011 publicó *Baruc en el río* y en 2015 *California.* Compagina la escritura con la fotografía y la docencia. Ha impartido cursos y conferencias sobre diversas materias en universidades de todo el mundo y es profesor de la Escuela de Escritores y de la Universidad Pontificia Comillas de Madrid.

Elena Belmonte (Alcázar de San Juan, 1958) es autora de dos libros de relatos *Que hablen las farolas* (Ediciones Libertarias, 1998) y *Comamos algo* (Gens, 2006), y de la novela *La época del agua* (Editorial Mondadori, 2005). Como dramaturga es autora de las piezas breves *Ventanas, Años de agua, Un tipo responsable, Nadie tiene la culpa, Molly, mi Molly, No metamos a Dios en esto, Perséfone fuma, Mejor al aire, Sacar la basura, Campos de trigo, Diseño para la ira, De ayer, De noche sueño con tu mano, Humo en las flores, Que lo escuche el viento* y *Café con hielo.* Autora de las obras de teatro *Los vanidosos, Clara sin burla* —ganadora del Premio Textos Teatrales Villa de Pinto 2007 y del Certamen Nacional de Teatro José Baeza Clamares 2009—, *Baile de hue-*

sos —ganadora del Premio Internacional Lázaro Carreter 2010—, *La herida* y *Humo en las flores.* Todas sus obras han sido editadas y representadas tanto en teatros españoles como extranjeros.

Lorena Briedis (Caracas, 1984) es escritora y docente. Actualmente se desempeña como profesora en el máster de Narrativa de la Escuela de Escritores de Madrid, donde imparte, además, cursos anuales de Escritura Creativa, Relato Breve y Relato Avanzado. Asimismo, dirige varios clubes de lectura en el Impact Hub y en otros espacios de la Comunidad de Madrid. Es coordinadora de la Asociación Europea de Programas de Escritura Creativa (EACWP) y, en el ámbito de la cooperación europea, ha realizado trabajos de formación artística y pedagógica en la Scuola Holden de Turín (Italia), junto al escritor Alessandro Baricco; en el Orivesi College of Arts de la mano del poeta finlandés Risto Ahti, y en la Valand Akademy de Gotemburgo (Suecia).

Isabel Calvo (Bilbao, 1951-2016). Licenciada en Bellas Artes, desarrolló su actividad docente, en el campo de la escritura y la lengua, en España y Latinoamérica. Fue alumna del Taller de Escritura de Madrid, dirigió talleres de relato, escritura creativa y novela desde 1999 en Escuela de Escritores, donde fue coordinadora de temarios. Fue alumna de Víctor de la Concha, Ricardo Piglia, Bernardo Atxaga, Alessandro Baricco y Ray Loriga. Colaboró en la creación del Master de Narrativa de Escuela de Escritores, en el que impartió la asignatura de Literatura autobiográfica y autoficción.

Matías Candeira trabaja como profesor de creación literaria y coordinador de clubes de lectura en diferentes centros e instituciones, con especial presencia en Escuela de Escritores. Parte de su trabajo creativo ha transitado la publicidad, el cortometraje o el guion de videojuegos. Es autor de una *nouvelle* ilustrada, *La segunda vida* (Aristas Martínez, 2014), de las novelas *Fiebre* (Candaya, 2015) y *Moebius* (Algaida, 2019), y de cuatro libros de relatos: *La soledad de los ventrílocuos* (Tropo Editores, 2009), *Antes de las jirafas* (Páginas de Espuma, 2011), *Todo irá bien* (Salto de Página, 2013) y *Ya no estaremos aquí* (Salto de Página, 2017). Ha recibido numerosos premios literarios en el ámbito del relato breve (Gabriel Aresti, INJUVE de Narrativa, Ignacio Aldecoa, Jóvenes Creadores del Ayuntamiento de Madrid; entre muchos otros) y sus textos han sido recogidos en revistas como *Quimera, Turia* o *El Estado Mental*; y en antologías representativas de España y Latinoamérica, la más reciente: *Última temporada: nuevos narradores españoles* (Lengua de Trapo, 2013). También ha sido reconocido con becas de creación para la escritura de sus libros: la beca de la Fundación Antonio Gala para Jóvenes Creadores (Córdoba), la de la Fundación Han Néfkens (Barcelona), la de Acción Cultural Española para residir en la Cité International des Arts (París) y la Beca Leonardo de la Fundación BBVA, destinada al reconocimiento de los creadores e investigadores españoles que destaquen por la excelencia en su campo. Ha formado parte del proyecto CELA (*Connecting Europe Literary Artists*) en su primera convocatoria de 2017, en la que participa como escritor.

Carlos Castán, aunque de origen altoaragonés, nació en Barcelona en 1960. Es licenciado en Filosofía por la Universidad Autónoma de Madrid, ciudad en la que ha transcurrido buena parte de su vida y donde actualmente trabaja como profesor de filosofía en la enseñanza pública. Es autor de los libros de relatos *Frío de vivir* (Salamandra, 1997), *Museo de la soledad* (Espasa, 2000/ Círculo de Lectores, 2001/ Tropo, 2007) y *Sólo de lo perdido* (Destino, 2008), así como del volumen de artículos *Papeles dispersos* (Tropo, 2009), de la *nouvelle Polvo en el neón* (Tropo, 2012) y de la novela *La mala luz* (Destino, 2013).

Ignacio Ferrando (Trubia, Asturias, 1972) es autor de las novelas *Referencial* (Tusquets, 2019), *La quietud* (Tusquets, 2017), *Nosotros H* (Tropo, 2015), *La oscuridad* (Menoscuarto, 2014) y *Un centímetro de mar* (Alberdania, 2011) que obtuvo el Premio Ojo Crítico de RNE y el Premio Ciudad de Irún. También ha publicado los libros de relatos *La piel de los extraños* (Menoscuarto, 2012; Premio Setenil 2013), *Sicilia, invierno* (JdeJ, 2009) y *Ceremonias de interior* (Castalia, 2006; premio Tiflos 2006). Su trabajo ha sido reconocido con galardones como el Premio Internacional Juan Rulfo, el premio Gabriel Aresti, el NH Mario Vargas Llosa, el premio de narrativa de la UNED, el Hucha de Oro o el Ciudad de San Sebastián, entre otros. Sus textos han sido incluidos en varias antologías y libros colectivos, entre ellos *Siglo XXI. Los nuevos nombres del cuento actual* (Menoscuarto, 2010), *Madrid, Nebraska* (Bartleby ediciones, 2014), *Perturbaciones* (Salto de página, 2009) y *Un nudo en la garganta* (Trama editorial, 2009). Como docente, ha impartido conferencias sobre escritura y lectura crítica en la Universidad de Turín, el CSIC, el Orivesi College of Arts (Finlandia), Creativa Schrijven (Bélgica), Universidad Complutense (Madrid), Universidad de Alcalá o la Escuela de Escritura del Ateneo barcelonés, el Liceo Italiano en Madrid, entre otros centros. Actualmente es el jefe de estudios del Máster de Narrativa de la Escuela de Escritores de Madrid, donde además imparte talleres de novela, relato y lectura crítica.

Juan Gómez Bárcena (Santander, 1984) es licenciado en Teoría de la Literatura y Literatura Comparada, en Filosofía y en Historia. Su libro de relatos *Los que duermen* (Salto de Página, 2012) ha sido considerada una de las mejores óperas primas de 2012 por El Cultural de El Mundo, y recibió el premio Tormenta al mejor autor revelación. Ha publicado las novelas *El cielo de Lima* (Salto de Página, 2014) —Premio Ojo Crítico de Narrativa 2014, Premio Sintagma a la mejor novela española elegida por los lectores, Premio Ciudad de Alcalá de Narrativa 2015, finalista del Premier Roman de Chambéry y traducida a varios idiomas—, *Kanada* (Sexto Piso, 2017) y *Ni siquiera los muertos* (Sexto Piso, 2020). Como crítico se ha hecho cargo de la antología de nueva narrativa española *Bajo treinta* (Salto de Página, 2013). Con sus obras ha obtenido entre otros galardones los Premios José Hierro de Relato (2003) y Poesía (2007) del Ayuntamiento de Santander, el Premio Internacional CRAPE de cuento (2008) o el Premio de Narrativa Ramón J. Sender (2009), así como ha sido finalista del XII Premio Mario Vargas Llosa NH de libro de relatos (2008). Como reconocimiento a su labor literaria ha sido becado por la Fundación Antonio Gala, la Fundación Caixa Galicia, la Fundación BBVA y disfrutó de una residencia en México DF patrocinada por el FONCA.

Paula Lapido (Madrid, 1975) es autora del libro de relatos *Teoría de todo* (Tropo Editores, 2010; finalista del VII Premio Setenil) y las novelas *Horror vacui* (Salto de Página, 2014) y *Los que alcanzan la orilla* (Algaida, 2019), con la que fue ganadora del XLIII Premio Kutxa Ciudad de Irún de novela. Como docente ha impartido cursos de escritura creativa y novela en la Escuela de Escritores.

Alejandro Marcos (Madrid, 1986) es licenciado en Periodismo y ha formado parte de la primera promoción del Máster de Narrativa de Escuela de Escritores. En 2010 participó en el programa *Urban Storytelling* en Turín, donde escribió los textos de la exposición *No Shelter* que aúna textos con fotografías (a cargo de Jaime Alekos) sobre un refugio subterráneo de la Segunda Guerra Mundial, y que se mostró en la Noche en Blanco de ese mismo año en Madrid, en Escuela de Escritores, y posteriormente en Scuola Holden de Turín y en Schule für Dichtung de Viena. En septiembre de 2012 y con motivo de las Olimpiadas Culturales celebradas en Inglaterra, participó en el evento internacional WEYA (World Event of Young Artists) en la ciudad de Nottingham. En julio de 2017 participó en el *II teachers training course* en Normandía organizado por la EA-CWP. Es, junto con Inés Arias de Reyna, creador y coordinador del itinerario de literatura fantástica, ciencia ficción y terror *Centauros más allá de Orión*. Su primera novela es *El Síndrome de Cotard*. Su segunda novela, *El final del duelo*, fue publicada en 2015 por la editorial Orciny Press y recientemente reeditada. En 2018 publica su tercera novela *Vendrán del este* (Orciny Press).

Juan Carlos Márquez (Bilbao, 1967) es licenciado en Ciencias de la Información y máster de Periodismo por el diario *El Correo*, ha ejercido el oficio en diversos medios y desde hace años imparte talleres y cursos en la Escuela de Escritores. Suyos son los libros *Oficios* (Castalia), premio Tiflos de Cuento 2008; *Llenad la Tierra* (Menoscuarto); *Tangram* (Salto de Página), premios Sintagma 2011 y Euskadi de Literatura 2012, publicado en inglés por Nevsky Books; *Norteamérica profunda* (Salto de Página, 2012), premios Unión Latina y Rafael González Castell; *Lobos que reclaman la noche* (Tropo, 2014), con fotografías de Agurtxane Concellón; *Los últimos* (Salto de Página, 2014), finalista del Premio Celsius, y *Resort* (Salto de Página, 2017). Sus relatos han sido finalistas de la I edición del Premio Internacional de Narrativa Breve Ribera del Duero y del Premio Setenil, y están recogidos en varias de las principales antologías panorámicas de los últimos años.

Enrique Páez (1955) es licenciado en Literatura Hispánica por la Universidad Complutense de Madrid. Completó dos años de doctorado en Teoría de la Literatura. Ha trabajado como editor y profesor de Lengua y Literatura en distintos niveles educativos en Madrid y Nueva York (primaria, secundaria y universidad). Recibió el Premio Lazarillo de creación literaria en 1991 por la novela *Devuélveme el anillo, pelo cepillo*. Tiene ya seis novelas publicadas, todas ellas dentro de la literatura infantil y juvenil, y ha sido traducido al alemán, italiano, árabe, portugués, tailandés, euskera, catalán, valenciano, gallego y braille. Entre 1993 y 2008 dirigió el Taller de Escritura de Madrid. Cada año publicó con sus alumnos una antología de relatos y actualmente se dedica a escribir en exclusiva y coordina la Red Internacional de Cuentacuentos.

Virginia Ruiz (1976) estudió Publicidad y Relaciones Públicas en la UCM. Al terminar un Máster en Gestión y Dirección de la Comunicación Organizacional, decidió enfocar su camino hacia la escritura. Comenzó su formación en Técnicas Narrativas en la Escuela de Letras, con Antonio Muñoz Molina como profesor. Continuó sus estudios en la Escuela Contemporánea de Humanidades con escritores como Alejandro Gándara, Álvaro Pombo, Jose Luis Corrales y Rosa Montero, entre otros. Al mismo tiempo, se inició en el Taller de Escritura de Madrid con Javier Sagarna. Después de unos años como alumna, comenzó a dar talleres en la Escuela de Escritores. En el año 2010 recibió una beca de Creación Literaria del Gobierno de La Rioja para escribir su primera novela: *Policromías*. En el 2015 recibió del Ayuntamiento de Logroño una beca de Proyección Literaria por el álbum ilustrado *Trastos viejos*.

Javier Sagarna (1964) es escritor y profesor de escritura creativa. Licenciado en Farmacia, director de Escuela de Escritores y presidente de la European Association of Creative Writing Programmes (EACWP), es responsable de la participación de Escuela de Escritores en intercambios pedagógicos a nivel internacional y en programas europeos como el proyecto CELA. Profesor de novela y relato breve desde 1998, tanto de forma presencial como a través de Internet, así como de las asignaturas de Géneros Literarios y Proyectos Narrativos del Máster de Narrativa de Escuela de Escritores. Ha impartido clases en instituciones como la Universidad Nacional de Colombia, el Orivesi College of Arts (Finlandia), Scuola Holden (Italia), la Universidad de la Artes de los Países Bajos (ArtEZ), la Universidad Menéndez Pelayo, la Universidad de Alcalá o el Instituto Cervantes. Ha publicado la novela *Mudanzas*, la novela infantil *Rafa y la jirafa* y los libros de relatos *Ahora tan lejos* y *Nuevas aventuras de Olsson y Laplace*. Es colaborador del programa *La Ventana* de la Cadena SER.

María Tena (Madrid, 1953) es licenciada en Derecho y Filosofía y Letras (Literatura Hispánica) y funcionaria. Su trabajo en la Administración se ha dedicado primordialmente a temas educativos y culturales. Ha vivido en Dublín, Montevideo, Shanghái y Madrid. Ha dirigido en Centro del Libro y la Lectura y el Centro de las Letras Españolas del Ministerio de Cultura. Fue comisaria de España en Expo Shanghái 2010. Ha publicado las novelas *Tenemos que vernos* (2003), *Todavía tú* (2007), ambas semifinalistas del Premio Herralde de Novela; *La fragilidad de las panteras*, finalista del Premio Primavera (2010); *El novio chino*, Premio Málaga de Novela (2017) y *Nada que no sepas*, Premio Tusquets

Editores de Novela (2018). Sus cuentos han aparecido en antologías y libros de texto en Europa, Estados Unidos y Rusia. Ha traducido a Virginia Woolf y es profesora de Escritura Creativa.

Mariana Torres nació en Angra dos Reis, Brasil en 1981, y actualmente reside en Madrid. Su libro de relatos, *El cuerpo secreto*, fue publicado en Páginas de Espuma en 2015. Es directora del cortometraje *Rascacielos*, estrenado en 2010. Diplomada en Guion por la ECAM y socia-fundadora de Escuela de Escritores, imparte clases regularmente. Forma parte de la Asociación Europea de Programas de Escritura Creativa (EACWP) y del proyecto CELA (2017-2019), coordinado por la institución holandesa Wintertuin. Ha sido seleccionada por el Hay Festival dentro de los 39 mejores escritores de ficción menores de 40 años en América Latina (Bogotá39-2017). Ha publicado relatos en varias antologías, entre las que destacan *Segunda parábola de los talentos,* Gens Ediciones, 2011; *Sólo Cuento IX* de la UNAM, 2017 y *Nuevas voces de ficción latinoamericanas,* Galaxia Gutemberg, 2018.

Ángel Zapata nace en Madrid, en 1961. Profesor en la Escuela de Escritores, es autor de *La práctica del relato* (1997), *Las buenas intenciones y otros cuentos* (2001), *El vacío y el centro. Tres lecturas en torno al cuento breve* (2002), *La vida ausente (*2006), *Materia oscura* (2015) y *Luz de tormenta* (2018). Tuvo a su cargo la edición de *Escritura y verdad* (Cuentos completos de Medardo Fraile), en Páginas de Espuma; y ha publicado igualmente la traducción de *André Breton y los datos fundamentales del surrealismo,* de Michel Carrouges. Su trabajo como cuentista ha sido antologado en *Pequeñas resistencias. Antología del nuevo cuento español*; *Siglo XXI. Los nuevos nombres del cuento español actual*; *Mar de pirañas. Nuevas voces del microrrelato español,* y *Cuento español actual (1992-2012).* Desde 2008 es miembro del Grupo Surrealista de Madrid, y ha participado en diversas publicaciones colectivas. Su labor en este entorno ha sido reseñada en «Caleidoscopio Surrealista. Una visión del Surrealismo internacional (1916-2015)».